（1）四川省社会科学重点研究基地系统科学与企业发展研究中心一般项目"大学生财经素养教育的因果机制研究"（编号：Xq23C01）。
（2）西华大学校级人才引进项目"大学生财经行为影响机制研究"（编号：RX2300000805）。

经管文库·管理类

前沿·学术·经典

大学生财经素养提升效应与财经行为影响机制研究

A STUDY ON THE ENHANCEMENT EFFECTS OF FINANCIAL LITERACY AND IMPACT MECHANISMS OF FINANCIAL BEHAVIORS AMONG COLLEGE STUDENTS

谈夏维 著

经济管理出版社

ECONOMY & MANAGEMENT PUBLISHING HOUSE

图书在版编目（CIP）数据

大学生财经素养提升效应与财经行为影响机制研究 ／
谈夏维著． -- 北京：经济管理出版社，2024． -- ISBN
978-7-5243-0056-4

Ⅰ．F810

中国国家版本馆 CIP 数据核字第 2024R27D97 号

组稿编辑：白　毅
责任编辑：白　毅
责任印制：许　艳
责任校对：王淑卿

出版发行：经济管理出版社
　　　　　（北京市海淀区北蜂窝 8 号中雅大厦 A 座 11 层　100038）
网　　　址：www. E-mp. com. cn
电　　　话：（010）51915602
印　　　刷：唐山玺诚印务有限公司
经　　　销：新华书店
开　　　本：720mm×1000mm/16
印　　　张：14. 75
字　　　数：265 千字
版　　　次：2025 年 3 月第 1 版　　2025 年 3 月第 1 次印刷
书　　　号：ISBN 978-7-5243-0056-4
定　　　价：98. 00 元

前　言

在数字金融的时代背景下，大学生财经素养的提升变得越发重要和迫切。基于此，本书对大学生财经素养与财经行为进行了调查研究，评估财经素养教育的有效与薄弱环节，厘清财经素养教育对大学生财经素养与财经行为的影响程度以及作用机制，这是提升大学生财经素养并改善其财经行为的关键举措。

本书在大学生个体特征异质性视角下，基于多阶段量表开发过程，结合 CTT 与 IRT 方法，开发简洁有效的大学生财经素养测量量表。在财经素养提升互补替代理论的框架下，运用内生转换模型探索反事实框架下大学生财经素养提升的因果效应。除了将财经素养作为中介变量，本书还将财经自我效能和财经行为意愿作为大学生财经行为的可能影响渠道，通过因果中介分析探究大学生财经行为的影响机制。主要内容如下：

（1）大学生财经素养测量量表（CSFL）开发。首先，通过文献分析与专家访谈法生成初始量表。其次，使用 507 份预调研问卷，运用 CTT 模型分析和 Hybrid IRT 模型，根据信效度分析、模型与项目拟合优度检验来筛选项目以净化初始量表。最后，运用 Hybrid IRT 模型和 DIF 分析（$n = 1115$），验证财经素养量表对不同人群的测量有效性。结果表明，涵盖财经知识、态度与能力三个维度的 13 个项目的 CSFL 量表能准确且高效地测量大学生的财经素养。

（2）反事实框架下的大学生财经素养提升效应评估。基于 1115 份大学生财经素养微观调查数据展开研究，为缓解样本选择偏差，运用 Heckman 内阶段模型与 Tobit 回归分析了财经素养教育认知对大学生接受财经素养教育及接受程度的影响。考虑到不可观测变量的影响，运用内生转换模型探究财经素养教育对大学生财经素养的提升效应及其对财经认知盲区的影响。运用工具变量法、广义精确匹配、因变量替换进行稳健性检验。为排除自主学习财经知识对大学生财经素养提升效应的影响，将自主学习财经知识纳入 ESR 模型，并与基线 ESR 模型计算结果进行对比分析。结果表明，大学生对财经素养教育的认知水平越高，其接受度和实际参与度也越高，大学生财经素养的提升效应显著。反事实情形下，未接受财经素养教育的大学生如果接受财经素养教育，其财经素养的提升效应会比之前接受过财经素养教育的大学生更加显著。自主学习财经知识与财经素养教育是互补而非相互替代的关系。财经素养教育不会扩大大学生的财经认知盲区。

（3）大学生财经行为的因果机制分析。基于 1115 份大学生财经素养微观调查数据展开研究，为排除混淆变量引起的估计偏误，运用因果中介分析探究在财经素养、财经自我效能、财经行为意愿三类中介变量单独或共同作用下，财经素养教育对大学生预算、风险金融产品投资、信贷使用与偿还行为和财务诈骗探测四类财经行为的影响。运用因果中介调节分析探索个体特征（包括心理特性）、财经信息获取渠道对大学生基金投资行为的调节作用。考虑到不可观测变量的影响，进行了敏感性分析以验证估计结果的稳健性。结果表明，财经素养教育对不同人群基金投资行为存在异质性影响，不同财经信息渠道对大学生基金投资行为的调节效应存在差异。对于基本的财经行为（能力），如预算能力与信贷偿还行为，财经知识的中介效应明显；对于相对复杂的行为（能力），如预算习惯和基金产品投资，维持预算意愿或投资意愿与财经知识中介效应几乎相同；对于更为复杂的财经行为（能力），如遭受财经诈骗时的损失规避能力，财经知识的中介效应几乎没有，而提高财经诈骗识别自我效能才是提升大学生损失规避能力的有效渠道。

本书的创新性体现在以下几个方面：

（1）为数字金融背景下财经素养研究提供了简洁有效的测量工具参考。将数字财经素养纳入财经素养测量指标并将项目功能差异（DIF）分析引入财经素养量表开发过程，并结合 CTT 模型与 Hybrid IRT 模型筛选项目。运用 Hybrid IRT 模型和 DIF 分析进行量表有效性测量和不变性验证，开发了包含 13 个项目的大学生财经素养测量量表。特别地，在 IRT 指导下构建量表题项不仅可以大大提高测量精度、缩短量表长度，而且还可以有很强的功能扩展性。

（2）在反事实框架下评估了大学生财经素养的提升效应。在大学生异质性视角下，为缓解不可观测变量偏差与样本自选择偏差，运用内生转换模型估计了大学生财经素养的提升效应。发现在反事实情形下，未接受财经素养教育的大学生如果接受财经素养教育，其财经素养的提升会比之前接受过财经素养教育的大学生更加显著，即其成为更好的财经素养教育"获得者"。

（3）为解决混淆变量引起的中介效应系数估计偏误，运用因果中介分析明晰了大学生财经行为的影响机制。发现除财经知识外，财经自我效能和财经行为意愿也是改善大学生财经行为的重要渠道。财经态度并非影响大学生财经行为的有效中介。

本书中的量表开发过程可为素养（如科学、健康素养等）类测量量表开发提供参考，所开发的量表能为后续财经素养相关研究、高等院校财经素养教育或培训提供标准化的评估工具。研究结论有助于提高高等院校财经素养教育的针对性，同时，可为高等院校财经素养教育推广的可行性和有效性提供文献支撑与理论依据。

谈夏维

2024 年 7 月

目　录

第1章　绪论

本书在确立研究对象时参考了国家社会科学基金重大项目"我国公民财经素养指数建构与数据库建设"、国家社会科学基金项目"经济资助对大学生财经素养的影响研究"和国家社会科学基金管理学项目"网上金融行为机理研究"。

财经素养教育是国家经济战略的重要内容与实现立德树人根本任务的必要路径[1]。研究大学生如何发展（提升）财经素养是提升我国高等教育国际竞争力的迫切需要[1]。

传统高等教育侧重知识的传授，以及大学生对所学知识的记忆或阐释，对于实践运用与创新的重视不足，而财经素养教育是培育实践创新素养的有效途径[1]。现有高等教育课标高度重视工具性素养教育，如学习素养，但未对社会参与和人文性素养有足够重视，缺乏对大学生冲突解决能力的培养。同时，现有高校教育课标存在学科本位理念突出的问题，缺乏对跨学科素养的培养[1]。财经素养教育通过培养经济管理思维，有助于提高大学生的冲突解决能力。同时，作为一种跨学科素养，财经素养涉及文本和数字信息处理、科学理性分析等关键能力，可以与多数的学习素养（如阅读、数学、科学素养等）实现良好融合，产生协同作用，为大学生综合素养的提升奠定基础[1]。

自 2016 年以来，我国已将财经知识普及教育纳入国家发展战略规划，并鼓励有条件的高校开设财经基础知识相关公共课[2]。现有高校开展的财经素养教育对大学生的作用，需要从财经素养教育对财经素养与财经行为的影响两个方面进行评估。

本章首先介绍研究背景与意义。其次从研究问题角度出发，分别探讨本书研究的三个结构要素：大学生财经素养的量表开发与水平测度、财经素养提升效应分析、财经行为影响机制探索。最后概述研究方法，提出研究框架，并归纳创新之处。

1.1 研究背景

随着移动互联网的普及，金融市场的准入机制越来越灵活，大学生参与金融活动的现象也越来越普遍。2016 年 5 月，由清华大学等联合调研发布的《中国青年财商认知与行为调查报告》显示，我国"90 后"在校大学生存在财经知识储备不足、财经风险识别能力不强、财务风险防范意识薄弱等问题[3]。

大学生的财经素养不仅与其未来生活的品质息息相关，也影响着国家经济社会发展[4~9]。随着经济全球化和全球信息化进程的加速，越来越多的国家开始重视培养青少年的财经素养水平[10~13]。在全球最高政策层面，大学生已被列为财经素养教育领域的优先发展目标，各国决策者均致力于在高等院校引入财经素养教育[14]。

在数字金融发展背景下，大学生参与金融市场的门槛和成本迅速降低，金融产品的种类不断丰富，金融市场参与者的异质性增加，作为一种重要的资本，财经素养对个体财经行为的影响也越来越明显。财经行为研究是多学科的研究领域，并在近十年来开始得到主流经济学和管理学的重视[11~13, 15~27]。财经素养的缺乏会阻碍大学生实施理性的财经行为，而财经素养教育可以改善大学生的财经行为[13, 19, 28~30]。

截至 2022 年，包括中国在内的全球 70 多个国家正在制定或实施财经素养教育国家战略[31]。在我国，《推进普惠金融发展规划（2016-2020 年）》中明确提出要"建立金融知识教育发展长效机制，推动部分大中小学积极开展金融知识普及教育，鼓励有条件的高校开设金融基础知识相关公共课"[2]，这说明学生群体的财经素养问题已得到国家战略层面的关注。2016 年 1 月印发的《中国人民银行办公厅关于建立消费者金融素养问卷调查制度（试行）的通知》指出，要将财经素养调查作为一项长期实施的基础性、制度性工作。2021 年，中国人民银行金融消费权益保护局发布的《2021 年消费者金融素养调查分析报告》[32] 表明，老年人和青少年的财经（金融）素养水平相对较低，"一老一少"是财经（金融）教育持续关注的重点。因此，对大学生财经素养与财经行为进行追踪调查，评估财经素养教育的有效与薄弱环节，也就成为一项关键举措。

1.2 研究问题

2016 年以来，我国已将财经知识普及教育纳入国家发展战略规划[2]。近年来，对大学生财经素养的关注已被提升到国家战略高度[33, 34]。中国人民银行2021 年发布的报告显示，我国青少年群体的财经素养水平相对较低[32]。作为财经素养教育的重点关注群体，如何准确、可靠、高效地测量不同特征大学生的财经素养水平，是评估高等院校财经素养教育的基础与前提。评估财经素养教育的有效与薄弱环节，是提升大学生的财经素养并改善其财经行为的关键举措。而要提出有效的财经素养教育政策，应当厘清财经素养教育对大学生财经素养与财经行为的影响程度以及作用机制。据此，提出以下三个研究问题：

（1）如何测量大学生财经素养还有待进一步研究。现有研究通常使用 Lusardi 和 Tufano[35] 等提出的三个财经知识基本问题，涵盖利率计算、通货膨胀和分散化投资，但它们可能不适用于我国大学生的财经素养水平测量。除了适用性的问题[12, 25]，现有的财经素养测量无法评估测量的准确性及测量可靠度不明朗等现实问题仍然存在[12, 25, 34, 36]。为此，本书进行大学生财经素养水平测量量表的开发，并在此基础上评估财经素养教育对大学生财经素养的提升效应与财经行为的影响机制。

（2）现有的多数文献已经证实了财经素养教育对财经素养的提升效应[10, 12, 13, 25]，同时，财经素养教育也会对感知财经素养产生正向影响[37]。但是，就扩大涵盖范围的财经素养（包括财经知识、态度与能力）而言，财经素养教育是否仍能有效地提升大学生财经素养？同时，财经素养教育对不同特征人群的提升效应是否一致？进一步地，财经素养教育对大学生主客观财经素养的提升程度是否一致？换句话说，财经素养教育是否会扩大大学生的财经认知盲区？财经素养教育是否会导致邓宁—克鲁格效应[38, 39]？

（3）现有研究较多关注财经素养对财经行为的影响[20, 40~46]，并证实了财经素养会影响个体的财经行为。财经素养教育对大学生财经行为影响的研究仍相对较少，尤其是在发展中国家[47]。基于此，财经素养教育是否会影响我国大学生的财经行为？具体的影响机制如何还有待进一步研究。Carpena 和 Zia[25] 的研究表明，财经知识对财经素养教育与财经行为的中介效应显著。那么，财经素养的不同方面（财经知识、财经态度与财经能力）又是否会成为财经素养教育影响大学生财经行为的有效途径？现有研究表明，感知财务能力（即财经自我效能）会抑制大学生消费信贷的使用[48]，同时，较低的财经自我效能会降低女性[49]投资风险资产的概率。那么，提高财经自我效能（预算行为、风险金融产品投资行为、信贷使用、偿还行为、诈骗探测和损失规避能力）的有效渠道是什么？根据计划行为理论，行为意愿会影响行为实践，那么，财经行为意愿是否也是改善大学生财经行为的有效途径？

综上所述，本书将从大学生财经素养量表开发与水平测度、大学生财经素养的提升效应分析和大学生财经行为影响机制探索三个方面展开相关研究。

1.2.1 大学生财经素养的量表开发与水平测度

了解大学生的财经素养水平是对其财经行为作出合理预测与解释的基础。总结财经素养相关文献后发现：

（1）不同研究者对于财经素养内涵的理解不一致。现有的财经素养相关研究都十分重视财经知识层面的测量[20, 27, 37, 50~59]，但是，越来越多的研究表明，财经素养不仅包括财经知识，还包括财经态度[12, 25]、影响财经行为的财经知识应用能力（即财经能力）[34, 60]，数字财经素养也可能影响个体财经韧性[61]。Anderson 等[62] 的研究证实了提高数字财经素养水平可以使个体做出更加理性的决定、防止产生不负责任的财经行为，并能更好地判断与通过金融科技提供的产品和服务相关的风险和收益。

同时，现有的财经素养测量涵盖的财经知识内容较为单薄，这些都可能会导致对财经行为的预测能力不佳[11, 19, 28~30, 63]。

（2）现有的多数关于财经素养的测试并未考察或缺乏较好的心理测量指标，其测量准确性、有效性、可靠性和一致性难以保证[34, 36]，尤其是针对不同人群的测量是否存在测量偏差（Measurement Bias）尚有待进一步研究。测量偏差是指与测试构念无关的组别因素对被试者所测试的某种特定能力产生的系统性妨碍作用，使来自不同群组但能力相同的被试者在同一试题上的作答表现不同。根据现有文献，测量偏差可能存在于不同性别、不同年龄、不同民（种）族、不同教育年限、不同认知能力的群体之间[11, 64~66]。在统计学中，测量偏差的专业术语为项目（束）功能差异（Differential Item Functioning/Differential Bundle Functioning, DIF），旨在探测能力相同的不同特征群体正确作答某一项目（束）的概率是否存在差异。

（3）现有研究大多运用基于经典测试理论的 CTT 模型（含因子分析）衡量财经素养。但在实际运用中，CTT 模型所依据的线弹性假设很有可能被违背，同时存在样本依赖性与信度不精确等局限。基于项目反应理论的 IRT 模型是在克服 CTT 模型局限性的基础上发展起来的[67, 68]。IRT 包含一系列测量模型，可以分离出受试者特征与测试特征，并建立受试者对项目反应与其潜在特征之间的非线性关系，具有样本自由性与结果准确性的优点。

针对上述问题，本书进行了如下尝试：

（1）重新建构了大学生的财经素养水平测量组分，将财经知识、态度和能力的测量纳入同一测量框架[60]。同时，紧跟数字时代发展步伐，在初始项目池中纳入了数字财经素养的测量[60]，以使其能更准确地预测大学生的财经行为。

（2）根据 DeVellis[69] 提出的多阶段量表开发过程进行大学生财经素养测量量表（College Students' Financial Literacy, CSFL）开发。首先，综合文献分析、专家访谈等生成 CSFL 初始量表。其次，运用预调查样本数据（$n=507$），基于 CTT 模型和混合 IRT 双模型分析进行量表项目筛选[69~73]，以生成 CSFL 净化量表。最后，使用正式调查样本数据（$n=1115$），运用 Hybrid IRT 模型以验证净化量表的重测信度，并结合项目功能差异（DIF）分析验证净化量表在不同特征人群下的测量不变性，最终形成大学生财经素养水平测度的 CSFL 量表。CSFL 量表详细的开发过程如图 1-1 所示。

1.2.2 大学生财经素养的提升效应分析

现有研究对于财经素养教育的有效性存在争议[11, 13, 19, 28~30, 63]。根据人力资本理论和生命周期理论，接受财经素养教育属于大学生个体的内生选择[17, 74]。接受财经素养教育的大学生存在"主动接受"和"被动参与"的区别，大学生个体的异质性使是否接受财经素养教育这一行为存在自选择偏差。

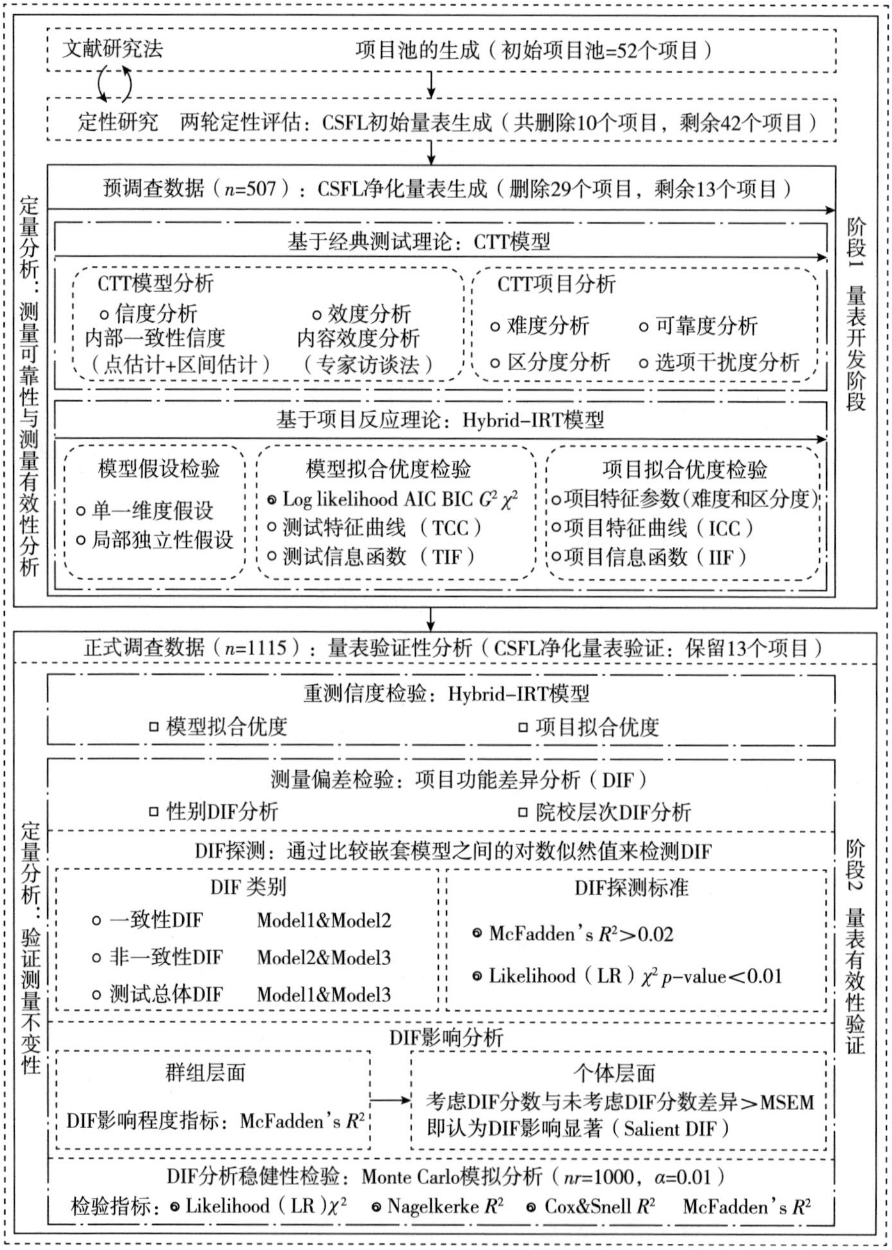
文献研究法
项目池的生成（初始项目池=52个项目）
定性研究　两轮定性评估：CSFL初始量表生成（共删除10个项目，剩余42个项目）
预调查数据（n=507）：CSFL净化量表生成（删除29个项目，剩余13个项目）
基于经典测试理论：CTT模型
CTT模型分析
信度分析
内部一致性信度
（点估计+区间估计）
效度分析
内容效度分析
（专家访谈法）
CTT项目分析
难度分析
可靠度分析
区分度分析
选项干扰度分析
基于项目反应理论：Hybrid-IRT模型
模型假设检验
单一维度假设
局部独立性假设
模型拟合优度检验
Log likelihood AIC BIC G² χ²
测试特征曲线（TCC）
测试信息函数（TIF）
项目拟合优度检验
项目特征参数(难度和区分度)
项目特征曲线（ICC）
项目信息函数（IIF）
定量分析：测量可靠性与测量有效性分析
阶段1 量表开发阶段
正式调查数据（n=1115）：量表验证性分析（CSFL净化量表验证：保留13个项目）
重测信度检验：Hybrid-IRT模型
模型拟合优度
项目拟合优度
测量偏差检验：项目功能差异分析（DIF）
性别DIF分析
院校层次DIF分析
DIF探测：通过比较嵌套模型之间的对数似然值来检测DIF
DIF 类别
一致性DIF　Model1&Model2
非一致性DIF　Model2&Model3
测试总体DIF　Model1&Model3
DIF探测标准
McFadden's R²>0.02
Likelihood（LR）χ² p-value<0.01
DIF影响分析
群组层面
DIF影响程度指标：McFadden's R²
个体层面
考虑DIF分数与未考虑DIF分数差异>MSEM
即认为DIF影响显著（Salient DIF）
DIF分析稳健性检验：Monte Carlo模拟分析（nr=1000，α=0.01）
检验指标：Likelihood（LR）χ²　Nagelkerke R²　Cox&Snell R²　McFadden's R²
定量分析：验证测量不变性
阶段2 量表有效性验证

图 1-1　大学生财经素养水平测量量表开发过程

由于存在时间成本和沉没成本，大学生选择接受财经素养教育时，不仅存在是否接受的区别，还可能存在接受强度的差异。大学生会以自身对财经素养教育的内生认知为基础，平衡接受财经素养教育与选择其他课程可能产生的收益之差，再作出是否接受财经素养教育的决定。因此，在分析财经素养教育认知是否会影响大学生财经素养教育选择行为时，有必要更为细化地将该选择过程分为是否接受与接受强度两部分。为此，本书运用 Heckman 两阶段法和 Tobit 模型估计大学生财经素养教育的接受意愿及其接受强度的差异。

大学生接受或未接受财经素养教育是既定事实，通过因果推断能够评估财经素养教育对接受财经素养教育大学生财经素养的提升效应，但却无法探测出其对之前未接受财经素养教育大学生的财经素养提升效应，这就要考虑进行反事实推断。为此，本书运用内生转换模型（ESR）解决自选择偏差和不可观测变量的内生性问题，通过反事实分析方法评估财经素养教育对大学生财经素养的提升效应。在此基础上，运用广义精确匹配方法（CEM）验证了 ESR 回归结果的稳健性。此外，考虑到可能存在的反向因果关系和遗漏变量的影响，运用工具变量法证实了 ESR 和 CEM 模型估计结果的稳健性。

财经素养教育对大学生感知财经素养和客观财经素养的提升程度可能不完全一致，而财经自我认知偏差会导致产生次优的财经行为[21, 22]。对此，本书对感知财经素养与客观财经素养之差取绝对值并将其定义为财经认知盲区，以此探究财经素养教育对大学生财经认知盲区的影响。进而以大学生财经认知盲区为基础被解释变量，细分财经认知盲区（包括财经过度自信和财经过度保守）并综合多种方法展开对比分析，探究了财经素养教育对大学生财经自我认知的影响。此外，为验证分析结果的可靠性，采用多方法比较研究和因变量替换两种方式进行稳健性检验。

为排除自主学习财经知识对大学生财经素养的提升效应及其对财经认知盲区的影响，获取财经素养教育对大学生财经素养的提升与财经认知盲区影响的净效应，将自主学习财经知识纳入财经素养教育对大学生财经素养和财经认知盲区影响分析的 ESR 回归模型中，并与基线 ESR 模型结果进行对比，探索自主学习财经知识对财经素养教育效果的影响程度。

鉴于此，按照"大学生财经素养教育认知—是否接受财经素养教育—财经素养教育接受强度—财经素养教育效果评价"的思路，多维动态探究大学生财经素养教育的选择行为及其对大学生财经素养提升和财经认知盲区的影响（见图 1-2）。

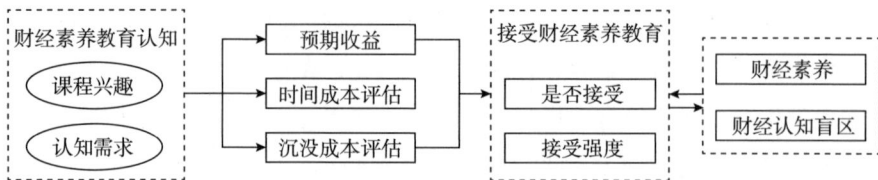

图 1-2　财经素养教育认知对大学生财经素养教育选择策略的作用机制

1.2.3　大学生财经行为的影响机制探索

如果财经素养教育能显著提升样本中所有大学生的财经素养，从理论上来说，财经素养会影响财经行为，那么，财经素养教育是否能显著改善大学生的财经行为？进一步地，财经素养教育又是如何改善大学生财经行为的？其作用机制还有待进一步研究。

以往的机制研究大多运用中介分析[75]，中介分析本质上是一个因果概念，其作用在于澄清自变量和因变量之间关系的本质。传统中介分析由于基于线性回归的范畴而依赖不合理的识别假设[76]，其对非线性因果机制的探索仍存在一定的难度、偏差与局限。

因果中介分析基于反事实框架计算平均因果中介效应（Average Causal Mediation Effect，ACME）和平均直接效应（Average Direct Effect，ADE）。反事实框架的定义是，如果需要评估事件 A 对事件 B 产生的影响，不仅需要测量在现实情形下，事件 A 对事件 B 产生的影响，还需要观测在事件 A 未发生的情形下事件 A 对事件 B 产生的影响。然而，在现实情况下，如果事件 A 已经发生，此时"事件 A 未发生的情形"便无法直接被观测。

由于样本中大学生"是否接受财经素养教育"并非随机分配，同时伴随着混淆变量（同时影响财经素养教育选择行为和财经行为的变量）的影响，因此需要采用反事实框架来衡量是否接受财经素养教育对大学生财经行为影响的平均处理效应，以解决使用线性回归分析时可能存在的选择性偏误。利用反事实分析，可以去除样本中可能存在的选择性偏误，以准确捕获大学生财经行为的影响机制。基于此，本书使用因果中介分析（Causal Mediation Analysis，CMA）[77~79]探究财经素养教育对大学生财经行为的影响机制，并运用敏感性分析验证 CMA 估计结果的稳健性。

现有文献对财经素养教育影响财经行为的机制探索主要集中在认知范畴的财经知识与非认知范畴的个人自尊方面[25, 26]。例如，Carpena 和 Zia[25] 运用因果中介分析探究了财经素养教育对印度低收入人群财经行为的影响机制，结果表明，财经素养教育是通过提升个体财经知识水平、态度和意识而非算术能力进而影响其预算、储蓄与购买保险行为，但财经素养教育无法改变个体的借贷行为。Noh[26] 运用结构方程模型探究了父母财经素养教育对大学生财经行为的影响，结果表明，自尊而非财经知识和财经态度是改善大学生财经行为的有效中介。除此以外，大学生财经行为意愿及财经自我效能（感知财务能力）也可能影响其财经行为[12, 25, 37, 38]。因此，除了将传统认知范畴的财经知识作为中介变量外，本书还将非认知范畴的财经态度、财经行为意愿和财经自我效能纳入可能的中介变量中，在此基础上进行大学生财经行为影响机制探索，分析步骤如下：

（1）基于自主开发的 CSFL 量表，将财经素养的不同方面（财经知识、态度和能力）作为可能的中介变量，探索财经素养教育影响财经行为的因果路径。同时，引入（特定的）财经行为意愿与财经自我效能作为潜在机制，运用 CMA 探索财经素养、财经行为意愿与财经自我效能在财经素养教育和大学生财经行为之间的中介效应（见图 1-3）。

（2）由于大学生个体特征的异质性和样本选择偏差，财经素养教育对不同人群财经行为的影响可能存在差异。第一，财经素养教育对处理组（接受财经素养教育的大学生）和对照组（未接受财经素养教育的大学生）财经行为的影响可能不完全相同，对此，本书运用异质性分析探索财经素养教育对不同人群财经行为的影响是否存在差异。第二，个体特征（如专业、性别）、心理特性（如财经知识搜索信心）[8, 18, 80, 81]和财经信息/知识获取渠道（如网络社交媒体）会显著影响个体的财经行为[27, 57, 82, 83]。对此，本书运用因果中介调节分析（Causal Moderated Mediation Analysis，CMMA）探究了在性别、专业、财经知识搜索信心和财经信息获取渠道的调节作用下，大学生财经素养、财经行为意愿与财经自我效能对财经素养教育和财经行为之间关系的异质性影响。

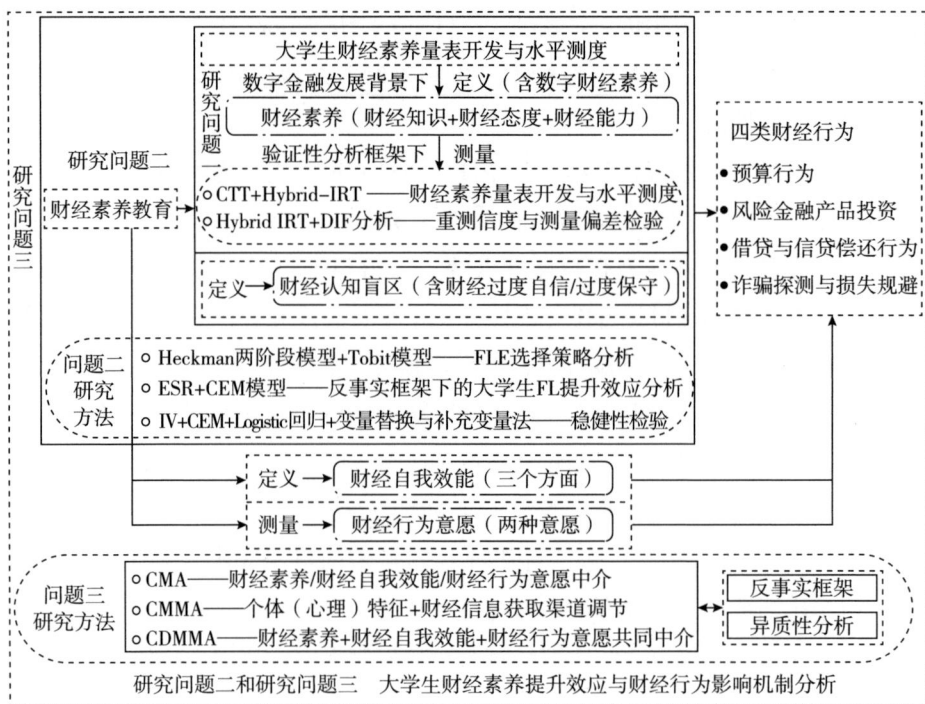

图 1-3　财经素养教育对大学生财经行为的影响机制（概念分析框架）

（3）财经素养更高的个体会更倾向于风险金融产品投资[20, 40~44, 46, 84, 85]，财经素养教育可能会在提升大学生财经素养的同时也提升其风险金融产品投资意愿（以下简称投资意愿）[52]。值得注意的是，财经素养与投资意愿是相互关联的中介变量[86]，二者均会影响大学生的风险金融产品投资行为。类似地，财经知识和预算意愿也是相互关联的中介变量[24, 52, 86, 87]，二者可能会同时影响大学生的预算行为。当多重机制相互独立时，可对各种可能的影响机制分别进行因果中介分析。然而，当多重中介变量相互关联时，传统的因果中介分析框架可能不再适用。为此，考虑使用非独立多重因果机制分析（Causally Dependent Multiple Mechanisms Analysis，CDMMA）探索在多重相关中介变量的共同作用下，财经素养教育对大学生财经行为的影响机制。

根据上述三个研究问题，绘制出本书的研究框架（见图 1-3）。大学生财经素养量表开发与水平测度（研究问题一）是大学生财经素养提升效应与财经行为影响机制研究（研究问题二和研究问题三）的基础，即第 3 章开发的 CSFL 量表为第 4 章大学生财经素养提升效应研究提供解释变量测量指标，并为第 5 章大学生财经行为影响机制研究提供中介变量测量依据。需要强调的是，除了将财经素养作为中介变量以外，本书还将财经自我效能和财经行为意愿作为大学生财经行为的可能影响渠道，通过因果中介分析探究大学生财经行为影响机制。

图 1-3 中，CTT 表示经典测试理论，Hybrid IRT 表示基于项目反应理论的混合 IRT 模型，FLE 表示财经素养教育，FL 表示财经素养，DIF 表示项目功能差异，ESR 表示内生转换回归模型，CEM 表示广义精确匹配，CMA 表示因果中介分析，CMMA 表示因果中介调节分析，CDMMA 表示多重（非独立）因果中介分析。

1.3 研究意义

自 2016 年以来，我国已将财经知识普及教育纳入国家发展战略规划，并鼓励有条件的高校开设财经基础知识相关公共课[2]。但是，相关调查数据的缺乏使我国目前鲜有文献对高校财经素养教育的有效性进行分析。对大学生财经素养与财经行为进行调查研究，评估财经素养教育的有效与薄弱环节，厘清财经素养教育对大学生财经素养与财经行为的影响程度以及作用机制，是提出有效的财经素养教育政策以提升大学生财经素养并改善其财经行为的一项关键举措，其研究结果对高校财经素养教育推广、效果评估等有重要指导意义。

1.3.1 实践意义

（1）开发了能有效测量不同特征与能力水平大学生财经素养的测量工具。围绕大学生财经素养水平测量的准确性、有效性、可靠性与不变性，综合运用 CTT 模型、Hybrid IRT 模型与项目功能差异分析（DIF），开发了针对我国大学生财经素养测量的量表（CSFL）。CSFL 量表难度适中、项目区分度较好，能评估不同能力水平、不同性别、不同院校层次大学生的财经素养，是一项高质量的财经素养评估工具。测验共 13 个题项，线上线下均可使用，在实际中，可用总分来代表大学生财经素养水平，易于操作，使用简便。

（2）提出了提升大学生财经素养并改善其财经行为的管理建议。高等院校财经素养教育应因人而异。就重点人群而言，高等院校应着重鼓励尚未接受财经素养教育的大学生积极参与财经素养教育，强化其对财经素养教育的认知，进而提升其财经素养水平并改善其财经行为。就财经素养教育具体内容而言，除了提升大学生财经知识以外，对于非经管专业类、财经知识搜索信心较低、将短视频类社交媒体作为获取财经知识主要渠道的大学生而言，应在教学中强化其感知财务能力并增强其财富管理意识，进而提升其财富管理能力。

（3）为高等院校财经素养教育推广的可行性和有效性提供了理论依据。财经素养教育能显著提升大学生的财经素养及改善其不同类别的财经行为。第一，财经素养教育能显著提升大学生的财经素养，同时不会扩大其财经认知盲区。第二，财经素养教育能改善大学生的财经行为，同时能显著提升大学生感知财务的能力与投资意愿，进而提升大学生的财产性收入。因此，建议在高等院校推广财经素养教育，以提升大学生的财经素养并改善其财经行为，并最终提升大学生群体的财经福祉。

1.3.2　理论意义

（1）丰富了财经素养教育效果评价的研究方法。本书在传统统计学、社会学方法的基础上，借鉴政治学和生物统计学等领域的方法，构建了反事实因果推断分析框架，注重现实问题模型化的准确性和有效性。按照"大学生财经素养水平测度量表开发—财经素养的提升效应—财经行为的影响机制—财经素养与财经行为的提升路径"的框架展开分析。

"大学生财经素养水平测度量表开发"为财经素养教育效果评价提供了前提与依据，"财经素养的提升效应"与"财经行为的影响机制"是财经素养教育效果评价的主要内容。"财经素养教育效果评价"按照"行为选择差异—财经素养提升效应差异—不同财经行为的影响机制差异"的递进式逻辑展开。其中，行为选择差异区分了接受与之前未接受财经素养教育的大学生群体，财经素养提升效应差异区分了接受与之前未接受财经素养教育、接受财经素养教育与自主学习财经知识的大学生群体，不同财经行为的影响机制差异区分了接受与未接受财经素养教育、不同个体特征、不同心理特性、不同财经信息获取渠道的大学生不同类别的财经行为。恰当的论证反映了调查数据的复杂结构，稳健性分析保证了研究结果的鲁棒性。

（2）明晰了改善大学生财经行为的有效路径。财经素养教育通过提升财经知识储备、财经自我效能（即感知财务能力）和财经行为意愿来优化大学生的财经行为并增进其财经福祉。第一，对财经素养教育的认知能促进大学生更加积极地参加校本财经素养教育。第二，维持预算意愿和财经知识均能明显提升大学生财务预算能力；风险金融资产投资意愿和财经知识均能显著促进大学生的风险金融市场投资行为，进而提升其财富管理能力。在一定程度上，财经素养教育能增加大学生的财产性收入，使大学生个体实现财富增长，同时能促使大学生的收益更加多元化。第三，随着财经素养教育而逐渐增强的诈骗识别自我效能可提升大学生的损失规避能力，降低其遭受的财产性损失。因此，在高等院校财经素养教育实施过程中，除了将注意力放在增加大学生不同方面的财经知识以外，还需要注意提升大学生的特定行为意愿与行为感知。相较于财经态度的难以改变，对财经素养教育必要性的认知、对财富管理必要性的认知以及对风险防范的感知可以通过一定程度的财经素养教育而获得较大幅度的提升。

（3）提出了财经素养提升互补替代理论框架，并证实了大学生财经素养提升互补理论。财经素养提升互补替代理论可表述为：对于不同能力特征的大学生，其适用的财经素养提升方式可能不完全相同，即对于部分大学生而言，自主学习财经知识可能会相对更加有效，但如果接受财经素养教育，其财经素养的提升效应会更加显著；而对于大多数大学生而言，财经素养教育可能是其提升财经素养更为经济有效的方式。财经素养提升互补理论可表述为：一方面，大学生可通过接受财经素养教育提升其财经素养；另一方面，自主学习财经知识能强化财经素养教育的提升效应，二者相辅相成、互相补充而非相互替代。ESR 分析结果表明，自主学习财经知识能明显强化财经素养教育效果。但是，仅依靠自主学习财经知识带来的财经素养提升效果有限，即二者之间存在互补作用，而非相互替代。该结论进一步证实了在高等教育中开展财经素养教育的必要性，同时为国家层面的相关政策制定提供了文献支撑与理论依据。

（4）探索了财经素养教育可能存在的负面影响。本书定义了大学生个体的财经认知盲区，受到现有文献对财经自我认知偏差定义的启发[37, 38, 88, 89]，创造性地将大学生财经认知盲区定义为感知财经素养与其客观财经素养（包括财经知识、态度与能力）之差的绝对值，并探究了财经素养教育对大学生财经认知盲区的影响。研究结果表明，当不考虑个体风险态度时，财经素养教育不会导致大学生过度自信，相反，财经素养教育会导致大学生对自我财经认知的过度保守。但当纳入风险态度时，财经素养教育不会引起大学生对自我财经认知的过度保守。这说明，风险态度可能调节了财经素养教育对大学生财经认知偏差的影响。综上所述，财经素养教育不会导致大学生的财经自我认知偏差，这也从侧面反映了大学生对自己财经素养的感知与其实际财经素养水平保持一致，即其不存在邓宁—克鲁格效应。

1.4　研究方法

为探索财经素养教育对大学生财经素养的提升效应与财经行为的影响机制，本书利用文献分析梳理国内外相关研究基础，通过问卷调查收集大学生财经素养微观调查一手数据，对我国高校财经素养教育的有效性和有限性进行分析。运用定性分析法和测量分析法开发大学生财经素养测量工具，综合运用评价分析法和因果中介分析法深入分析财经素养教育对大学生财经素养提升的因果效应及其对大学生财经行为影响的因果机制。

1.4.1　文献分析法

文献分析法在两个阶段发挥作用：第一，研究准备阶段的文献分析。对国内外现有关于大学生财经素养教育效果评价、财经素养的提升效应与财经行为的影响机制研究文献进行全面系统梳理，在充分了解国内外研究重点和研究趋势的前提下，确定了"大学生财经素养提升效应与财经行为影响机制研究"这一研究主题。第二，研究过程中的文献分析。通过国内外学术网站和经济合作与发展组织官方网站[90]收集财经素养水平测量问卷，此过程形成了包含52个大学生财经素养测量项目的初始项目池，为大学生财经素养测度量表开发奠定了理论基础。

1.4.2 调查研究法

调查研究法包括问卷调查法与专家访谈法。使用专家访谈法分析验证了 CS-FL 量表的信度。

问卷调查法共收集了两次样本数据，步骤如下：

（1）使用网络问卷调查开展预调研，此过程共收集了 507 份问卷，这构成了 CSFL 量表开发过程中的前测数据。

（2）结合线上（网络问卷调查）与线下（高等院校实地调研）方式，共收集了 1115 份正式调查数据，正式调查数据为实证研究大学生财经素养的提升效应并探索其财经行为的影响机制提供了数据支持。

1.4.3 量化数据分析

在数据处理、数据描述性统计、数据分析过程中运用了多种统计方法，主要包括主成分分析、Tobit 回归、Logistic 回归、线性回归分析等。其中，运用主成分分析验证 Hybrid IRT 模型的单一维度假设；运用 Tobit 回归探究大学生接受财经素养教育后的课程实际参与程度；运用 Logistic 回归进行大学生财经认知盲区影响分析的稳健性检验；运用线性回归分析探索可能的中介变量，确立财经素养教育对大学生财经行为的影响，结果可为后续因果中介分析奠定基础。

（1）测量分析方法。在 CTT 与 IRT 双理论导向前提下，综合运用经济学、金融学相关知识以及心理测量学的定性研究与定量分析方法，在验证性分析框架下，综合运用 CTT 模型、Hybrid IRT 模型以及项目功能差异（DIF）分析开发了适合大学生财经素养水平测度的测量工具。结合 CTT 模型和 Hybrid IRT 模型的 CSFL 量表项目净化过程，保证了 CSFL 量表测量的准确性、可靠性、有效性。同时，混合 IRT 模型的重测信度分析和 DIF 的测量偏差分析确保了测量工具的不变性（一致性）。

（2）评价分析方法。运用 Heckman 两阶段模型消除不可观测变量导致的样本选择偏差，以解决内生性问题，并估计大学生财经素养的提升效应。运用 ESR 模型消除不可观测变量的群体异质性偏差，估计大学生财经素养的提升效应和财经认知盲区影响的反事实结果。运用广义精确匹配法（CEM）来验证 ESR 模型计算结果的稳健性。考虑到可能存在的遗漏变量和反向因果关系，运用工具变量法（Ⅳ）来验证 ESR 模型和 CEM 模型计算结果的稳健性，证实财经素养教育对大学生财经素养的提升效应及其对大学生财经认知盲区的影响。

（3）因果中介分析。运用因果中介分析系列模型量化了财经素养教育对大学生财经行为的影响机制。由于研究样本中的干预变量"是否接受财经素养教育"并非随机，且伴随着混淆变量的影响，因此需要采用反事实框架来量化接受财经素养教育与大学生财经行为之间的因果关系，以解决使用线性回归分析可能存在的选择性偏误[77~79]，即利用反事实分析，去除样本中可能存在的选择性偏误，解决因果识别问题，并准确捕获接受财经素养教育对大学生财经行为的影响机制。对此，综合运用包括 CMA、CMMA 与 CDMMA 在内的因果中介分析系列模型，探索财经素养教育对大学生财经行为的影响机制，研究结果可为高等院校财经素养教育相关政策制定提供理论参考。

1.5　创新之处

本书基于对大学生财经素养和财经行为研究问题的梳理和分析，针对现有文献的不足，在数字金融发展背景下，运用双理论测量模型开发大学生财经素养的测量工具。以此为基础，在大学生异质性视角下，构建反事实分析框架，运用合适的因果推断模型，以期准确地分析财经素养教育对大学生财经素养的提升效应并明晰其对大学生财经行为影响的因果机制。本书的创新点如下：

（1）为数字金融背景下大学生财经素养相关研究提供了测量工具参考。本书将数字财经素养纳入财经素养测量指标并将项目功能差异（DIF）分析引入财经素养量表开发过程，结合 CTT 模型与 Hybrid IRT 模型筛选项目。

量表开发过程分为三个步骤，主要围绕量表测量的准确性与不变性展开分析。第一，结合文献分析和专家访谈生成初始量表。第二，使用预调查数据（$n=507$）结合 CTT 模型和 IRT 模型开展 CSFL 初始量表项目净化。第三，使用正式调查数据（$n=1115$）开展 CSFL 净化量表验证性分析，包括测量有效性和测量不变性验证。验证性分析结果表明，13 个项目的 CSFL 量表能准确、有效地评估大学生的财经素养，具有易于操作、使用简便的特点，是一项高质量的财经素养评估工具。CSFL 量表开发过程可为素养（如科学、数学素养等）类测量量表开发提供借鉴参考，所开发的量表能为后续财经素养相关研究、高校财经素养教育或培训提供标准化的评估工具。

（2）在反事实框架下评估了大学生财经素养的提升效应。发现在反事实情况下，之前未接受过教育的大学生如果接受过财经素养教育，其财经素养的提升效应要远大于接受过财经素养教育的大学生。在大学生异质性视角下，为缓解不可观测变量偏差与样本自选择偏差，运用内生转换模型估计了大学生财经素养的提升效应。结果表明，大学生财经素养提升效应明显。在反事实情况下，之前未接受过财经素养教育的大学生成为更好的"财经素养教育获得者"。运用工具变量法、广义精确匹配、替换因变量、补充变量法展开的稳健性检验的结果进一步证实了财经素养教育对大学生财经素养的显著提升效应。

（3）为解决混淆变量引起的中介效应系数估计偏误，运用因果中介分析系列模型明晰了大学生财经行为的影响机制，发现除财经知识外，财经自我效能和财经行为意愿也是改善大学生财经行为的重要方面。为解决大学生异质性引起的"自选择偏差"并缓解混淆变量引起的"选择性偏误"，运用因果中介模型，利用反事实分析去除样本中可能存在的选择性偏误，以准确捕获接受财经素养教育对财经行为的影响。除考虑认知层面的财经知识为潜在的中介变量外，本书还考虑了非认知因素（财经态度、财经自我效能与财经行为意愿）对大学生财经行为的影响。考虑到大学生群体的异质性，探索了中介变量交互式影响带来的异质性处理效应以及个体（心理）特性、财经信息获取渠道等因素的调节作用。对于中介变量之间可能存在的相互影响（非独立性），运用包含多重相关机制的因果中介分析方法，探明了多重中介作用下财经素养教育影响大学生财经行为的因果路径，研究结果有助于我国高等院校财经素养教育战略的制定与实施，从而提高财经素养教育的针对性和有效性。

第2章 理论基础与文献综述

首先,考虑到大学生的个体异质性及其财经素养提升行为的内生性,通过整合与大学生财经素养提升与财经行为影响机制相关的七种理论,提出财经素养提升互补替代理论框架,构建大学生财经素养提升与财经行为影响机制研究的理论框架。

其次,基于第1章提出的研究问题,从以下四个方面梳理总结相关文献:财经素养的定义与测量方法,在此基础上提出大学生财经素养的定义;大学生财经素养与财经行为的影响因素分析,为后续分析中混淆变量的设置提供理论依据;大学生财经素养教育效果评价的相关研究,为大学生财经素养提升与财经行为的影响研究提供文献支撑;大学生财经行为影响机制的相关研究,为中介变量的设定提供文献参考。

最后,结合文献综述并基于研究问题,提出大学生财经素养提升与影响机制研究的概念分析框架。

2.1 理论基础与理论框架

本节分析了大学生财经素养提升与影响机制研究的理论基础,提出了以财经素养提升互补理论、财经素养替代理论以及财经素养提升互补替代理论三种理论为基础的财经素养提升互补替代理论框架。结合第1章中的研究问题,构建了大学生财经素养提升与财经行为影响机制研究的理论框架。

2.1.1 理论基础

2.1.1.1 人力资本理论

财经素养是一种重要的人力资本，其本质是一种资源管理素养[1]。大学生对财经素养的投资（如选择接受财经素养教育或依靠自主学习财经知识）可被视为人力资本的一种投资形式[74]。财经素养的获取成本不菲，个体对其财经素养水平的提升/投资是为了拥有更加理性的财经行为，并最终实现个体财经福祉或财务自由。接受财经素养教育被视为大学生的一种内生选择，因此，在评价财经素养教育对大学生财经素养的提升效应及对大学生财经行为的影响时，必须考虑可能存在的样本选择偏差。同时，大学生选择接受财经素养教育的行为除了会受到自身特征的影响外，还可能受到家庭经济状况、学校属性及地理位置等各种因素的影响。大学生个体特征、家庭经济状况乃至学校属性等不同层面的因素除了会影响大学生财经素养教育的选择行为，还可能会影响大学生的财经素养水平及财经行为，因此，在评价财经素养教育对大学生财经素养的提升效应及对财经行为的影响时，仍需考虑上述混淆变量的存在可能引起的估计偏误。

2.1.1.2 生命周期理论

为进一步解释大学生财经素养提升行为的内生性并阐释其财经素养提升的动机，有学者将生命周期模型纳入大学生财经素养提升与财经行为影响机制分析的理论框架中。生命周期模型是研究个体财经行为的基础[91]。基于生命周期模型，Jappelli 和 Padula[17] 提出了基于两个生命周期（工作和退休）的财经素养投资效用模型。跨生命周期模型中财经素养的最优投资如图 2-1 所示。

在全球最高政策层面，包括大学生在内的青少年群体（15~24 岁）已被确定为政府在财经素养教育领域的优先目标之一，近年来，各国决策者均致力于在大中小学引入财经素养教育[14]。大学生的财经素养教育的紧迫性和必要性体现在以下几个方面[10, 13]：

（1）他们仍在养成习惯，因此比成年人更具可塑性。

（2）未来的成年个体将面临日益复杂的金融市场，如果没有正确的财经技能，他们将难以驾驭日趋复杂的市场。

（3）从成本效益的角度来看，开展财经素养教育会更加容易接触到学龄人群，降低了普适性教育的实施成本和难度，提高了参与率。

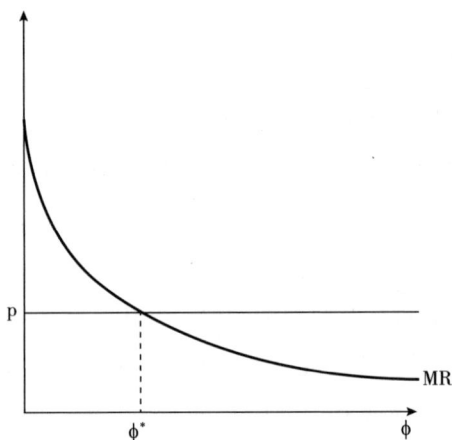

图 2-1　跨生命周期模型中财经素养的最优投资

本图中曲线为根据两阶段生命周期模型绘制的财经素养投资收益曲线[17]。横轴代表投资财经素养的边际收益（MR），纵轴代表投资财经素养的边际成本（p）；ϕ^* 为最优投资水平，此时，个体投资财经素养所需的边际成本等于边际收益。

（4）对于许多年轻人来说，大学是其人生中的重要时期，标志着他们开始独立生活，因此该时期也是为他们提供财经教育的最佳时机[37]。全生命周期财经素养提升曲线如图 2-2 所示。

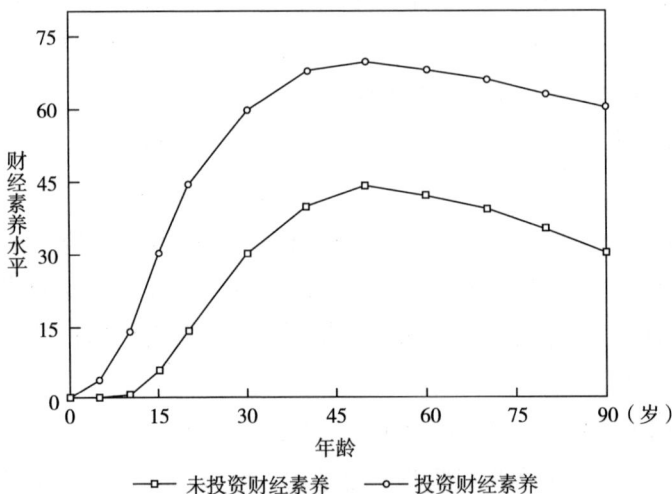

图 2-2　全生命周期财经素养提升曲线

本图是根据多阶段生命周期理论[17] 绘制的财经素养提升概念图。财经素养投资形式可以是接受财经素养教育和/或依靠财经素养自我提升。

假设大学生的一生分为学习（工作）和退休两个生命周期：

（1）在第一个生命周期内，即学习时的收入来源包括家庭收入（父母给予）、劳动收入（兼职、勤工俭学）、其他收入（奖学金、助学贷款），外加可能的投资理财收入，大学生可以付出一定的时间/金钱成本，通过接受财经素养教育/依靠自主学习财经知识来提升财经素养。

（2）在第二个生命周期内，尽管个体没有劳动收入，但第一期积累的财富会促进第二期的储蓄投资，从而支撑消费。

提升大学生的财经素养可以使其更好地了解金融机构并预先进入金融市场，实施更加理性的财经行为，如养成预算的习惯、平衡收支，完成基本的资产配置，适当地参与风险金融市场。还可以减少财经诈骗带来的精神上和财产上的双重损失，并为其今后个人发展、稳定工作和幸福生活奠定基础，如此将有利于社会的和谐稳定和经济的长远发展。

2.1.1.3 计划行为理论

计划行为理论可被用来解释大学生接受财经素养教育的动机、提升财经素养的机理和改善财经行为的机制。从信息加工的角度出发，计划行为理论[92, 93]是以期望价值理论为基点，解释个体行为决策过程的理论。计划行为理论解释了行为是如何通过与态度相关的因素而形成的。行为意向直接影响实际行为，而行为信念通过行为态度间接影响个体实际行为。个体有多种形式的信念，包括行为信念、规范信念和控制信念。其中，规范信念通过行为态度、主观规范和知觉行为控制等间接影响实际行为。行为意向受行为态度、主观规范和知觉行为控制的影响。而行为态度、主观规范和知觉行为控制由于存在共同的信念基础，两两独立又彼此相关。理性行为理论[94]的核心观点是，行为意向直接决定实际行为，同时，行为意向受行为态度以及主观规范的影响。

根据计划行为理论[92, 93]，可以认为大学生在提升其财经素养的过程中，最先会萌发提升财经素养的信念并产生相关动机，进而选择接受财经素养教育，从而影响其财经态度（参与程度），继而影响其财经行为意向，并最终影响其各种财经行为。除此以外，各种网络社交媒体以及社会文化等因素（如性别、年龄、智力和文化背景）会通过影响大学生的信念，进而影响其态度。积极的态度可能会加大外界支持力度，进而增强大学生知觉行为控制，从而增强其行为意向，并最终影响大学生财经行为。因此，可以推测：

（1）对财经素养教育的认知会影响大学生财经素养教育的选择行为，同时，选择接受财经素养教育的大学生在接受财经素养教育的过程中，对该课程的态度又会影响其实际参与程度，并进而影响其财经素养的提升和财经行为的改善。

（2）财经素养教育可能会通过影响大学生预算意愿、风险金融市场投资意愿进而影响其预算行为或风险金融市场投资行为，即某种特定的行为意愿可能是影响具体行为的潜在中介。

（3）财经素养教育可能会通过提升大学生感知财务能力（财经自我效能）进而改变其财经行为，即财经自我效能也可能成为影响大学生财经行为的潜在中介变量。

2.1.1.4　金融社会化理论

财经行为会同时受到多种因素的影响，这使财经素养与财经行为之间的关系较为复杂。金融社会化理论[95]指出了金融社会化的媒介（家庭、学校、同龄人），以及个体受媒介影响的过程。该理论同样说明，除了通过财经教育外，还可通过观察与效仿他人的行为来提升个体财经福祉。一方面，个体可通过社交媒体等渠道获取财经知识，或效仿周围同学逐步改变其财经行为。另一方面，学校财经素养教育也能提升个体财经素养。概括来说，金融社会化是财经素养与财经行为形成的过程[96]。该理论有助于深化财经素养对财经行为影响机制的理解。

2.1.1.5　社会学习理论

社会学习理论指出，在社会互动、经验和外部媒体影响的情况下，大学生财经素养提升可归因于效仿其他个体行为。大学生可以通过诸如家庭、学校、媒体等环境获得直接指示来学习财经知识或通过观察他人财经行为而进行效仿[97]。因此，大学生可通过（社交）媒体渠道获取相关经验，从而自主学习财经知识。

2.1.1.6　自我决定理论

自我决定理论认为[98]，人们的成长和改变是由三种先天的、普遍的心理需求推动的。当人们对能力、联系和自主的需求得到满足时，他们就能够成为自我决定的人。

2.1.1.7　能力理论

根据能力理论[99]，高财务能力和财经素养存量会使个体更广泛地接触相关机构与外部环境，而这有助于发展其他能力，使他们能够选择自己想要的生活方式并利用他们拥有的机会。即使接受财经素养教育，具备不同能力特征的大学生的财经素养提升效果也可能不完全一致。

2.1.2　大学生财经素养提升互补理论框架

2.1.2.1　财经素养提升互补替代理论框架的提出

根据人力资本理论，对财经素养的投资可被视为人力资本的特定投资形式[74]。据此，寻求财经素养的提升（接受财经素养教育）属于大学生的内生选择[74]。大学生的（感知）财经素养水平与其寻求财经素养教育之间可能存在以下三种关系：

（1）二者并不显著相关。Kramer[100] 研究表明，投资者的财经素养与他们依赖财务建议并非必然相关。同时，倾向于高估自己财经素养的个体也不太可能寻求财务建议[38, 39]。由此推测，财经素养较高的大学生可能不会接受财经素养教育。根据上述分析，是否接受财经素养教育取决于大学生对其财经素养的自信程度，而不是他们实际的财经素养水平。据此推测，（感知）财经素养水平高的大学生可能倾向于自主学习财经知识，而（感知）财经素养水平低的大学生可能倾向于接受财经素养教育，即对于不同特征的人群，自主学习财经知识与财经素养教育的作用可能互补或互相替代。

（2）二者负向相关。即财经素养较高的个体倾向于财经素养自我提升而非接受财经素养教育，即他们认为，自主学习财经知识可以替代学校财经素养教育。根据相关文献，财经素养较低的个体往往对自己的财经知识水平过度自信，因此他们不主动接受财经素养教育[38]。

（3）二者正向相关。吴锟和吴卫星[101] 的研究发现，财经素养高的家庭更可能对理财建议有需求，理财建议对财经素养不能起到替代的作用。即财经素养较高的大学生会由于兴趣而选择接受财经素养教育，他们认为学校财经素养教育可以与自主学习财经知识相互促进而共同发挥作用。据此可提出财经素养提升互补理论，即具有较高财经素养的大学生更可能依赖财经素养教育，因为他们的时间机会成本较高。

2.1.2.2 财经素养提升互补替代理论框架的表述

根据上述分析，提出财经素养互补替代理论框架：

（1）财经素养提升互补理论。为明晰接受财经素养教育对大学生财经素养的提升效应，本书使用了一种静态的观点，通过构建反事实分析框架，比较接受财经素养教育和未接受财经素养教育大学生财经素养的提升效应差异。财经素养提升互补理论可以表述为，财经素养教育与自主学习财经知识共同作用，进而提升大学生的财经素养。类似地，Grohmann 等[102] 通过中介效应分析发现，学校教育和家庭教育都对成年人的财经素养具有显著的积极影响，这说明家庭因素与学校因素也可以互补。值得注意的是，财经素养提升互补理论考虑了潜在的样本选择偏差，对此，在评价大学生财经素养的提升效应时，需考虑样本自选择偏差的影响。

（2）财经素养提升替代理论。财经素养提升替代理论可以表述为自主学习财经知识可以替代财经教育。Stolper 和 Walter[103] 发现，财经素养较高的投资者不太可能遵循财务建议。Barthel 和 Lei[104] 的研究表明，寻求财务建议与个体寻求财经素养的提升呈负相关关系。而财经素养较高的大学生由于具备一定的财经知识，其财经自我效能相对较高，据此推测，他们通过自主学习财经知识获得的财经素养几乎与接受财经素养教育的大学生不相上下。Meier 和 Sprenger[105] 研究了时间偏好和参与财经素养教育项目对个体财经素养的影响。结果表明，那些对财经信息的获取更有耐心的个体，不论是否接受过财经素养教育，都更愿意获取财经信息，同时也能得到更好的财经结果。

（3）财经素养提升互补替代理论。进一步地，将二者综合即为财经素养提升互补替代理论。据此推测，不同能力特征的大学生适用的财经素养提升方法可能并不相同。对于部分大学生而言，自主学习财经知识可能会相对更加有效，但如果其接受财经素养教育，其财经素养的提升效应会更加显著；而对于大多数大学生而言，财经素养教育可能是提升财经素养更为经济有效的方式。

大学生财经素养的提升效应及其对财经行为的影响具体适用于上述三种理论中的哪一种还有待进一步的研究来验证。具体的理论框架如图 2-3 所示。

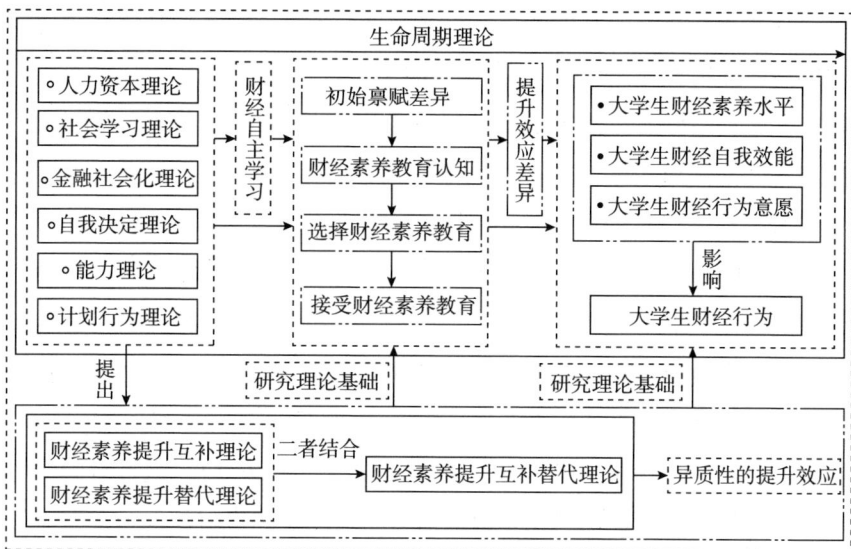

图 2-3　大学生财经素养提升与财经行为影响机制研究理论框架

2.2　大学生财经素养的定义与测量

　　形成标准化的测量工具是大学生财经行为研究的基础。从理论上说，财经知识会通过财经态度影响财经行为，进而影响个体财经福祉。然而，财经素养与财经行为相关性的不确定使研究者更加关注财经素养与财经行为之间的关系[34, 59, 100, 104]。例如，Gui 等[106] 的研究表明，标准的财经素养测量[107] 与风险投资意识并不相关，而这直接导致了个体投资与其风险态度并不相符（较高风险）的金融产品，因此亟须涵盖更加广泛的财经概念范畴的财经素养测量工具。为了厘清二者之间的关系，需要对财经素养进行清晰的界定与准确的测量，以便更准确地研究大学生财经素养与财经行为乃至财经福祉之间的关系。

2.2.1　大学生财经素养的定义

　　现有财经素养研究较多采用 Lusardi 和 Mitchell[108] 提出的财经素养的定义，

即掌握合理储蓄与投资的基本概念。Huston[109] 认为，财经素养还必须包括财经知识的应用，即财经素养还应包括财经能力。该定义考虑了三个方面：财经知识、财经能力和财经态度。类似地，经法合作与发展组织对财经素养的定义[60] 是，财经素养是做出明智的财经决策所必需的知识、态度（意识）和能力（技能）的结合，最终以实现个体财经福祉。Magistro[55] 认为，财经素养（Financial and Economic Literacy）会影响个体评估经济政策时的准确性。周月书等[110] 在考察农户财经（金融）能力对融资行为的影响时，将农户财经能力定义为财经知识、财经意识、财经技能和金融环境的集合。财经素养的衡量包括财经知识、财经意识、财经技能等个体的内在属性维度。

总结不同研究者对于财经素养的不同定义（见表2-1），通过时间线梳理可以发现，财经素养衡量经历了从单纯地衡量财经知识到将财经能力与财经态度纳入其中，再到现在的一并强调财经知识、财经能力与财经态度。

表 2-1　财经素养的定义

组织或个人	定义/组成要素
Lusardi 和 Mitchell（2007）[108]	掌握包括复合利率、金钱的时间价值以及分散化投资在内的财经知识
Huston（2010）[109]	财经素养还必须包括财经知识的应用
Fernandes 等（2014）[11]	财经知识
辛自强等（2018）[34]	有助于个体应对财经事务、实现财经福祉的知识、能力和价值观的综合体
刘国强（2018）[111]	金融素养包括金融知识、行为、态度和技能等方面，是消费者熟练处理日常金融事务的能力
Carpena 等（2019）[12]	财经知识、财经态度、财经意识
单德朋（2019）[42]	金融知识、金融行为和对长期金融规划的态度
OECD（2011，2022）[60, 113]	财经知识、态度、行为
赵立业和吴卫星（2022）[66]	金融知识和金融行为

关于财经素养的定义，需要补充说明的是：

（1）关于财经素养（Financial Literacy）的翻译。部分研究者将其翻译为"金融素养"，即个体参与金融市场活动需要具备的一项基本技能。然而，个体的金融活动离不开宏观经济环境，为此，本书倾向于将"Financial Literacy"译成"财经素养"，该术语包括"财政"和"经济"两个词的组合，所涵盖的范围更加广泛，能够涵盖包括个体金融活动在内的各类经济与财政活动[34,55,60]。

（2）财经素养研究讨论的"财经能力"仅针对"个体"的财经活动，而非金融/经济学等专业学科研究的财经行为（Financial Decision-making）[34]。财经素养所体现的是财经知识以及应用此类知识处理日常生活中（包括财务规划、储蓄、银行卡管理等）遇到的财经问题的能力[34,55,60]，包含知识、态度和能力的财经素养会通过日常财经活动外化为具体的财经行为，即财经行为是财经能力的一种外在体现[111]。

随着信息技术在金融领域的广泛应用，数字金融由于其具有普惠性的特点而得以快速发展[112]。随着数字金融的不断下沉，其对大学生财经素养的要求与财经行为的影响会逐渐增大，为此，本书在财经素养水平测量初始项目池中融入数字财经素养元素，即以经济合作与发展组织提出的财经素养的定义[60]为基础，将大学生财经素养定义为数字金融发展背景下，大学生个体对财经概念（财经知识）以及金融风险的理解与掌握，以及运用此类知识的技能（财经能力）与动机（财经态度）。

2.2.2　大学生财经素养的测量

总结以往财经素养研究中个体财经素养水平的度量指标（见表2-2、表2-3），可以发现：

（1）从财经素养的测量维度来看，较多的学者会将财经素养等同于财经知识，研究对象多为成年个体。

（2）从财经素养的测量方法来看，大多采用得分直接相加（CTT）的方法表征个体财经素养水平，而未说明其测量的可靠度与精确度。

（3）从财经素养的测量题项数目和类别来看，财经素养的测量题项数目为3~21项，测量题项的均值约为10；调查题项大多采用多项选择题的形式让受访者作答，通过统计正确率来比较分析样本的表现。

（4）从财经素养的测量题项来源来看，较多研究者以 Lusardi 和 Mitchell[108]提出的财经素养的定义为基础进行相关研究。

（5）财经素养测量指标多为结合二手数据进行相关定义，这可能也限制了研究者将财经态度、财经行为等纳入财经素养的衡量维度中。

表 2-2　财经素养水平衡量的代理变量

作者（年份）	衡量维度	测量对象	国家/地区	样本量
Zou 和 Deng（2019）[114]	财经知识和主观财经素养	一家之主	中国	3122
Arceo-Gómez 和 Villagómez（2017）[50]	客观财经知识	高中生	墨西哥城	889
Nguyen 和 Rozsa（2019）[51]	基础和高级财经知识	公司员工	越南	358
Grohmann 等（2015）[102]	财经知识	曼谷的中产阶级	泰国	53
Fan 和 Chatterjee（2018）[117]	财经知识	大学生	美国	172
Kunovskaya 等（2014）[118]	财经知识	成年人（18 岁+）	阿塞拜疆	1207
			罗马尼亚	1912
			俄罗斯	1600
Li 等（2020）[52]	多类别财经知识	成年人（18 岁+）	中国	3882
Yamori 和 Ueyama（2022）[20]	财经知识	成年人（18 岁+）	日本	1000
Hsu 等（2021）[54]	财经知识	投资者（18 岁+）	中国台湾	1215
Calcagno 和 Monticone（2015）[119]	财经知识	投资者（25~89 岁）	意大利	1581
Rink 等（2021）[53]	财经知识	成年人（18 岁+）	印度	28378
Hermansson 等（2022）[27]	财经知识	成年人（18~97 岁）	瑞典	6871
Magistro 等（2022）[55]	财经知识	成年人（18 岁+）	意大利	2881
Struckell 等（2022）[56]	财经知识	成年人（18~64 岁）	哥伦比亚	15069
Wei 等（2021）[57]	财经知识	一家之主	中国	21030
Beckker 等（2020）[120]	财经知识	成年人（18 岁+）	12 个国家	24512
Brown 等（2018）[75]	财经知识	中学生（平均 15 岁）	瑞士	649
Rostamkalaei 等（2022）[58]	财经知识	个体经营者	加拿大	3258
Tan 和 Singaravelloo（2019）[121]	财经知识	管理专业政府官员	马来西亚	320
Gerrans（2021）[37]	财经知识和主观财经素养	大学生	澳大利亚	865
Fernandes 等（2014）[11]	财经知识	成年人（18 岁+）	美国	1049
OECD（2022）[60]	财经知识+财经态度+财经行为	成年人（18 岁+）	全球范围	—
Korkmaz 等（2021）[122]	财经知识	家庭成员	中国	31432
Pan 等（2020）[18]	财经知识	一家之主	中国	5274
Carpena 和 Zia（2020）[25]	财经知识+财经态度+财经意识	低收入个体	印度	1300

续表

作者（年份）	衡量维度	测量对象	国家/地区	样本量
Engels 等（2020）[123]	财经知识	成年个体（18~75 岁）	美国	5698
Wang 等（2021）[59]	财经知识	家庭成员	中国	25016

表 2-3　财经素养水平衡量的测量方法与数据来源

题项组成	题项数	测量方法	题项来源	数据来源
多项选择+量表题	6+3	CTT	中国家庭金融调查	CHFS（2012）
多项选择+量表题	17	CTT	Lusardi 和 Tufano[35]	调查数据
多项选择题	12	CTT	Lusardi 等[16, 35, 124]	调查数据
多项选择+开放式问题	4	CTT	Lusardi 和 Mitchell+自制	调查数据
多项选择题	10	CTT	FINRA 投资者知识测验	调查数据
多项选择题	6	CTT+IRT	Lusardi 等[15, 16, 108]	世界银行
多项选择题	5+8	CTT	中国家庭追踪调查	CFPS（2014）
多项选择题	19	CTT	Lusardi 等[107, 125]	调查数据
多项选择题	8	CTT	Calcagno 和 Monticone[119]	调查数据
多项选择题	8	CTT	Abreu 和 Mendes[126]	调查数据
多项选择题	6	CTT	印度储蓄模式全国数据调查[127]	NDSSP
多项选择题	6	CTT	Lusardi[128]、Anderson 等[62]	瑞典银行
多项选择题	6	CTT	Lusardi 和 Mitchell[107]+自制	调查数据
多项选择题	5	CTT	美国财经能力研究	NFCS
多项选择题	3	因子分析	中国家庭金融调查	CHFS（2015）
多项选择题	7	PCA	OECD	OECD（2015）
多项选择题	10	CTT	Atkinson 和 Messy[128]	调查数据
多项选择题	10	CTT	加拿大财经能力调查	CFCS（2014）
判断题	10	CTT	Ali 等[129]	调查数据
多项选择题	21	CTT	Lusardi 等[11, 16, 35]	调查数据
多项选择题	13	CTT	Lusardi 等[16, 35, 130~133]	调查数据
多项选择+量表题	19	CTT	OECD	调查数据
多项选择+量表题	4	因子分析	中国家庭金融调查	CHFS（2017）
量表题	9+1	CTT+IRT	Kramer[100]、Xue 等[134]	CHFS（2010）

题项组成	题项数	测量方法	题项来源	数据来源
多项选择题	9	CTT	Lusardi 和 Mitchell[35] +自制	调查数据
多项选择题	9	IRT	Knoll 和 Houts[135]	NFWBS
多项选择+量表题	4	因子分析	中国家庭金融调查	CHFS (2013)

综上所述，现有的财经素养水平测量存在如下问题：

（1）不同研究者对于财经素养内涵的理解很不一致[11, 12, 25, 34, 35, 60]，较多的学者会将财经素养等同于财经知识[24, 27, 37, 48, 106, 114]。而越来越多的研究表明，财经知识并不能完全等同于财经素养[12, 25, 60, 66, 110]，为此，需要进行概念上的界定与厘清。

（2）现有研究大多运用 CTT 模型（含因子分析）衡量财经素养。但在实际运用中，CTT 模型所依据的线弹性假设很有可能被违背，同时存在样本依赖性与信度不精确等局限。IRT 模型是在克服 CTT 模型局限性的基础上发展起来的[67, 68]。IRT 包含一系列的测量模型，可以分离出受试者特征与测试特征，并建立受试者对项目反应与其潜在特征之间的非线性关系，具有样本自由性与结果准确性的优点。

（3）现有财经素养量表是否存在测量偏差（measurement bias）还有待进一步研究。根据以往文献，测量偏差可能存在于不同性别、不同年龄、不同民族、不同教育年限、不同认知能力的群体之间[11, 64, 66]。赵立业和吴卫星[66] 使用EFA 构建财经素养指标时考虑了受访者自身作答倾向所引起的测量偏差，Logistic回归结果表明，考虑被试者作答态度（对应 IRT 模型中的猜测度）后的财经素养指标更加准确，估计结果更加稳健。

（4）现有财经素养的测量通常使用有关利率、通货膨胀的定义以及多元化投资等特定调查问题来衡量，财经素养测验对于财经行为的预测力较低。例如，Fernandes 等[11] 进行元分析时发现，财经素养教育干预仅解释了财经行为差异的0.1%，Lusardi 等[29] 指出，以往文献表明，财经素养教育项目收效甚微，尤其是在工作场所提供的那些财经教育项目。财经素养是日常财经行为决策的基础，较高的财经素养水平能促使个体更好地处理涉及金钱的日常事务，缺乏财经素养会导致产生许多次优的财经行为决策[38]。财经素养预测力低的问题，部分源于现有测验题目的内容框架和测验有效性的限制。

（5）在数字金融发展背景下，数字普惠金融的发展为大学生接触范围更广泛、更深入的金融服务奠定了基础[115]，个体财经素养的考量范围也应当与时俱进[110, 116]。Anderson 等[62] 的研究表明，旨在提高包括数字财经素养在内的财经素养教育可以为个人提供所需的财经知识、技能和数字化能力，并赋予个人权力，培养他们寻求适当财经建议的信心，避免非理性行为，并培养他们审慎评估经济状况的能力。事实上，包含数字财经素养的财经素养教育不仅可以传授消费者有效利用数字化金融产品和服务的方式方法，还可以让他们更好地管理数字金融风险并避免恶意数字活动。周月书等[110] 在农户金融能力对融资行为的影响研究中，将金融环境纳入了财经能力的测度中，结果表明，财经能力会对融资行为产生显著影响。除此以外，Lyons 等[61] 的研究表明，财经素养以及数字财经素养二者均为构建包容性金融（即普惠金融）指标以及财经韧性的重要因素，因此，站在国家战略层面的角度就社会长远发展而言，需将数字素养放置在财经素养的测量中以重新定义财经素养，从而进行相关研究，用于提升家庭层面或个体层面的财经韧性。

2.3　大学生财经素养与财经行为的影响因素

根据财经素养提升互补替代理论框架，考虑到大学生财经素养水平提升的内生性，本书分别从个人层面、家庭层面、学校层面与社会层面梳理了大学生财经素养水平和财经行为的影响因素：

（1）个人层面的影响因素包括社会人口学属性特征与心理特性。社会人口学属性特征包括性别[52, 111, 136~138]、专业类别[139]、年级[140]、收入水平[111] 等。此外，个体心理特性如认知能力[40, 138, 141]、财务自信[22, 101, 142]、对财经知识的兴趣[23] 与财经自我效能[143, 144] 也可能会对财经素养与财经行为产生影响。在财经素养对风险金融市场参与的影响研究中，几乎都控制了风险态度变量[18, 20, 25, 27, 88, 143, 145, 146]。

（2）家庭层面的影响因素包括父母受教育程度[16, 102, 140, 147~149]、家庭月收入[140, 149]、家庭所在地域[111]。经济学教育对个体财经素养的影响并不显著。Grohmann 等[102] 通过中介效应分析发现，学校教育和家庭教育可以协同互补进而显著提升个体财经素养水平。Bottazzi 和 Lusardi[149] 证实了父母背景，尤其是母亲的角色，对女孩的财经素养非常重要。同时，Bottazzi 和 Lusardi[149] 的研究还表明，社会、文化环境与历史在解释中学生财经素养水平的性别差异中的重要性。Amagir 等[140] 发现，社会经济地位低的学生、母亲没有大学学位的学生以及不与家人讨论财务问题的中学生的财经知识水平较低。

（3）学校层面的影响因素包括院校层次[150~152]、学校地理位置[149, 150]。经济合作与发展组织对全球范围内中学生的财经素养水平调查结果显示[150]，对于大部分国家/地区而言，农村学校学生财经素养水平低于城市学校学生[150]。城乡学校的教学环境、师资水平等方面的差异影响了学校财经素养教育的质量。学校地理位置差异会通过影响学生获取财经知识的机会，进而对学生的财经素养产生影响[150]。Lopus 等[152] 发现，为期 18 周的财经素养培训项目能显著提升印度尼西亚的贫困和弱势青年群体的财经素养。青年学生财经知识的增加与先前的知识、他们就读的学校类型以及个体将培训内容融入日常生活的意愿相关。

（4）社会层面的影响因素包括财经信息来源渠道[27, 53, 57, 82, 83, 153]。Hermansson 等[27] 探索了个人社交网络、财务顾问和媒体等学习渠道对投资者参与股市的影响。结果表明，通过媒体了解金融市场和经济问题与股票市场参与度以及直接投资于股票的财富份额呈正相关关系。相比之下，从个人社交网络与财务顾问那里学习的直接影响是微不足道的。Wei 等[57] 发现，个体发现财务诈骗的能力会随其财经知识的增加而提高，而信息渠道可能在财经知识与诈骗识别概率之间的关系中起中介作用。江嘉骏等[82] 发现，当使用手机进行投资时，投资者的财经素养差异无法解释其投资偏好导致的投资绩效降低现象。与之相对应的是，更高的信息搜索成本、受到更多的外部干扰都能解释移动投资者的行为偏误。

综上所述，对大学生财经素养水平与财经行为产生影响的变量可以归纳为个体层面（包括社会人口学属性特征与心理特性）、家庭层面、学校层面与社会层面共四类。

2.4　大学生财经素养教育效果评价

近年来，各国决策者纷纷致力于在大中小学引入财经素养教育[14]。尽管存在普及大学生财经素养教育的号召[9, 11, 154]，但现实情况是，针对大学生财经素养教育效果评估的研究仍相对较少，尤其在发展中国家[47]。Miller 等[28] 的分析结果显示，在全部 188 项财经素养教育评估中，针对大学生财经素养教育评价的研究占比仅约为 3%。

（1）从理论上来说，财经素养会影响财经行为，但是，关于财经素养教育对财经素养和财经行为影响的争议一直存在[11, 13, 19, 28~30, 63]。一部分研究者认为，财经素养教育对个体财经素养提升的影响可能微乎其微[11, 28, 63, 155, 156]，即财经素养教育有助于缓解财经行为中的认知局限，但对于财经行为的优化作用并不明显，可能的原因是，除了财经知识类认知因素的影响外，财经行为还会受到非认知因素的影响，而财经素养教育对于这些非认知能力的提升效果有限。另一部分研究者则认为，财经素养教育成效显著[13, 19, 28~30]。

尽管在较早的财经素养教育研究中，研究者对财经素养教育的成效表示诸多怀疑，但随后的更多研究者证实了财经素养教育能显著提升包括大学生在内群体的财经素养及改善其财经行为[13, 30, 157]。同时，"针对性""及时性"的财经素养教育的"有效性"更高。同时，课程会影响大学生对财务信息来源的选择。校本财经素养教育课程由于其从某种程度上来说具有强制性特点，因而能更为显著地提升大学生的财经素养水平[10, 37]。Barua 等[158] 以 632 名大学生为样本，通过双重差分法评估了大学生财经素养教育的影响。结果表明，该财经素养教育分别使大学生的财经知识得分和财务计划得分大幅度增加了 11% 和 16%。Gerrans 和 Heaney[159] 对澳大利亚大学 871 名学生的个人理财课程（以一个学期为单元）的教育效果进行评估，Logistic 回归分析结果表明，个人理财课程能显著提升大学生的客观财经知识和感知财经知识。

（2）财经素养教育对大学生财经素养提升的异质性影响结论不完全一致。Frisancho[10] 研究发现，除了家庭社会经济地位的影响外，校本财经素养教育课程对财经能力不同、数学水平不同的青少年财经素养的提升效应几乎一致。来自资产指数较高家庭的学生倾向于从该课程中获得更大的收益。有学者[160] 探索了每学期 72 课时的个人财经素养课程教育对巴西本科生财经素养水平的影响，并分析了认知能力对该学习过程的影响。双重差分法分析结果表明，该课程教育能显著提升大学生的财经素养（包括财经知识、财经态度与财经行为）。与对照组相比，参加财经素养课程的大学生财经知识水平提升更加显著。然而，具有较高认知能力的大学生并没有表现出更高的财经知识水平提升。Corsini 和 Giannel-li[161] 考察了接受经济学本科教育对大学生财经素养的影响。广义线性回归结果表明，参加该课程对大学生财经素养水平提升有积极影响，且对于基础财经素养较低学生的影响更加显著。Ho 和 Lee[151] 探讨了财经素养教育对不同层次学校（即学生学业存在差异）中学生财经素养水平提升的影响。结构方程模型结果表明，财经素养课程对中学生财经素养的提升效应微弱，而且只对那些通常招收学业成绩最差学生的"三级"学校学生产生影响。

（3）财经素养教育是否会导致大学生的过度自信仍存在争议。Brugiavini 等[162] 选取意大利 579 名大学生展开财经素养教育干预随机对照试验，结果表明，20 分钟的财经素养课程能显著提升大学生的感知财经素养和客观财经素养水平，但其对大学生感知财经知识水平的提升效应大于财经知识增长效应，该财经素养课程导致了大学生的财经过度自信。Gerrans[37] 评价了大学生财经素养教育效果的中长期效果，Logistic 回归结果表明，样本中的大学生在完成一学期个人理财课程教育的三年后，该课程对大学生客观与主观财经素养水平的影响仍然显著，伴有适度衰减，但该课程不会导致大学生产生财经过度自信。

（4）财经素养教育效果评价中的自选择偏差和分析模型的稳健性问题。早期大学生财经素养教育效果的评价研究多运用 ANOVA 分析[47, 117, 163, 164]，结果均显示，大学生财经素养水平和财经行为的提升效应明显。随后的研究较多运用准实验设计[162] 或单一计量经济学模型，如利用 Logistic 回归模型[37]、线性混合模型回归[159]、倾向得分匹配[165] 或双重差分法[158, 166] 来评估财经素养教育效果。但是，首先，接受财经素养教育是大学生个体的内生选择，准实验设计中存在的自选择偏差问题不容忽视。其次，即使考虑了自选择偏差，当使用单个计量模型时，由于每个模型的局限性而无法单独校正，因此可能会存在稳健性问题。

总结上述研究后发现，财经素养教育对何种人群（如财经素养水平、家庭财富水平、认知能力等不同的人）更加有效的结论存在不一致现象[10, 161]。这可能是未排除个体的内生选择偏差、未排除自主学习财经知识的投入、未纳入财经信息获取渠道的调节和未控制个体能力差异所致。能力理论表明[99]，即使接受财经素养教育，具备不同能力特征的个体财经素养的提升也可能不完全一致。Gignac[39] 的研究表明，个体对其主客观财经素养的认知程度基本一致。然而，财经素养教育对主客观财经素养的提升是否会对此一致性产生影响仍有待进一步研究。尽管 Gerrans[37] 研究表明，一个学期的个人财务课程不会使大学生产生过度自信，但是，尽管其控制了社会人口学属性特征、个体心理特性等因素，但仍较难排除自主学习财经知识等可能对主客观财经素养水平均产生影响的混淆因素。除此以外，Gerrans[37] 使用财经知识作为大学生财经素养水平的代理变量，而财经素养教育对包括财经知识、财经态度与财经能力在内的大学生客观财经素养与其感知财经素养的影响差异还有待进一步研究。

2.5 大学生财经行为的影响机制

现有研究较多关注（感知）财经素养对财经行为的影响，并证实了财经素养与理财规划行为（预算）、风险金融市场投资行为、信贷产品使用与诈骗探测能力等理性财经行为正相关，而过度自信会导致次优的财经行为。相关文献分述如下：

（1）财经素养较高的个体有更强的理财规划意识[24, 52, 86, 87]。财经素养水平较高的个体会更倾向于参与金融市场，尤其是参与风险金融市场投资[20, 40~46]。除此以外，不同的财经知识获取渠道可能会影响个体投资行为。Hermansson等[27] 研究发现，财经知识学习（获取）渠道会显著影响瑞典投资者的股票市场参与，其中，通过媒体获取财经知识会显著促进所有投资者参与股票市场投资，但通过财务顾问获取财务建议仅能促进低收入群体参与股票市场投资。同时，家人朋友的意见对投资者参与股票市场投资的影响并不显著。

（2）较高财经素养的个体更可能存在理性借贷行为[48, 122, 167]与贷款偿还行为。多数研究表明，财经素养较高的家庭更倾向于通过正规渠道借贷[168~171]。Liu 和 Zhang[48]研究表明，较高的财经素养可以增强大学生的财务信心和自我控制能力（财经自我效能），从而抑制他们的风险投资行为。较高财经素养水平的个体的贷款偿还行为会更加理性。例如，Fong 等[85]研究表明，财经素养水平较高的个体会更倾向于及时偿还信用卡贷款、参与股票市场投资并进行风险分散化投资。

（3）感知财经素养水平会影响投资理财和信贷使用等财经行为[38, 84, 172]，而且，感知财经素养的影响可能与客观财经素养的影响同等重要[38, 62, 173]。财务过度自信会导致次优的信贷偿还行为与投资行为[38, 157]。财经素养较高的个体更可能探测到财务诈骗[57, 123]。

（4）内容、形式和强度不同的财经素养教育对不同人群、不同类别的财经行为[174]的影响存在差异[10, 12, 12, 13, 30, 80]。Wagner 和 Walstad[174]探索了高中、大学或工作场所的财经素养教育的影响。结果显示，相较于短期财经行为，财经素养教育对长期财经行为的影响更为显著，财经素养教育的效果可能会因为财经行为的时间跨度或范围而异。

（5）综观财经素养教育对财经行为的作用机制研究，对中介变量的探索主要集中在认知范畴的财经知识与非认知范畴的财经态度、财经意识和个人自尊方面。Carpena 和 Zia[25]探究了财经素养教育与预算、储蓄、借贷、购买保险共四类财经行为之间的因果关系。因果中介分析结果表明，财经素养教育是通过提升个体财经知识水平、态度和意识而非算术能力进而影响其预算、储蓄与购买保险行为的，但财经素养教育无法改变个体的借贷行为。Noh[26]探究了父母财经素养教育对大学生财经知识、财经态度与财经行为的影响。结构方程模型的计算结果表明，父母教育会正向影响大学生预算与消费、信用卡管理相关的理性财经行为，然而，自尊而非财经知识和财经态度是改善大学生财经行为有效中介。Mountain 等[175]探索了财经知识对大学生财经行为的中介作用，多水平中介分析结果表明，财经行为的显著差异取决于大学生参与的财经学习活动的类型。

总结上述文献可以发现：

（1）关于财经素养教育对包括大学生在内的个体财经行为影响机制的探索

仍相对较少[25]。同时，现有相关研究主要集中在认知层面，而对非认知层面因素的考虑相对较少。Liu 和 Zhang[48] 研究表明，较高的财经素养可以增强大学生的财务信心和自我控制能力（财经自我效能），从而抑制他们的风险信用行为。因此，财经自我效能可能会在财经素养教育对大学生财经行为的影响中起中介作用。同时，财经行为意愿以及对财经知识的兴趣也会影响财经行为[25, 92, 93]，因此，个体认知层面的因素如财经知识兴趣、财经自我效能与财经行为意愿对大学生财经行为的影响及其影响机制还有待进一步研究。

（2）财经素养教育会影响预算、风险金融市场投资、信贷使用与偿还等财经行为。然而，尚未发现有关财经素养教育对诈骗识别能力与损失规避能力影响的研究。已述研究表明，财经素养教育会提升大学生财经素养水平和财经自我效能[37, 48]。同时，财经素养水平会显著提升个体的诈骗探测能力[57, 123]，由此推测，财经素养教育可能会通过提升大学生财经素养水平或财经自我效能，进而提升大学生的诈骗探测能力与风险规避能力。

（3）以往研究较多关注财经素养对预算、风险金融市场投资、信贷使用与偿还等财经行为的影响，而较少关注财经素养教育对上述财经行为的影响及可能产生的异质性影响。同时，财经素养教育提升大学生财经素养水平并优化其财经行为的边界条件还有待进一步研究。已有研究较多关注财经素养教育对不同性别、不同数学水平、不同民族、不同社会经济地位的群体的异质性影响，但对于不同院校层次、不同财经信息主要来源渠道、不同专业类别等对大学生财经素养提升与行为优化的影响还有待进一步研究。

（4）以往关于财经行为影响机制的探索较多采用多次中介效应分析，例如，Carpena 和 Zia[25] 采用三次因果中介分析探索了财经知识三个不同维度对财经素养教育与财经行为的影响机制。然而，不同的中介变量可能并非完全独立，它们可能存在相互影响，为此，有必要针对可能存在相互作用的中介变量采用多重中介效应分析来进行进一步研究。

综上所述，提出并绘制大学生财经素养提升与财经行为影响机制研究的概念分析框架，具体如图 2-4 所示。

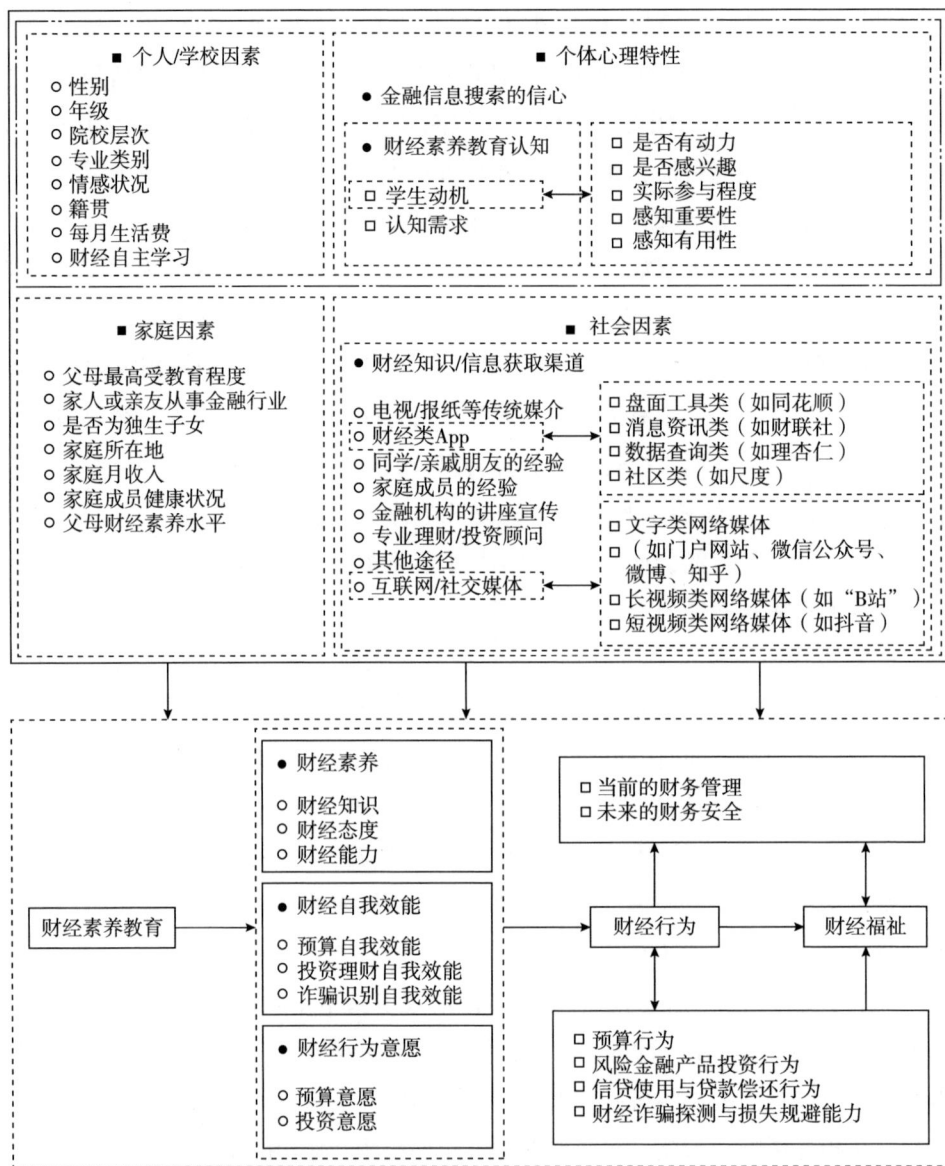

图 2-4　大学生财经素养提升与财经行为影响机制研究概念分析框架

注：此图为根据现有文献分析得出的理论上的概念分析框架，实际分析过程可能会由于样本数据特征或模型设定要求而未将部分变量纳入其中。

2.6　本章小结

本章的主要内容总结如下：

（1）基于大学生财经素养提升与影响机制研究相关的七种理论并结合现有文献，提出了财经素养提升互补替代理论框架，结合第 1 章提出的研究问题构建了本书的理论框架。

（2）基于第 1 章提出的研究问题梳理了相关文献，分别从大学生财经素养的定义与测量、大学生财经素养与财经行为的影响因素分析、大学生财经素养教育效果评价的相关研究、大学生财经行为影响机制的相关研究四个方面展开文献综述。

（3）结合文献综述并基于研究问题，提出了大学生财经素养提升与财经行为影响机制研究的概念分析框架。其中，财经素养提升互补替代理论框架为第 4 章与第 5 章分析奠定了基础；财经素养的定义与测量为第 3 章大学生财经素养的量表开发与水平测度提供了理论背景；而大学生财经素养与财经行为的影响因素分析同大学生财经行为影响机制的相关研究为第 4 章与第 5 章分析提供了理论依据。

第3章 大学生财经素养的量表开发与水平测度

准确、可靠、高效地测量不同特征大学生的财经素养，是评估高等院校财经素养教育有效性的前提与基础。建立适合我国大学生的标准化财经素养测量工具是亟须完成的基础性工作。

数字金融的不断下沉对大学生财经素养提出了更高的要求[112]。对此，本书将数字财经素养元素纳入大学生财经素养量表（CSFL）开发初始项目池。为开发出准确且稳健的 CSFL 量表，参考 DeVellis 和 Thorpe[69] 提出的量表开发过程与 Yuan 等[73] 的量表开发实践[69~73]，在验证性分析框架下，综合运用 CTT 与 IRT 方法进行项目筛选并验证 CSFL 量表的可靠性、有效性与测量不变性，开发简洁有效的大学生财经素养测量量表。

3.1 大学生财经素养水平测度量表开发框架

现有测试理论主要有两种，即经典测试理论（CTT）和项目反应理论（IRT），二者已被普遍用于评估测量工具的可靠性与有效性。CTT 是测试分析领域中的主要度量范式，它引入了三个概念—测试得分（或观察到的得分）、真实得分和误差得分。CTT 模型由于其相对较弱的理论假设，因此很容易被应用于各种测试环境[118]。但 CTT 模型存在的关键问题是其对项目质量和整个测试的评估依赖于特定的人群以及用于评估的特定项目组。IRT 模型是在克服 CTT 模型局限性的基础上发展起来的[67, 68]。IRT 包含一系列的测量模型，可以分离出受试者特征与测试特征，并建立受试者对项目反应与其潜在特征之间的非线性关系，具有样本自由性与结果准确性的优点。现有文献中，Yuan 等[73] 在不同领域的量表开发实践过程中，证实了结合 CTT 模型与 IRT 模型进行量表开发的合理性与有效性[69~73]。因此，本书在 CSFL 量表净化过程中，结合 CTT 模型与 IRT 模型来检验 CSFL 量表的可靠性与有效性。

根据 DeVellis 和 Thorpe[69] 提出的多阶段量表开发过程进行大学生财经素养测量量表开发。

第一阶段为 CSFL 量表开发阶段，过程如下：

（1）综合运用文献分析法与专家访谈法，形成 CSFL 初始量表。基于大量财经素养测量相关文献分析，整理归纳其中的财经素养测量项目，生成初始项目池。经过咨询金融学、经济学、管理学领域相关专家，删除部分题项，形成 CSFL 初始量表。

（2）通过筛选 CSFL 量表项目，形成大学生 CSFL 净化量表。结合经典测试理论以及项目反应理论，对量表以及量表项目的拟合优度进行分析，从而实施项目筛选，步骤如下：

1）使用预调查数据（$n = 507$），运用基于经典测试理论的 CTT 模型进行量表有效性验证，包括量表层面的分析与项目层面的分析。模型层面的分析包括 CSFL 初始量表的信度和效度分析，项目层面的分析包括项目难度分析、项目区分度（辨别度）检验、项目可靠度分析和选项干扰因素分析。

2）使用预调查数据（$n = 507$），运用基于项目反应理论的 Hybrid IRT 模型进一步验证量表的有效性，包括量表层面的分析与项目层面的分析。混合 IRT 模型分析包括假设检验、模型与项目拟合优度检验、测试与项目特征分析、测试与项目信息函数分析。

第二阶段为 CSFL 量表有效性验证。验证性分析包括 CSFL 净化量表重测信度检验和测量偏差检验，方法步骤如下：

（1）基于正式调查数据（$n = 1115$），再次运用 Hybrid IRT 模型检验 CSFL 净化量表的重测信度，其目的在于验证利用预调查数据开发的 CSFL 量表测量结果的一致性。

（2）基于正式调查数据（$n = 1115$），通过项目功能差异（DIF）分析探索

CSFL 净化量表测量结果的一致性，并最终形成大学生财经素养水平测量量表。

3.1.1 经典测试理论分析

在 CSFL 量表项目开发阶段，基于经典测试理论进行 CSFL 初始量表净化。本小节从经典测试理论结构出发，首先介绍了基于 CTT 模型层面的 CSFL 初始量表信度与效度检验方法；其次论述了基于 CTT 模型项目层面的 CSFL 初始量表项目分析过程，包括 CTT 项目难度分析、项目区分度分析、项目可靠性分析和选项干扰因素分析四个方面。

3.1.1.1　经典测试理论概述

经典测试理论（Classical Test Theory，CTT）也被称为真分数理论，由 Spearman 于 1904 年提出。CTT 是使项目测量者能够理解、控制以及解释测量结果的测量框架。其统计指标包括信度（Reliability）、效度（Validity）、难度（Difficulty）和区分度（Discrimination），其核心考察内容为信度系数。CTT 通过多次量表测量产生不同的测量结果，并对所有测量结果求平均值（作为最优估计）。CTT 以此平均值代表测量真分数（Truescore），并将统计过程中的标准差作为最优误差估计。

CTT 模型将测量工具的观测分数分解为真实分数和误差项，即观测到的财经素养得分（X）被认为是真实的财经素养分数（T）加上误差项（E）：

$$X = T + E \tag{3.1}$$

然而，要使用 CTT 模型，除了式（3.1）中给出的一般形式之外，仍需满足 4 个额外假设：

（1）$E(X) = T$。即观察到的财经素养得分（X）均值等于财经素养得分的真实值（T）。

（2）$\mathrm{Cov}(X, E) = 0$。真实的财经素养得分（T）与误差项（E）相互独立。

（3）$\mathrm{Cov}(E_1, E_2) = 0$。每次平行测验的误差相互独立。

（4）$\mathrm{Cov}(E_1, T_2) = 0$。某次测试的误差与再次观测的真实分数相互独立。

由于上述假设，CTT 模型也可表示为正交（即不相关）方差分量的总和：

$$\sigma_X^2 = \sigma_T^2 + \sigma_E^2 \tag{3.2}$$

式（3.2）表明，观察到的财经素养得分方差是真实财经素养分数方差和误差方差的总和。在该模型中，假设真实分数方差是恒定的（无论测量工具的形式、测量日期等如何，它都不会改变），而误差方差是波动的（例如，某些形式的测量相较于其他的测量可能包含更多的误差）。测量误差可分为随机（不可预测和不一致）误差和系统（恒定和可预测）误差。

3.1.1.2 CTT 模型信度与效度

（1）CTT 模型信度。真实的财经素养得分方差与观测财经素养得分方差之比即为财经素养水平测试信度（Reliability）：

$$\text{Reliability} = \frac{\sigma_T^2}{\sigma_X^2} \tag{3.3}$$

信度一般可分为 4 类：重测（稳定性系数）信度、平行形式（等价系数）可靠性、替代形式（替代形式可靠性）和内部一致性。由于在实践中，某次测试中采取多种形式的测量或在多次测试中采用相同形式的测量较为少见，本章重点关注内部一致性。多数情况下，如果存在范围限制，可以使用 Pearson 或 Tetrachoric 相关性以及衰减校正来估计其他形式的可靠性。

（2）CTT 模型效度。衡量 CSFL 初始量表有效性有多种方法，最常见的方法是根据专家意见进行 CSFL 初始量表有效性判定。专家意见可被用来进行 CSFL 初始量表项目内容的适当性测评，判断 CSFL 初始量表是否涵盖财经素养三维结构中的所有概念，并判定测量项目对于测量目标结构是否必不可少。量化后者的一种方法是使用内容有效性比率 CVR[176]。CVR 定义为：

$$\text{CVR} = \frac{n_e - (N/2)}{N/2} \tag{3.4}$$

其中，n_e 表示该项目需要的专家数量，N 表示专家总数。

3.1.1.3 CTT 模型项目分析

项目分析对于 CSFL 初始量表净化过程十分必要[64, 73]。项目（试题）构成测验的基本单位，项目是否优良关乎测验是否优良。通过对项目性能进行检验，可以避免测试中出现难度过大或判别度过低的项目。

（1）CTT 项目难度分析。运用 CTT 进行 CSFL 初始量表项目分析时，较为常见的统计指标之一是被试者正确回答每个项目的比例，这被称为项目难度。值得注意的是，在 CTT 难度分析中，具有"最高"项目难度的项目属于对被试者来说最容易的项目，因此，CTT 项目难度也被称为项目难易度。

对于项目筛选，Ebel 等将项目（试题）按难度分为 5 个级别，具体如表 3-1

所示。从理论上说，为使区分度达到最大，建议保留难度为 0.50 左右的试题，但实际操作中可以将范围放宽至 0.40~0.80。

表 3-1　试题难易度等级

难易度	难易度等级
0.80 以上	极容易
0.60~0.80	容易
0.40~0.60	难易适中
0.20~0.60	困难
0.20 以下	极困难

（2）CTT 项目区分度分析。项目分析中另一个广泛使用的统计指标是项目区分（辨别）度，它是指项目对被试特征的区分能力[177]。项目区分度与试题信度、效度密切相关，其目的在于检验每个项目与整体测验之间的一致性。项目区分度有多种计算方式，主要包括衡量项目反应与测验总分之间的相关性以及区分度指数（Item Discrimination Index，IDI）计算。

衡量项目反应与测验总分之间的相关性是通过被试对项目的反应与他们在测试中的总分之间的点—双列相关性来计算项目区分度。项目区分度接近零或负数，则表明该项目可能无法正常发挥作用，需要对其进行修改或直接删除。

区分度指数计算则相对复杂。根据被试者的财经素养测试总分将被试者分为两组，P_h 代表高分组（财经素养测试得分最高的 27%）答对某项目的百分比，P_l 代表低分组（财经素养测试得分最低的 27%）答对某项目的百分比，那么区分度 IDI 计算如下：

$$IDI = P_h - P_l \tag{3.5}$$

根据式（3.5），区分度指数为 -1~1，且越接近 1 表示项目反应与测量得分之间的一致性越高。根据定义，区分度越高的项目能越清楚地区分受试者的能力。本书根据 Ebel 等提出的区分度判断标准（见表 3-2）进行项目删减。

（3）CTT 项目可靠性分析。除了项目难度和项目辨别指数，项目分析的第三类统计指标是项目可靠性指数（Item-Reliability Index，IRI）。项目可靠性指数的定义如下：

·44·

表 3-2 区分度指数判断标准

区分度指数	试题评级
0.40 以上	非常优良
0.30~0.40	优良，但需小幅度修改
0.20~0.30	尚可，但需部分修改
0.19 以下	较差，需要大幅度修改或删除

$$IRI = S_i \times r_{i,u} \tag{3.6}$$

其中，S_i 表示项目 i 的标准差，$r_{i,u}$ 表示项目与总测试分数之间的相关性。理论上讲，IRI 的取值为 $-0.5 \sim 0.5$，较大的正值表示项目具有较高可靠性。

3.1.1.4 CTT 选项干扰因素分析

CTT 项目分析的重要方面是选项分析[178]。对于多项选择测试题项，包括正确选项及替代（即不正确）选项，后者也被称为干扰选项。正确选项要求意义明确（不会引发争议），而干扰选项要求具备诱答功能。干扰因素分析通常通过查看被试者选择特定干扰因素的比例来进行。

选项分析主要针对 CSFL 初始量表中的多项选择题。为确保多项选择题的高质量，要保留功能良好、似是而非的干扰项，这些干扰项更有可能吸引只掌握部分财经知识的被试者。不合理的干扰项可能需要重新编写或更换为更好的干扰项。

3.1.2 项目反应理论分析

在 CSFL 量表项目开发阶段，首先，基于 CTT 进行 CSFL 初始量表净化，此过程生成 CSFL 净化量表。其次，基于项目反应理论实施 CSFL 净化量表的二次净化。本小节从项目反应理论的假设和特点出发，介绍了 CSFL 净化量表的二次净化过程中混合 IRT 模型的选择，概述了基于混合 IRT 模型的 CSFL 净化量表项目分析过程，包括混合 IRT 模型假设检验，混合 IRT 模型拟合与项目拟合检验，混合 IRT 模型项目特征分析、项目信息与测试信息分析。

3.1.2.1 项目反应理论

项目反应理论（Item Response Theory，IRT）又被称为潜在特质理论，可用于潜变量测量工具的设计、分析、评分和比较。IRT 在某些方面已代替了 CTT，并解决了被试潜在特质估计不依赖特定测试项目、难度及区分度估计与被试无关等 CTT 无法解决的现实问题。

IRT 能更准确地反映测量过程与被测量的潜在维度或潜在特征之间的关系。IRT 采用显式模型来计算被试对某个项目中每个具体选项的响应概率。IRT 通过项目特征曲线（Item Characteristics Curve，ICC）、项目特征函数（Item Characteristic Function，ICF）来刻画项目及特质的关系，其测量误差（信度）通过信息函数来反映。IRT 认为，被试对每个项目的反应与其某一潜在特质的关系可以用一单调递增函数（项目特征函数）来表达。

IRT 的假设主要包括：

（1）单调性。被试大学生选择某个项目的概率随其潜在特征水平的提高而提高。

（2）单维性。假设每个测验仅测量一个潜在的心理特质或能力，这意味着所有题目都是为了测量一个共同的属性或维度，如财经知识、财经态度、财经能力等。

（3）测量不变性。项目反应理论题目参数估计独立于被试样本。

（4）局部独立性。在控制了个体的潜在特质或能力水平之后，对题目的响应应当相互独立。换句话说，一个人在一个题目上的表现不应直接影响在其他题目上的表现。

（5）项目同质性。即相同的项目响应函数适用于样本中的所有个体。

3.1.2.2　测量模型选择

IRT 测量模型有多种分类方法。按潜在特征维度可分为单维 IRT 模型及多维 IRT 模型。按数据类别，可以对二元类别项目、顺序类别项目及名义类别项目进行 IRT 模型拟合：

（1）对于二元类别项目，可以采用单参数 Logistic 模型（One-Parameter Logistic Model，1PL）、两参数 Logistic 模型（Two-Parameter Logistic Model，2PL）和三参数 Logistic 模型（Three-Parameter Logistic Model，3PL）进行 IRT 模型拟合。

（2）对于顺序类别项目，可以采用等级反应模型（Graded Response Model，GRM）、评分量表模型（Rating Scale Model，RSM）和分部评分模型（Partial Credit Model，PCM）。

（3）对于名义类别项目，可以采用称名反应模型（Nominal Response Model，NRM）。

上述这些模型都允许参数在不同的组别中不同，如男性和女性或年龄类别，即多组 IRT 模型（IRT Models for Multiple Groups）。除上述模型外，对于二元类别项目、顺序类别项目及名义类别项目的组合量表，还可以采用混合 IRT 模型（Hybrid IRT Models）。

3.1.2.3　混合 IRT 模型

大学生财经素养测量可包含客观题项或主观题项，既可以通过对被试大学生的某种行为进行打分来测量[179, 180]，也可让被试大学生对自己的行为进行评价，并报告一个分数[181, 182]。

然而，采用 CTT 或因子分析方法意味着对某个题项的不同选择都赋予了相同的权重。例如，更高级的财经知识项目比基本财经知识项目更难，而且能够正确回答高级财经知识项目的被试大学生一般会更少[24]。同时，"总是"实施某种理性财经行为比"通常"实施某种理性的财经行为更有价值，应该给那些"更加理性"的财经行为分配更多的权重。

为解决 CTT 方法存在的局限性，可通过 IRT 模型估计大学生财经素养。根据 CSFL 量表特征，即该量表同时包含二元类别项目、顺序类别项目。因此，采用混合 IRT 模型进行大学生财经素养量表项目筛选和编制。

对于二元类别项目，项目反应理论假定，被试大学生个体 j 正确作答问题 i 的概率是：

$$P(Y_{ij}=1 \mid a_i,\ b_j,\ \theta_j) = \frac{\exp\{\alpha_i(\theta_j - b_i)\}}{1 + \exp\{\alpha_i(\theta_j - b_i)\}} \tag{3.7}$$

其中，Y_{ij} 表示个体 j 对问题 i 的回答情况，如果被试者回答正确，Y_{ij} 取值为 1，如果被试者回答错误，Y_{ij} 取值为 0。a_i 表示问题 i 的区分度，较高的区分度意味着具有不同财经素养的个体在正确回答问题 i 的概率上有较大的差异。b_i 表示问题 i 的难度。θ_i 表示被试者 j 的财经素养。

根据式（3.7），被试者 j 对问题 i 作出正确响应的概率取决于被试者的财经素养以及问题 i 的区分度和难度。如果财经素养等于难度，提供正确答案的概率为 0.5。被试者正确响应的概率表示为：

$$P(Y_{ij}=1 \mid \alpha_i,\ \beta_j,\ \theta_j) = \frac{\exp\{\alpha_i(\theta_j - \beta_i)\}}{1 + \exp\{\alpha_i(\theta_j - \beta_i)\}} \tag{3.8}$$

难度和区分度与 α_i、β_i 两个参数之间的转换关系为：

$$a_i = \alpha_i, \quad b_i = -\frac{\beta_i}{\alpha_i} \tag{3.9}$$

令 $p_{ij} = P(Y_{ij} = 1 \mid \alpha_i, \beta_j, \theta_j)$。在给定 θ_j 的条件下，假定被试者对项目的响应是相互独立的，那么被试个体 j 的条件密度可表示为：

$$f(y_j \mid B, \theta_j) = \prod_{i=1}^{I} p_{ij}^{y_{ij}} q_{ij}^{1-y_{ij}} \tag{3.10}$$

其中，$y_j = (y_{1j}, \cdots, y_{Ij})$，$B = (\alpha_1, \cdots, \alpha_I, \beta_1, \cdots, \beta_I)$，$I$ 表示项目个数。默认情况下，上述过程会自动跳过缺失项目。当指定 listwise 选项时，任何存在缺失项目的被试者将会按要求从估计样本中被删除。

被试大学生 j 的似然函数表示如下：

$$L_j = \int_{-\infty}^{+\infty} \prod_{i=1}^{I} f(y_i \mid B, \theta_j) \cdot \phi(\theta_j) d\theta_j \tag{3.11}$$

其中，$\phi(\theta_j)$ 表示标准正态分布的密度函数。估计样本的对数似然即估计样本中 N 个被试者的对数似然之和：

$$\log L(B) = \sum_{i=1}^{I} \log L_j(B) \tag{3.12}$$

对于顺序类别项目，假设问题 i 有 I 个顺序结果，混合 IRT 假设被试者 j 针对问题 i 提供结果 k 或更高顺序结果的概率为：

$$P_{ij} = P(Y_{ij} \geqslant k \mid a_i, b_i, \theta_j) = \frac{\exp\{a_i(\theta_j - b_{ik})\}}{1 + \exp\{a_i(\theta_j - b_{ik})\}} \tag{3.13}$$

其中，a_i 表示问题 i 的区分度，已知存在 $P(Y_{ij} \geqslant 0 \mid a_i, b_i, \theta_j) = 1$ 以及 $P(Y_{ij} \geqslant K \mid a_i, b_i, \theta_j) = 0$。$b_{ik}$ 表示问题 i 的第 k 个分界点，它也代表了选择结果 k 或更高排序结果的难度。θ_j 表示被试大学生 j 的财经素养。其余符号遵循式 (3.7) 的定义。

式 (3.13) 表明，如果被试大学生 j 有较高的财务能力，那么他/她就更有可能选择一个较高的排序结果或频率来践行某理性财经行为。此外，如果财经素养等于难度，选择结果 k 或更高排序结果的概率为 0.5。值得注意的是，当 $k=1$ 时，式 (3.13) 成为一个特例，并等同于式 (3.7)，那么观察到结果 k 的概率为：

$$P(Y_{ij} \geqslant k \mid a_i, b_i, \theta_j) = P(Y_{ij} \geqslant k \mid a_i, b_i, \theta_j) - P(Y_{ij} \geqslant k+1 \mid a_i, b_i, \theta_j)$$

$$\tag{3.14}$$

提供响应 k 或以上顺序结果的概率可参数化为：

$$P_{ij}=P(Y_{ij}\geqslant k\mid \alpha_i,\ \beta_i,\ \theta_j)=\frac{\exp\{\alpha_i(\theta_j-\beta_{ik})\}}{1+\exp\{\alpha_i(\theta_j-\beta_{ik})\}} \tag{3.15}$$

难度和区分度与 α_i、β_i 两个参数之间的转换关系为：

$$a_i=\alpha_i,\quad b_{ik}=-\frac{\beta_{ik}}{\alpha_i} \tag{3.16}$$

令 y_{ij} 为 Y_{ij} 的观测响应且 $p_{ij}=P(Y_{ij}=1\mid \alpha_i,\ \beta_j,\ \theta_j)$。在给定 θ_j 的条件下，假定个体对项目的响应是相互独立的，那么个体 j 的条件密度可表示为：

$$f(y_j\mid B,\ \theta_j)=\prod_{i=1}^{l}p_{ij} \tag{3.17}$$

其中，$y_j=(y_{1j},\ \cdots,\ y_{Ij})$，$B=(\alpha_1,\ \cdots,\ \alpha_I,\ \beta_1,\ \cdots,\ \beta_I)$，$I$ 表示项目个数。在默认情况下，上述过程会自动跳过缺失项目。当指定 listwise 选项时，任何存在缺失项目的个体将会按要求从估计样本中被删除。

被试者 j 的对数似然估计表示如下：

$$L_j=\int_{-\infty}^{+\infty}\prod_{i=1}^{l}f(y_i\mid B,\ \theta_j)\cdot\phi(\theta_j)d\theta_j \tag{3.18}$$

其中，$\phi(\theta_j)$ 表示标准正态分布的密度函数。估计样本的对数似然即估计样本中 N 个个体的对数似然之和：

$$\log L(B)=\sum_{j=1}^{N}\log L_j(B) \tag{3.19}$$

混合 IRT 模型中，对于二元类别项目，通常采用 IRT 两参数 Logistic 模型进行拟合；对于顺序类别项目，通常采用 IRT 等级反应模型进行拟合。因此，如果总共有 I 个问题，并且每个问题都是独立的，那么个体的正确答对所有问题的可能性计算如下：

$$L_j=\int_{-\infty}^{+\infty}\prod_{i=1}^{l}p_{ij}\cdot\phi(\theta_j)d\theta_j \tag{3.20}$$

其中，$\prod_{i=1}^{l}p_{ij}$ 是以 θ_j 为条件的联合密度，通常被假定为遵循标准的正态分布。因此，$\phi(\theta_j)$ 是标准正态分布的密度函数。这个假设为财经素养和难度的尺度提供了一个方便的标准：财经素养大于（小于）0 的个体被定义为比平均水平好（差），难度大于（小于）0 的结果被定义为相对困难（容易）。值得注意的是，如果任何个体 j 跳过一些问题，我们仍然可以写出式（3.20）并继续进行下一步。假设样本中有 J 个独立的个体，那么，样本的对数似然是式（3.20）结果的和（$j=1$，2，$\cdots$，J）。

$$\log L = \sum_{i=1}^{N} \log L_j \tag{3.21}$$

式（3.21）是 $k=0$，1，$\cdots$，K 和 $i=1$，2，$\cdots$，K 时 a_i 和 $b_i k$ 的集合，并使其对数似然最大化。在估计了 a_i 和 $b_i k$ 之后，θ_j 可以被测量。方程（3.21）由于积分的复杂性而不具有可操作性，需要用数值方法来解决最大化问题。具体数值方法可参考 Chalmers 等[183] 的研究。

3.1.2.4　混合 IRT 模型分析与检验

（1）混合 IRT 模型假设检验。IRT 假设检验主要包括单一维度检验与局部独立性检验。先进行潜变量（财经素养）的单一维度检验。由于这两个假设内在相关，因此，通常情况下，当单一维度假设得到满足时，局部独立性假设也同样满足[73]。

IRT 模型有多种维度检验方法，可通过不同的软件实现[184]。比较多种方法后，考虑到 CSFL 量表的项目构成，本书选择运用主成分分析方法进行 CSFL 量表 IRT 模型分析的单一维度检验。该方法可以对二元及多元类别项目进行检测。其中，对于二元类别项目，采用四联相关性方法；对于多元类别项目，则采用计算多元相关性进行判断。通过寻找碎石图上第二特征根的拐点，确认第一特征根是否解释了至少 20% 的总体方差，以此判断适合模型的维度。

（2）混合 IRT 模型拟合与项目拟合检验。混合 IRT 模型拟合检验包括模型拟合检验与项目拟合检验。其中，模型拟合检验包括五类统计量：对数似然、Akaike 信息准则（AIC）、贝叶斯信息准则（BIC）、似然比卡方 G^2 与 Pearson 卡方。项目拟合指标包括似然比卡方 G^2 与 Pearson 卡方两类。似然比卡方 G^2 与 Pearson 卡方都以卡方分析为指导，AIC、BIC 的值越小，表示模型相对拟合越好。

（3）混合 IRT 模型项目特征、项目信息与测试信息分析。可以根据混合 IRT 模型项目特征曲线来筛选项目。二元类别项目曲线概率为 0.5 时曲线与横坐标的交点即为项目难度参数。难度系数可以理解为，正确作答某个项目（使用等级反应模型拟合）时，相邻的概率曲线不会在估计的难度参数处交叉。每个交叉点代表个体潜在特征水平从一个类别的响应到下一个类别的"转变"。项目特征曲线越"陡峭"，项目的区分度越高。

可以根据混合 IRT 模型测试特征曲线来测度财经素养水平。所有项目的概率总和可被用来估计 CSFL 量表测试的预期分数，预期分数与财经素养水平的关系图称为测试特征曲线（Test Characteristic Curve，TCC）[67]。

可以根据项目信息函数与测试信息函数进行 CSFL 量表筛选[177]。刻画潜变量特征的项目信息图称为项目信息函数（Item Information Function，IIF）[177]。测试信息函数值>25 时表明测试量表（所有项目）质量良好；测试信息函数值为16~25 时表明测试量表有待改进；测试信息函数值<16 时表明测试量表较差[185]。

对于两参数 Logisitc 模型或等级反应模型项目拟合，项目信息函数是单峰且对称的，每个项目以估计的难度参数提供大量信息。项目信息函数的高度及项目围绕难度参数提供的信息量与项目的区分度成正比。令 $P_{jk}(\theta)$ 为能力得分为 θ 的受试者在项目 j 中选择类别 k 的概率，那么，项目信息函数可以定义为：

$$I_j(\theta) = \sum_{k=1}^{K} I_j(\theta) P_{jk}(\theta) \tag{3.22}$$

其中，$I_j(\theta) = \dfrac{\partial^2}{\partial \theta^2} P_{jk}(\theta)$。

将所有的项目信息函数相加就能得到测试信息函数（Test Information Function，TIF）。包含 J 个项目的测试信息函数可表示为：

$$I_j(\theta) = \sum_{j=1}^{J} I_j(\theta) \tag{3.23}$$

同时，当测试信息函数 $I(\theta)$ 已知时，就能求出测试标准误 $SE(\theta)$：

$$SE(\theta) = \frac{1}{\sqrt{I(\theta)}} \tag{3.24}$$

3.1.3　项目功能差异分析

衡量测量偏差（measurement bias）对于跨群体的等效评估至关重要。一种估计测量偏差的方法是计算项目功能差异（Differential Item Functioning，DIF），它通过比较具有相同潜在特征值的群组之间的项目响应来评估组间项目偏差。当潜在特征值（能力）相同的不同群体对于同一项目的响应出现差异时，那么，该项目存在项目功能差异，即该项目有利于两组中的一组。

结合迭代混合顺序逻辑回归/项目反应理论与蒙特卡洛模拟（Iterative Hybrid Ordinal Logistic Regression/Item Response Theory and Monte Carlo Simulations）的方

法进行 CSFL 量表 DIF 探测。根据 Hybrid IRT 模型模拟的财经素养能力值 θ 被用作逻辑回归分析的输入变量，形成具有不同解释变量的（针对每个项目都有的）三个嵌套模型。第一个模型（模型Ⅰ）模拟了与潜在财经素养变量相关的项目选择概率，第二个模型（模型Ⅱ）引入了代表不同群体的哑变量，第三个模型（模型Ⅲ）包括一个潜在财经素养变量和群体哑变量之间的交互项[64]。

DIF 通过比较模型之间的对数似然值来进行探测。模型Ⅰ和模型Ⅱ之间的显著性差异能检测一致性 DIF（该项目的潜在特征——财经素养 θ 在其所有取值范围内都有利于两组中的一组）；模型Ⅱ和模型Ⅲ之间的显著性差异能检测非一致性 DIF（DIF 的影响会随着群体财经素养水平的改变而变化）。通过比较模型Ⅰ和模型Ⅲ之间的显著性差异可以评估测试"DIF 总效应"[186]，还能识别一致性 DIF、非一致性 DIF 并控制测试总体的Ⅰ类错误率。

DIF 的影响可分为对群组层面的影响以及对个体层面的影响：

（1）对于群组层面的影响，可用 McFadden R^2 来表征 DIF 的强度（当 $\chi^2 p < 0.01$ 且 McFadden $R^2 > 0.02$ 时，认为该项目存在 DIF）。

（2）对于个体层面的影响，DIF 对个体层面财经素养的影响是通过将原始 IRT 分数与（考虑每个项目 DIF 的来源偏差后）经过调整后的分数进行比较来进行评估的。使用 IRT 可以估计每个被试者的财经素养水平特征值 θ 和测试标准误差。此类估计是为探测每个项目的 DIF 来源而创建的，并能提供原始 IRT 分数和偏差调整后的分数。接下来，从偏差调整后的分数中减去原始的 IRT 财经素养得分。当原始 IRT 分数和偏差调整后的分数之间的差异大于原始分数的中位标准测量误差（MSEM）时，表示该项目存在显著 DIF。可根据识别出的显著 DIF 来确定 CSFL 测试是否存在测量偏差[187]。

3.2　财经素养水平测度初始量表生成

本书初始项目池基于大量文献分析生成，文献收集整理过程包括：

（1）财经素养测量相关英文文献的收集与整理。以"financial literacy""financial education""financial education""financial knowledge""financial attitude" "financial behavior""financial literacy measurement instrument"为关键词在各大学术网站检索相关文献。

（2）财经素养测量相关中文文献的收集与整理。在中国知网、万方等中文文献数据库中以"财经（金融）素养""财经（金融）行为""财经（金融）素养教育"等为关键词检索相关文献，共检索中英文文献约 500 篇。

（3）相关组织机构使用的财经素养测量量表的收集与整理。在经济发展与合作组织官网上下载了 2011～2022 年青少年、成年个体财经素养测量问卷[90]。在国际普惠金融组织上下载了其发布的数字财经素养测量指南[188]。

根据财经素养量表设计目标，财经素养量表初始项目池涵盖了从低难度、中等难度到较高难度范围的测量项目，财经知识的测量题项包括基础财经知识与高级财经知识，财经能力的测量题项包括基本财经能力与相对较为复杂的财经能力。

初始项目池包括财经素养与数字财经素养测量项目，且二者的测量项目均涵盖了知识、态度和能力三个维度。项目形式包括多项选择题以及量表题（Likert5级量表）。将英文的测试题项先翻译成中文，并邀请经济学、管理学、金融学领域九位专家对翻译题项内容进行评价并检查项目措辞，以确定它们是否合理且准确。上述过程共生成了包含 52 个财经素养测量项目的初始项目池。

为形成大学生财经素养水平测度初始量表，对初始项目池中所含项目进行了两轮定性评估，过程分述如下：

（1）第一轮由经济学、管理学、金融学领域两名博士生参与，以判断题项是否措辞严谨、量表结构设置是否合理，经过反复讨论，此轮共修改了 3 个项目。此轮评估将由英文翻译过来的财经知识测量题项中货币单位统一改成了我国的货币单位（元）。例如，将 Lusardi 和 Tufano[35] 量表中的题项"假设你的信用卡欠了 3000 美元。你每个月支付 30 美元的最低付款""在年利率为 12%（或每月 1%）的情况下（且不增加新的费用），需要多少年才能还清你的信用卡债务"中的"美元"改成"元"。

（2）第二轮评估由 7 位经济学、管理学、金融学领域专家对量表内容进行分析并检查了项目措辞，以确定它们是否合适和易于理解。此轮评估删除了具有重复意义的题项以及与大学生财经素养测量不相符的题项，包括主观财经知识的测量（"您对股票、债券、基金的整体了解程度如何"）、客观财经知识的衡量（"分散化投资能降低风险吗"）、对财经态度的测量[11]（"我为未来做财务计划""我定期为将来留出资金""我现在存钱为晚年生活做准备""我遵循仔细的财务预算")以及对财经能力的测量("你做理财决策时会进行比较吗")。此轮修改共删除 7 个条目,最终得到包含 45 个题项的初始量表,该量表被命名为College Student's Financial Literacy(CSFL),具体如表 3-3 所示。

表 3-3　CSFL 初始量表(共 45 个项目)

编号	项目所属维度和项目具体内容	项目来源
	财经知识	
FK1	假设银行的年利率是 5%,通货膨胀率每年是 3%,把 100 元存银行一年之后能够买到的东西将	OECD(2022)[60]
FK2	假设您将 1000 元存入储蓄账户,每年保证利率为 2%。第一年结束时账户中会有多少钱	OECD(2022)[60]
FK3	您现在借给同学 500 元,三个月后同学还您 500 元,假定银行年贷款利率为 4.35%,您的同学为此支付了多少利息	OECD(2022)[60]①
FK4	假设您在银行里存 1000 元,年利率为 2%,五年末您的账户余额是多少钱	OECD(2022)[60]
FK5	高回报的投资可能是高风险的	OECD(2022)[60]
FK6	债券通常比股票更具有风险	VanRooij 等(2011)[16]
FK7	高通货膨胀意味着生活成本迅速增加	OECD(2022)[60]
FK8	购买单一公司的股票通常能比股票共同基金提供更安全的回报	Lusardi 和 Mitchell(2011)[133]
FK9	通常,可以通过购买多种股票/股份来降低投资股票市场的风险	OECD(2022)[60]
FK10	共同基金支付保证回报率	VanRooij 等(2011)[16]
FK11	选择 15 年而不是 30 年的抵押贷款可以节省利息成本	Lusardi 等(2010)[132]
FK12	股票共同基金结合了许多投资者的钱来购买各种股票	Hung(2009)[131]
FK13	终身保险有储蓄功能,而定期保险则没有	Engels 等(2019)[123]
FK14	下列哪个银行对金融体系负有管理职能	Zou 和 Deng(2019)[114]
FK15	如果降低商业银行存款准备金率,那么整个经济中的货币量会	Zou 和 Deng(2019)[114]
FK16	如果利率下降了,那么债券的价格将会	VanRooij 等(2011)[16]
FK17	假设您的信用卡欠了 2000 元,您每个月支付 20 元的最低还款。在年利率为 12% 的情况下,需要多少年您才能还清此债务	Lusardi 和 Tufano(2015)[189]②

———————————

①② 为适用于中国货币单位,项目有所改动。

续表

编号	项目所属维度和项目具体内容	项目来源
FK18	假设您今天继承了 10 万元，而您的朋友将在 3 年之后才继承 10 万元。谁会因为这笔遗产而变得更加有钱	VanRooij 等（2011）[16]
FK19	考虑很长一段时间（如 15 年），哪种资产通常会获得最高回报	VanRooij 等（2011）[16]
FK20	通常情况下，哪种资产显示出最大的收益波动	VanRooij 等（2011）[16]
FK21	如果您持有了某公司股票，那么以下哪个陈述正确	VanRooij 等（2011）[16]
FK22	银行的营业网点人民币兑美元的外汇报价显示为 6.3215 ~ 6.3220 元/美元，其中哪个数字指的是美元的买入价	VanRooij 等（2011）[16]
财经态度		
FA1	我倾向于"今朝有酒今朝醉"而不去考虑明天	OECD（2022）[60]
FA2	我发现花钱比长期保存更令人满意	OECD（2022）[60]
FA3	钱是用来花的	OECD（2022）[60]
FA4	我有记账的习惯	Fernandes 等（2014）[11]
FA5	我会精打细算	Fernandes 等（2014）[11]
财经能力		
FC1	在我买东西之前，我仔细考虑一下我是否能负担得起	OECD（2022）[60]
FC2	我按时支付账单	OECD（2022）[60]
FC3	我会密切关注自己的财务事宜	OECD（2022）[60]
FC4	我制定了长期财务目标并努力实现这些目标	OECD（2022）[60]
FC9	您做理财决策时会进行比较吗	OECD（2022）[60]
FC10	在过去的 12 个月里，您是否主动地/下意识地存过钱	OECD（2022）[60]
FC11	当您的生活费不足以支付下个月支出时，您会怎么做	OECD（2022）[60]
数字财经素养——知识维度		
FK24	数字金融合同需要签署纸质合同才算有效	OECD（2022）[60]
FK25	我在网上公开分享的个人数据可能会被用来为我提供个性化的商业或金融优惠	OECD（2022）[60]
FK26	加密货币是与纸币和硬币相同的法定货币	OECD（2022）[60]
数字财经素养——态度维度		
FA6	我认为使用公共 Wi-Fi 网络进行网上购物是安全的（如在咖啡馆、机场、商场）	OECD（2022）[60]
FA7	在网上交易前，注意网站的安全性是很重要的（如 https 网站、安全标志或证书）	OECD（2022）[60]

编号	项目所属维度和项目具体内容	项目来源
FA8	我认为在网上购买东西时，阅读条款和条件并不重要	OECD（2022）[60]
数字财经素养——能力维度		
FC5	我与我的亲密朋友分享我的银行账户密码和 PIN 码	OECD（2022）[60]
FC6	在网上购买金融产品之前，我会检查该供应商是否受到国家监管	OECD（2022）[60]
FC7	我在网上（如社交媒体）公开分享我的个人财务信息	OECD（2022）[60]
FC8	我定期更换我用于网上购物和个人财务的网站密码	OECD（2022）[60]

3.3　财经素养水平测度净化量表生成

参考以往文献中的量表开发过程[69-73]，本书结合 CTT 以及 IRT 进行 CSFL 初始量表项目筛选以生成净化量表。运用 R、Stata 软件进行量表项目筛选。

预调研问卷通过"问卷星"网络平台进行在线收集。通过联系国内高校教师进行问卷投放，并由在校大学生进行问卷填写。除了所有财经素养项目池题项，问卷还包括受试者性别、籍贯、专业、年级、每月生活费、父母最高受教育程度、家庭月收入等社会人口学属性特征以及大学生所在家庭经济地位等题项。预调研问卷在线发放的时间段为 2022 年 2~3 月，共收集 507 份有效问卷，其中，男性 188 人，女性 319 人。数据涵盖了不同批次高等院校大学生，其中，重点院校大学生 213 人，非重点院校大学生 294 人。

3.3.1　基于 CTT 的 CSFL 初始量表项目筛选①

基于 CTT 的 CSFL 量表项目筛选包括 CSFL 初始量表信度效度检验。

3.3.1.1　CSFL 量表信度效度检验

（1）CSFL 量表信度检验。首先，通过 R、Stata 进行缺失数据计算，结果未发现变量存在缺失数据。其次，运用三种方法进行内部一致性检验。

---

① 由于本书篇幅有限，计算过程中的图表未完整呈现。

内部一致性的点估计——分半信度估计。分半信度估计计算结果表明，CS-FL 量表的分半信度为 0. 469，随机拆分的分半信度估计值则为 0. 723。由于对半信度估计存在向下偏差[190]，因此，运用 Spearman—Brown 校正来对此进行调整。经过校正后的分半信度值要高很多，具体值为 0. 639。

内部一致性的点估计——系数 α 估计。系数 α 表示所有可能的分半相关性的平均值。经过计算，45 个项目的财经素养测量量表的 α 值为 0. 764。当研究目的在于发展测量工具时，信度系数取值最好大于 0. 70[191]。CSFL 初始量表的可靠性符合要求。

内部一致性的区间估计。当样本量较小、不满足建模假设或参数的抽样分布未知时，可以使用重抽样技术构建经验抽样分布，然后以此来构建置信区间[192]。图 3-1 显示了基于 10000 个样本的系数 α 的经验分布的直方图和 Q-Q 图。除首尾部有部分偏差以外，其总体分布近似正态分布。

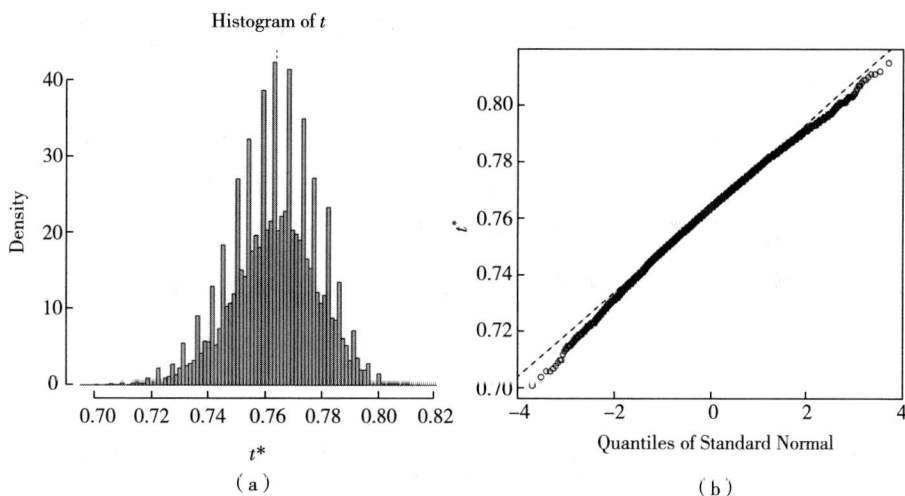

图 3-1 系数 α（$n=10000$）的经验分布

除上述方法以外，使用 bootstrap normal、basic bootstrap、bootstrap percentile 和调整后的 bootstrap normal、basic bootstrap、bootstrap percentile 及调整后的 boot-strap percentile（BCa）区间计算 95%置信区间的结果均表明，此次量表的可靠性已足够适用大多数情况下的财经素养测量，即无须增加量表长度（不需增加被试者额外负担）。

（2）CSFL 初始量表效度检验。两轮量表筛选确认共有九位专家参与，且对剩余项目的必要性均表示认可。根据内容有效性比率 CVR 计算式（3.4），CVR 值为 1。根据 Lawshe[176] 的定义，9 位专家参与效度评定时的 CVR 最小值为 0.78。上述结果表明，CSFL 量表有效。

3.3.1.2　基于 CTT 的 CSFL 初始量表项目分析

CSFL 初始量表共有 45 个项目。其中，财经态度的所有测量题项（FA，8 项）与财经能力测量的（FC）前 9 项均为量表题（每个题项均为 Likert5 级量表），而财经行为测量第 10、11 项以及财经知识所有测量题项（FK，26 个项目）均为多项选择题。

（1）CSFL 初始量表难度分析。CSFL 量表难易度计算结果表明（见表 3-4），CSFL 量表的难易程度适中。对于 CSFL 量表中的量表题项而言，财经态度八个题项的得分均值为 2.548~3.742，而财经能力前九项的得分均值为 2.503~4.118。28 个多项选择题项的难度系数为 0.118~0.824，项目 FK5 的难易度系数最高，而项目 FK17 的难易度系数最低，也就是说，超过 80% 的大学生能正确作答项目 FK5，而仅有大约 12% 的大学生能正确作答项目 FK17。

结合 CSFL 量表难易度计算结果与难易度判断标准（见表 3-4 与表 3-1），除项目 FK5 属于极容易题项，项目 FK3、FK10 与 FK17 属于极困难题项之外，其余 41 个题项难度属于容易到困难的难度等级范围。总体而言，试题难易度符合预期，量表中包括各种等级的容易与困难题项有助于衡量所有范围（包括较低、中等与较高）的大学生个体财经素养水平。

表 3-4　项目难度（CTT 计算）

题项	FA1	FA2	FA3	FA4	FA5	FA6	FA7	FA8
难易度	3.742	3.460	3.179	3.132	3.250	2.548	3.600	3.475
题项	FC1	FC2	FC3	FC4	FC5	FC6	FC7	FC8
难易度	4.083	4.118	3.957	3.280	3.840	3.304	3.968	2.503
题项	FC9	FC10	FC11	FK1	FK2	FK3	FK4	FK5
难易度	3.523	0.744	0.580	0.247	0.698	0.195	0.339	0.824
题项	FK6	FK7	FK8	FK9	FK10	FK11	FK12	FK13
难易度	0.438	0.682	0.422	0.529	0.152	0.471	0.562	0.363

题项	FK14	FK15	FK16	FK17	FK18	FK19	FK20	FK21
难易度	0.308	0.454	0.312	0.118	0.501	0.241	0.542	0.286
题项	FK22	FK23	FK24	FK25	FK26			
难易度	0.434	0.304	0.229	0.722	0.223			

（2）CSFL 初始量表区分度分析。两种区分度分析方法的计算结果如下：

相关性系数（CSFL 初始量表项目反应与测试总分之间的）计算结果表明（见表 3-5），28 个多项选择题项的相关性系数为 0.028～0.474。项目 FK20 的区分度最高，项目 FK13 的区分度最低。尽管 CSFL 量表中的其他题项均与测试总分正向相关，但大部分题项与 CTT 计算的总分之间的相关性较低。

表 3-5　CSFL 初始量表项目区分度（CTT 计算）

项目	区分度	项目	区分度	项目	区分度	项目	区分度
FK20	0.474	FK18	0.361	FK21	0.277	FK17	0.216
FK2	0.456	FK14	0.322	FK16	0.270	FK9	0.190
FK25	0.415	FC10	0.321	FK12	0.243	FK11	0.155
FK6	0.414	FK15	0.310	FK26	0.242	FK10	0.146
FK22	0.399	FK4	0.306	FK23	0.233	FK19	0.105
FK8	0.394	FK7	0.290	FK1	0.230	FC11	0.053
FK5	0.363	FK3	0.286	FK24	0.221	FK13	0.028

区分度指数（IDI）计算结果表明（见表 3-6），28 个多项选择题项的区分度指数为 0.213～0.574。项目 FK20 的区分度最高，而项目 FC11 的区分度最低。除 FK9、FK13 与 FC11 的区分度指数低于 0.3 以外，其余所有多项选择项目的区分度指数均大于 0.3。因此，28 个多项选择题项均得以保留。

表 3 6　CSFL 初始量表区分度（IDI）分析（CTT 计算）

题项	低分组	高分组	IDI	题项	低分组	高分组	IDI
FK1	0.731	0.269	0.462	FK3	0.704	0.296	0.407
FK2	0.718	0.282	0.436	FK4	0.750	0.250	0.500

续表

题项	低分组	高分组	IDI	题项	低分组	高分组	IDI
FK5	0.666	0.334	0.331	FK17	0.656	0.344	0.313
FK6	0.763	0.237	0.527	FK18	0.747	0.253	0.494
FK7	0.679	0.321	0.358	FK19	0.667	0.333	0.333
FK8	0.754	0.246	0.508	FK20	0.787	0.213	0.574
FK9	0.646	0.354	0.291	FK21	0.770	0.230	0.540
FK10	0.688	0.313	0.375	FK22	0.765	0.235	0.530
FK11	0.651	0.349	0.302	FK23	0.677	0.323	0.354
FK12	0.653	0.347	0.306	FK24	0.740	0.260	0.479
FK13	0.636	0.364	0.273	FK25	0.698	0.302	0.395
FK14	0.728	0.272	0.457	FK26	0.688	0.313	0.375
FK15	0.703	0.297	0.407	FC10	0.664	0.336	0.328
FK16	0.702	0.298	0.404	FC11	0.606	0.394	0.213

（3）CSFL 初始量表可靠性指数分析。CSFL 初始量表项目可靠性指数（IRI）计算结果显示（见表3-7），除项目 FC8、FA6 的可靠性指数小于 0 以外，其余 43 个项目的可靠性指数（IRI）均大于 0。值得注意的是，FK10、FK11、FC11 的可靠性指数接近于 0，因此，考虑删除包括 FC8、FA6、FK10、FK11、FC11 在内的五个项目，并保留剩余 40 个项目。实际项目删除或保留需结合下文 IRT 分析结果来综合考量。

表3-7　项目可靠性指数（IRI）分析（CTT 计算）

项目	IRI	项目	IRI	项目	IRI	项目	IRI	项目	IRI
FC3	0.682	FA4	0.430	FK22	0.198	FK7	0.135	FK24	0.093
FC2	0.670	FC5	0.429	FK8	0.195	FK21	0.125	FK11	0.078
FC1	0.666	FA2	0.416	FK25	0.186	FK16	0.125	FK17	0.070
FA7	0.627	FC6	0.416	FK18	0.181	FK12	0.121	FK10	0.052
FC9	0.559	FA8	0.402	FK15	0.154	FK3	0.113	FK19	0.045
FA1	0.523	FK20	0.237	FK14	0.149	FK23	0.107	FC11	0.026
FC7	0.485	FK2	0.209	FK4	0.145	FK26	0.101	FK13	0.013
FA5	0.476	FA3	0.208	FC10	0.140	FK1	0.099	FC8	−0.039
FC4	0.475	FK6	0.205	FK5	0.138	FK9	0.095	FA6	−0.164

（4）CSFL 初始量表选项分析。根据定义，选项分析仅需考量选项数量大于三个的多选选择题。CSFL 量表中，共有包括项目 FK1、FK3、FK4、FK14、FK17、FK19、FK20、FK21、FK22 在内的共 9 个项目需进行项目干扰因素分析。

CSFL 初始量表选项分析计算结果表明（见表 3-8），多项选择题项结构设计合理，所有作答选项的分布较为均匀，选项的干扰因素适宜，试题的区分度良好。根据表 3-8 中的答题分布情况，可以看出五项选择题中 FK14 中的选项 4 与 FK20 中的选项 1 的作答人数占比不超过 5%。因此，可在后续问卷制定过程中考虑删除 FK14 中的选项 4 与 FK20 中的选项 1，仅保留剩余四个选项。可简化试题选项的同时保留原有试题信息。其余题项的所有选项均有超过 5% 的被试者选择。

表 3-8　项目选项分析（CTT 计算）

项目或选项	作答频数	百分比（%）	项目或选项	作答频数	百分比（%）
FK1			FK4		
1	109	21.50	1	48	9.47
2	40	7.89	2	81	15.98
3	128	25.25	3	175	34.52
4	127	25.05	4	73	14.40
5	103	20.32	5	130	25.64
FK14			FK17		
1	161	31.76	1	62	12.23
2	33	6.51	2	111	21.89
3	157	30.97	3	61	12.03
4	17	3.35	4	61	12.03
5	139	27.42	5	212	41.81
FK17			FK22		
1	62	12.23	1	59	11.64
2	111	21.89	2	220	43.39
3	61	12.03	3	39	7.69
4	61	12.03	4	27	5.33
5	212	41.81	5	162	31.95

续表

项目或选项	作答频数	百分比（%）	项目或选项	作答频数	百分比（%）
FK3			FK19		
1	149	29.39	1	110	21.70
2	98	19.33	2	125	24.65
3	105	20.71	3	129	25.44
4	155	30.57	4	143	28.21
FK20			FK21		
1	21	4.14	1	79	15.58
2	278	54.83	2	146	28.80
3	81	15.98	3	143	28.21
4	127	25.05	4	139	27.42

3.3.2 基于 IRT 的 CSFL 初始量表项目筛选

在基于 IRT 的 CSFL 初始量表项目筛选过程中，首先进行 Hybrid IRT 模型假设检验以为验证 CSFL 初始量表结构；其次进行 CSFL 初始量表的 IRT 项目分析；最后结合 CTT 和 IRT 估计结果确定需要删减的项目，并在删减过后再次运用 Hybrid IRT 模型分析，以验证项目删减的合理性和删减后 CSFL 净化量表的有效性。

3.3.2.1 HybridIRT 模型假设检验

根据 CSFL 量表项目特征，运用主成分分析方法进行 IRT 模型单一维度检验[184]。计算结果显示（见图 3-2），CSFL 初始量表第一特征根值为 9.595，第二特征根值为 5.291，第一特征根值远大于第二特征根值（二者相差 4.304），且第一特征根解释了约 21.3% 的总体方差，说明 CSFL 初始量表净化适合运用单维 HybridIRT 模型[193]。

通常情况下，当单一维度假设得到满足时，局部独立性假设也同样满足[73]，即上述结果证实了 CSFL 初始量表项目筛选运用单维 IRT 模型的合理性。

3.3.2.2 CSFL 初始量表项目分析

混合 IRT 模型项目参数估计（CSFL 初始量表）。运用 Marginal Maximum Likelihood（MML）方法进行混合 IRT 模型拟合，项目参数估计结果表明（见表 3-9）。

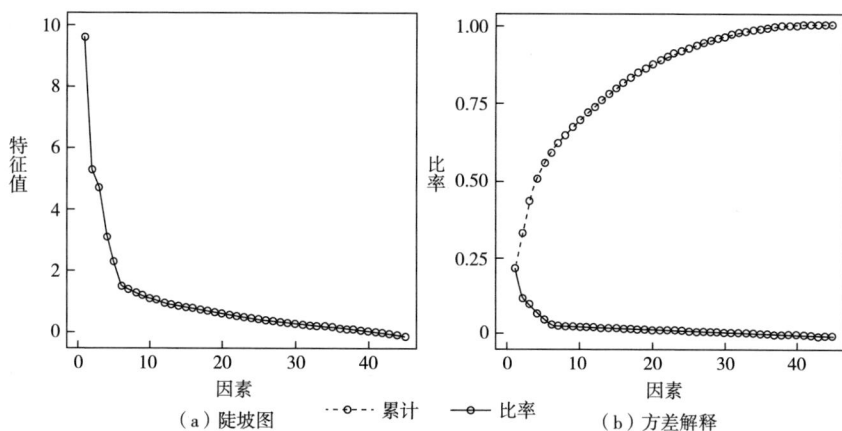

（a）陡坡图　--○-- 累计　—○— 比率　（b）方差解释

图 3-2　CSFL 初始量表单一维度检验

①CSFL 初始量表中包含的二元类别项目的区分度介于-0.195~1.380（见表 3-9），多数二元类别项目的区分度不高（小于 1）。项目 FK13 的区分度最低，而项目 FK20 的区分度最高。FK12、FK13、FK15、FK18、FK2、FK20、FK22、FK25、FK5、FK6、FK7、FK8、FK9、FC10 共 14 个项目的区分度系数低于 0.5。②CSFL 初始量表中包含的二元类别项目的难度介于-2.909~7.827，其中，项目 FK13 的难度最低，而项目 FC11 的难度最高。14 个二元项目的难度系数低于 0.5，属于容易项目；1 个项目的难度系数介于 0.5~1，属于中等难度项目；13 个项目的难度系数高于 1，属于较难项目。

表 3-9　混合 IRT 模型参数估计（CSFL 初始量表——45 个项目）

模型	项目	参数	估计值	标准误	Pr>$\lvert t \rvert$
GRM	FA1	阈值 1	-2.41872	0.20114	<0.0001
		阈值 2	-1.64625	0.13956	<0.0001
		阈值 3	-0.16854	0.07785	0.0152
		阈值 4	0.54779	0.08574	<0.0001
		区分度	1.72179	0.17514	<0.0001
	FA2	阈值 1	-3.13889	0.35249	<0.0001
		阈值 2	-1.72031	0.19877	<0.0001
		阈值 3	0.20883	0.10543	0.0238
		阈值 4	1.26190	0.16568	<0.0001
		区分度	1.04349	0.12617	<0.0001

模型	项目	参数	估计值	标准误	Pr>｜t｜
GRM	FA3	阈值1	−4.05764	0.63664	<0.0001
		阈值2	−1.87728	0.30989	<0.0001
		阈值3	1.12564	0.22217	<0.0001
		阈值4	2.65100	0.42574	<0.0001
		区分度	0.66585	0.10743	<0.0001
	FA4	阈值1	11.36607	6.40895	0.0381
		阈值2	5.34979	3.07075	0.0407
		阈值3	−3.20536	1.81771	0.0389
		阈值4	−9.30777	5.20460	0.0369
		区分度	−0.17554	0.09877	0.0378
	FA5	阈值1	123.73440	629.16090	0.4220
		阈值2	69.38618	353.04280	0.4221
		阈值3	−24.14190	122.53800	0.4219
		阈值4	−88.18650	448.27560	0.4220
		区分度	−0.01986	0.10097	0.4220
	FA6	阈值1	1.32030	0.16240	<0.0001
		阈值2	0.15480	0.10032	0.0614
		阈值3	−1.64775	0.18281	<0.0001
		阈值4	−2.97797	0.31721	<0.0001
		区分度	−1.10386	0.12729	<0.0001
	FA7	阈值1	−5.53250	1.11139	<0.0001
		阈值2	−3.75563	0.74353	<0.0001
		阈值3	−0.11574	0.18591	0.2668
		阈值4	1.80750	0.38743	<0.0001
		区分度	0.50617	0.10109	<0.0001
	FA8	阈值1	−2.68258	0.27595	<0.0001
		阈值2	−1.73307	0.18338	<0.0001
		阈值3	0.08414	0.09969	0.1993
		阈值4	1.15474	0.14822	<0.0001
		区分度	1.10832	0.12319	<0.0001
	FC1	阈值1	−5.34434	0.93178	<0.0001

续表

模型	项目	参数	估计值	标准误	Pr>│t│
GRM	FC1	阈值2	−4.09069	0.69323	<0.0001
		阈值3	−1.57455	0.28844	<0.0001
		阈值4	0.25661	0.15224	0.0459
		区分度	0.66035	0.11317	<0.0001
	FC2	阈值1	−4.62767	0.71676	<0.0001
		阈值2	−3.83638	0.57600	<0.0001
		阈值3	−1.34188	0.21965	<0.0001
		阈值4	0.08948	0.12790	0.2421
		区分度	0.79154	0.12083	<0.0001
	FC3	阈值1	−5.81183	1.04643	<0.0001
		阈值2	−4.24819	0.73935	<0.0001
		阈值3	−1.16521	0.24150	<0.0001
		阈值4	0.79354	0.19590	<0.0001
		区分度	0.63957	0.11214	<0.0001
	FC4	阈值1	12.25492	5.82940	0.0178
		阈值2	5.93611	2.84639	0.0185
		阈值3	−2.32288	1.15300	0.0220
		阈值4	−6.90635	3.26860	0.0173
		区分度	−0.21106	0.10030	0.0177
	FC5	阈值1	−1.82255	0.15509	<0.0001
		阈值2	−1.27676	0.11433	<0.0001
		阈值3	−0.43127	0.07850	<0.0001
		阈值4	0.03390	0.07350	0.3223
		区分度	1.93211	0.23324	<0.0001
	FC6	阈值1	8.65440	3.42558	0.0058
		阈值2	4.80806	1.93228	0.0064
		阈值3	−1.33359	0.60212	0.0134
		阈值4	−5.32168	2.08386	0.0053
		区分度	−0.25746	0.10165	0.0057
	FC7	阈值1	−1.79406	0.14086	<0.0001
		阈值2	−1.28968	0.10470	<0.0001

模型	项目	参数	估计值	标准误	Pr>｜t｜
GRM	FC7	阈值3	−0.49172	0.07409	<0.0001
		阈值4	−0.14613	0.06898	0.0171
		区分度	2.37711	0.29474	<0.0001
	FC8	阈值1	0.83148	0.13716	<0.0001
		阈值2	−0.00058	0.10413	0.4978
		阈值3	−1.55154	0.18688	<0.0001
		阈值4	−2.43472	0.27808	<0.0001
		区分度	−1.02980	0.13097	<0.0001
	FC9	阈值1	−38.26800	57.61015	0.2533
		阈值2	−25.10060	37.72728	0.2529
		阈值3	−0.23811	1.38003	0.4315
		阈值4	16.19415	24.42672	0.2537
		区分度	0.06574	0.09900	0.2533
	FC10	难度	−1.56385	0.26339	<0.0001
		区分度	0.76214	0.13119	<0.0001
	FC11	难度	7.82443	18.31641	0.3346
		区分度	−0.04121	0.09586	0.3336
2PL	FK1	难度	1.68152	0.28860	<0.0001
		区分度	0.73993	0.13188	<0.0001
	FK2	难度	−0.87444	0.12632	<0.0001
		区分度	1.23174	0.17323	<0.0001
	FK3	难度	1.66087	0.22601	<0.0001
		区分度	1.01883	0.15908	<0.0001
	FK4	难度	0.95597	0.18051	<0.0001
		区分度	0.79242	0.12748	<0.0001
	FK5	难度	−1.65307	0.22488	<0.0001
		区分度	1.15879	0.19717	<0.0001
	FK6	难度	0.26978	0.09833	0.0030
		区分度	1.20178	0.15788	<0.0001
	FK7	难度	−1.11920	0.20738	<0.0001
		区分度	0.76868	0.13164	<0.0001

续表

模型	项目	参数	估计值	标准误	Pr>｜t｜
2PL	FK8	难度	0.31298	0.09144	0.0003
		区分度	1.37393	0.16980	<0.0001
	FK9	难度	−0.41651	0.35644	0.1213
		区分度	0.27992	0.10350	0.0034
	FK10	难度	4.13475	1.28845	0.0007
		区分度	0.43122	0.14042	0.0011
	FK11	难度	1.21400	1.58807	0.2223
		区分度	0.09456	0.09998	0.1721
	FK12	难度	−0.62937	0.27452	0.0109
		区分度	0.41252	0.11029	<0.0001
	FK13	难度	−2.90887	1.58788	0.0335
		区分度	−0.19522	0.10348	0.0296
	FK14	难度	1.10806	0.19010	<0.0001
		区分度	0.84129	0.13594	<0.0001
	FK15	难度	0.32892	0.16602	0.0238
		区分度	0.61733	0.11848	<0.0001
	FK16	难度	1.18654	0.21799	<0.0001
		区分度	0.74888	0.12897	<0.0001
	FK17	难度	2.30849	0.33963	<0.0001
		区分度	1.02595	0.18500	<0.0001
	FK18	难度	−0.00272	0.11267	0.4904
		区分度	0.93471	0.13790	<0.0001
	FK19	难度	6.35531	3.94748	0.0537
		区分度	0.18218	0.11362	0.0544
	FK20	难度	−0.16492	0.08847	0.0312
		区分度	1.38047	0.18445	<0.0001
	FK21	难度	1.79347	0.40219	<0.0001
		区分度	0.54362	0.12110	<0.0001
	FK22	难度	0.31184	0.10849	0.0020
		区分度	1.05531	0.14656	<0.0001
	FK23	难度	1.55616	0.33260	<0.0001
		区分度	0.57200	0.11761	<0.0001

续表

模型	项目	参数	估计值	标准误	Pr>｜t｜
2PL	FK24	难度	1.80389	0.30857	<0.0001
		区分度	0.75134	0.13672	<0.0001
	FK25	难度	−0.97445	0.13407	<0.0001
		区分度	1.26876	0.18797	<0.0001
	FK26	难度	1.69322	0.26428	<0.0001
		区分度	0.84207	0.14199	<0.0001

上述分析表明，CSFL初始量表多项选择题项难度分布较为均匀，但整体区分度不高。量表中包括FA4、FA5、FC4、FC6、FC9、FC11与FK19共7个项目的标准误较大，在后续分析中，应重点关注上述项目，在不损失项目信息且兼顾项目拟合优度的情况下对其进行修改或删减。

3.3.2.3 混合IRT模型拟合与项目拟合检验（CSFL初始量表）

从模型层面上看，CSFL初始量表混合IRT模型拟合AIC值为39606，BIC值为40203，似然比卡方值为33015。

从项目层面上看，大多数项目的Pearson卡方系数在10%的统计水平下不显著，FK4、FK7、FK16、FK13、FK14、FK15、FK18、FK19、FK24共9个二元类别项目的Person Chi-Squire系数在10%的统计水平上显著，说明CSFL初始量表仍需进行较大幅度的删减或项目修改，以增加模型以及项目的拟合优度（见表3-10）。

表3-10 项目拟合统计量

响应模型	项目	自由度	Pearson Chi-Square	Pr>P ChiSq	LR Chi-Square	Pr>LR ChiSq
TWoP	FC10	8	5.41276	0.7127	5.58275	0.6939
	FC11	8	2.50759	0.9614	2.51354	0.9611
	FK1	8	10.85448	0.2101	10.84521	0.2106
	FK2	8	11.35583	0.1823	13.35281	0.1003
	FK3	8	12.38748	0.1347	12.72521	0.1217
	FK4	8	11.90909	0.1553	13.44290	0.0975

响应模型	项目	自由度	Pearson Chi-Square	Pr>P ChiSq	LR Chi-Square	Pr>LR ChiSq
TWoP	FK5	8	8.01519	0.4320	10.39408	0.2384
	FK6	8	6.83347	0.5547	7.39946	0.4942
	FK7	8	13.28220	0.1025	14.30341	0.0742
	FK8	8	8.26002	0.4085	9.21036	0.3249
	FK9	8	8.61236	0.3760	8.65537	0.3722
	FK10	8	4.84264	0.7743	5.22187	0.7336
	FK11	8	10.68085	0.2204	10.87733	0.2087
	FK12	8	5.88935	0.6596	6.09530	0.6366
	FK13	8	27.43948	0.0006	28.77991	0.0003
	FK14	8	17.17405	0.0283	18.24682	0.0195
	FK15	8	15.57549	0.0489	16.46367	0.0362
	FK16	8	12.11048	0.1463	16.50087	0.0357
	FK17	8	11.61316	0.1693	11.68212	0.1660
	FK18	8	15.58827	0.0487	17.10007	0.0291
	FK19	8	18.78971	0.0160	17.48954	0.0254
	FK20	8	7.33695	0.5008	10.04950	0.2616
	FK21	8	8.79556	0.3598	8.98670	0.3434
	FK22	8	5.89686	0.6588	6.36430	0.6065
	FK23	8	9.21834	0.3242	10.45628	0.2344
	FK24	8	16.91739	0.0310	16.44469	0.0364
	FK25	8	6.88675	0.5489	10.47580	0.2332
	FK26	8	4.27384	0.8316	4.24665	0.8342

注：项目拟合检验仅适用于二元变量，因此多类别变量拟合值报告为 0，表中未列出。

3.3.2.4　混合 IRT 模型测试特征曲线（初始 CSFL 量表）

CSFL 初始量表项目特征曲线表明，项目 FA4、FA5、FC4、FC6、FC11、FK138 个项目的难度系数过低，而项目 FC7 的难度过高，在后续的分析中，可视情况对上述难度过低或过高的项目进行修改或删减。

CSFL 初始量表测试特征曲线显示（见图 3-3），与标准正态分布 95% 临界值（-1.96 与 1.96）对应的大学生财经素养预期得分分别为 55.4 分与 83.5 分。由此可以预测随机抽样的 95% 的大学生财经素养得分介于 55.4~83.5 分。同时，

TCC 显示的 CSFL 初始量表的预期总分为 113 分，这说明随机抽样的 95% 的大学生财经素养得分位于测试总分 49.0%~73.4%。$\theta=0$ 对应的得分为中等水平大学生的财经素养预期得分（71.4），即此次被试大学生的平均得分约为测试总分的 63.1%。上述结果表明，CSFL 初始量表能区分财经素养水平低于平均线之下以及高于平均线以上的大学生群体，参与此次测试的被试者仅具有合格水平的财经素养。

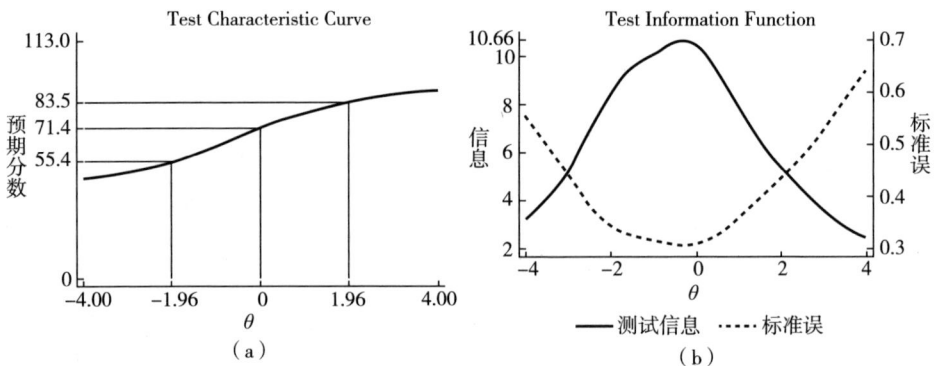

图 3-3　测试特征曲线、测试信息函数与测试标准误

注：图（a）为大学生财经素养水平测试特征曲线，横坐标 θ 表示大学生财经素养水平特征值，纵坐标代表大学生财经素养水平的预期得分。图（b）展示了运用 Hybrid IRT 模型拟合得到的测试信息函数与测试标准误。

3.3.2.5　混合 IRT 模型项目信息与测试信息

（1）CSFL 初始量表项目特征信息。CSFL 量表的每个项目的信息函数在项目的难度参数值上都是对称的。项目 FC7 具有最陡峭的项目信息函数曲线；项目 FA4、FA5、FC4、FC6、FC9、FC11、FK9、FK10、FK11、FK12、FK13、FK19 共 12 个项目的项目信息函数曲线平坦地近乎为一条直线。因此，在后续的分析中，可视情况对上述 12 个项目进行修改或删减。

（2）CSFL 初始量表测试特征信息说明。CSFL 量表的测试信息函数与测试标准误如图 3-3 所示。由图可知，CSFL 量表所包含的 45 个项目的辨别力在信息函数值为 10.66 左右处呈对称分布。45 个项目的难度在 $\theta=-0.27$ 的情况下呈对称分布。当被试大学生财经素养水平 θ 值为 -0.27 时，CSFL 量表能提供的测试信

息量最大，最大值约为 10.66。此时的标准误差为 0.306，即财经素养水平 68%
的估计值都在-0.306~0.306。根据图 3-3，此次测试在 $\theta=-0.27$ 处提供了大学
生财经素养潜在特征的最多信息，即对于财经素养水平为-0.27 的大学生而言，
该量表估计具有适度的精确性。

（3）CSFL 初始量表项目删减。共包括 45 个项目，对此，用 16 与 25 除以 45
即可得到所需的项目信息函数。从而得到项目判定标准为：项目平均信息量>
0.56（25/45）的项目判定为优质项目，项目平均信息量<0.36（16/45）的项目
判定为较差项目，项目平均信息量=0.36（16/45）0.56（25/45）的项目判定为
较好项目。根据上述标准，CSFL 初始量表包括 FA1、FC6、FC7 共 3 个优质项
目；而较好项目共有 10 个，包括 FA2、FC6、FA8、FC8、FK2、FK5、FK17、
FK20、FK22、FK25。此外，项目 FA3~FA5、FA7、FC1~FC4、FC9~FC11、
FK1、FK3、FK4、FK7、FK9~FK16、FK18、FK19、FK21、FK23、FK24、FK26
共 32 个项目的信息函数值低于 0.36，属于较差项目。在后续 CSFL 初始量表项
目净化分析中，可优先删除。

3.3.3　CSFL 净化量表生成与验证

3.3.3.1　CSFL 净化量表生成

结合 CSFL 初始量表 CTT 与 IRT 分析以生成 CSFL 净化量表，步骤如下：

（1）删除 IRI 偏低的项目 FK19、FC11、FK13、FC8 和 FA6 共五个项目，同
时删除难度与区分度、IIC 均不高的项目 FA3、FA4、FA5、FC4、FC11 以及
FK13 共六个项目。注意两个模型的项目删减有交集（均包括 FC11 与 FK13），删
除后混合 IRT 模型的 AIC=32257，BIC=32751，二者均较之前有所降低，这说明
了删除上述 9 个项目的合理性。

（2）删除后剩余 36 个项目的 CSFL 净化量表的 TIC 值约为 10，仍小于 16 的
标准。因此，继续删除 ICC 偏低（<0.410）的 23 个项目：FA7、FA8、FC5~
FC7、FC9、FC10、FK1、FK3、FK4、FK7、FK9~FK11、FK12~FK16、FK18、
FK21、FK23、FK24，删除后共剩余 13 个项目。

3.3.3.2　CSFL 净化量表可靠性分析

运用混合 IRT 模型进行 CSFL 净化量表的可靠性分析，步骤如下所示：

（1）单一维度检验。主成分分析结果证实了混合 IRT 模型的单一维度假设。

通常情况下，当单一维度假设得到满足时，局部独立性假设也同样满足[73]，因此，CSFL 净化量表适合运用单维 IRT 模型进行验证性分析。

（2）项目特征分析。CSFL 净化量表的项目—总体相关性（点—双列相关性）良好，表明项目的判别度良好。13 个项目的 CSFL 净化量表项目相关矩阵以及多项关联热力图表明（见图 3-4），与 45 个项目的初始量表项目的总体相关性相比，13 个项目的 CSFL 净化量表的项目—总体相关性有大幅度提升。同维度测量项目的相关性较强，以左上角的 FA1、FA2（衡量财经态度）两个项目与左上方 FC1~FC3（衡量财经能力）3 个项目的相关性最为强烈。除此以外，FK2、FK5、FK6、FK8、FK17、FK22、FK25、FK57 项（衡量财经知识）也构成了一块与交界处颜色有明显区别的区域。

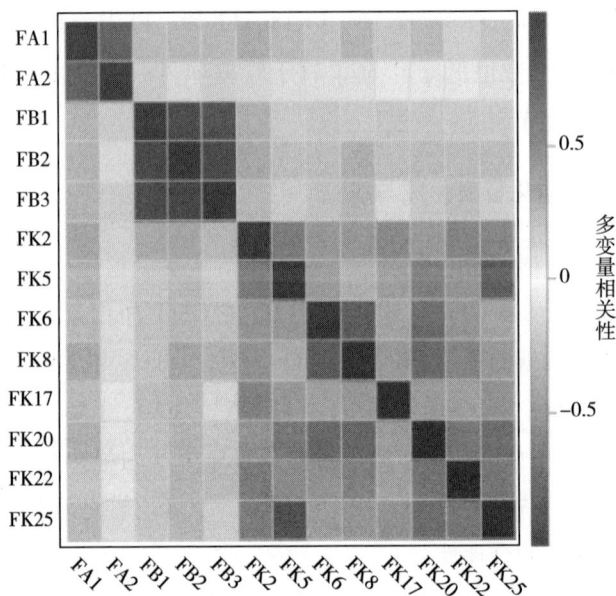

图 3-4　CSFL 净化量表多项关联热力

（3）拟合优度检验。CSFL 净化量表的模型与项目拟合优度均表现良好。13 个项目的混合 IRT 模型 AIC 值为 10432，BIC 值为 10606，较初始量表均有很大幅度的提升。所有项目的难度与区分度参数均在 5% 的统计水平下显著。根据拟合 ICC 来看，经过 Quasi-Newton 优化后，13 个项目的难度范围介于 −2.69~3.13，能覆盖较低到较高财经素养水平的大学生群体，故该难度参数拟合结果符合要求。模型中所有项目的判别度良好（曲线斜率不会过于陡峭或过于平缓）。总体而言，优化后的 CSFL 量表难度适宜，区分度较好。

（4）测试信息函数估计。CSFL 净化量表的 ICC 与 TIC 结果表明，CSFL 净化量表的 TIF 值约为 27，标准误为 0.192，故 CSFL 净化量表属于优质量表[68]。

3.3.3.3 CSFL 净化量表有效性验证

运用混合 IRT 模型分析验证 CSFL 净化量表的有效性。分别从 CSFL 净化量表测试信息函数与概率密度分布的角度出发，验证 CSFL 净化量表的测量有效性。

（1）CSFL 净化量表测试信息函数分布。由于 CSFL 净化量表包括二元响应项目与等级响应项目，因此，其 TIC 的形状不是传统单一类别项目量表所对应的"钟"形曲线。由图 3-5 可知，CSFL 净化量表能精确测量财经素养水平 θ 偏低的大学生的财经素养，尤其是财经素养水平值介于 $-2 \sim 0.25$ 大学生的财经素养（TIF 介于 $16 \sim 25$）。尽管财经素养水平值介于 $-1.28 \sim -0.81$ 的测量精度会有所降低（TIF 介于 $12 \sim 16$）。根据 Zhang 等[185] 的研究，TIF＝11.684 也属于可接受测量精度。据此可得出结论，CSFL 净化量表适合测量财经素养水平 θ 为 -2Logit（财经素养水平值低于两个标准误）、0.00（中等财经素养水平）以及 0.32Logit（财经素养水平稍高）大学生的财经素养。

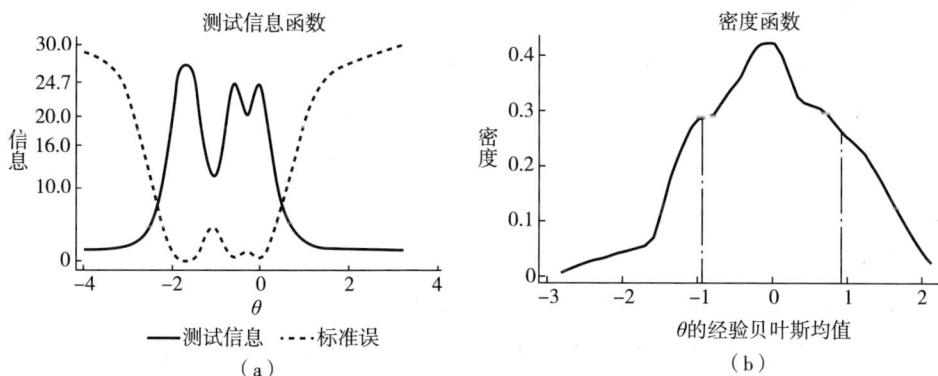

图 3-5 测试信息函数和 Hybrid IRT 得分 θ 密度函数分布

注：图（a）为测试信息函数；图（b）为 θ 密度函数分布。

（2）CSFL 净化量表概率密度分布。CSFL 净化量表的概率密度分布如图 3-5 所示。其中，水平轴代表估计的财经素养得分，纵坐标描述密度。大学生财经素养估计得分的均值非常接近于 0（见表 3-11），这与混合 IRT 模型关于财经素养能力的假设类似。从图中可以看出，大学生财经素养得分分布近似于左偏的"钟"形曲线。超过 60% 的大学生的财经素养在 0（平均值的理论值）附近的一个标准差（标准差的理论值）之内；而约 21.2% 的大学生的财经素养低于 0 减去一个标准差。综上所述，13 个项目的 CSFL 净化量表具有较好的区分度，能区分较高水平、中等水平与较低水平大学生的财经素养。

表 3-11 Hybrid IRT 计算得分 θ 统计信息

变量	样本量	均值	标准差	最小值	最大值
θ	507	-0.007	0.927	-2.567	1.911

3.4 财经素养水平测度净化量表有效性验证

采用正式调查数据进行 CSFL 净化量表有效性的验证性分析，其目的在于验证使用预调研数据开发的 CSFL 量表对不同样本的测量结果的一致性。

正式问卷调查分线上调查与线下调研两种方式。线上主要通过联系国内高校教师与辅导员进行问卷投放，借助他们推广笔者在"问卷星"平台发布的网络调查问卷填写链接，由其所在学校的大学生进行问卷填写。此外，笔者还通过短信、邮件、社交网络渠道发布问卷的填写链接，实现被调查者的在线填写。再借助他们联系其同学或朋友寻找调查对象。线下主要通过笔者所在高校的食堂、教室、图书馆等人流密集场所寻找目标样本（本科生），采用面对面发放问卷的形式进行。本次大学生财经素养问卷调查仅供学术研究使用，线上与线下全部实行匿名调查，并事先声明笔者会对所收集信息严格保密，因此消除了受访人员的顾虑，保证了数据的真实性和准确性。

正式问卷发放的时间为 2022 年 3 月，问卷回收的截止日期为 2022 年 4 月。正式调研共收集 1300 份问卷，删除不一致填答、关联问题自相矛盾和未认真填写（填写时间少于 5 分钟）的无效问卷，得到有效问卷 1115 份，有效率为 86%。样本中的男性被试者共 422 名，占比 37.85%；女性被试者共 693 名，占比 62.15%。数据涵盖了不同批次高等院校大学生，其中，重点院校被试者 497 名，占比 55.43%；非重点院校被试者共 618 名，占比 44.57%。

3.4.1　CSFL 净化量表重测信度分析

3.4.1.1　CSFL 净化量表混合 IRT 模型假设检验与参数估计

运用 Hybrid IRT 进行量表有效性验证。先进行混合 IRT 模型假设检验。结果表明，CSFL 净化量表适合采用单维 IRT 模型。重复上述混合 IRT 拟合过程进行难度、区分度与测试信息的验证性分析。计算结果表明，所有二元类别项目拟合优度良好，均在 1%的统计水平下具有显著性差异。13 个项目的难度参数范围介于−5.720~4.109，区分度系数介于 0.447~5.836，难度与区分度大小适宜。

3.4.1.2　CSFL 净化量表测试信息函数

混合 IRT 模型估计的测试信息函数表明（见图 3-6），13 个项目的 CSFL 净化量表适合测量财经素养水平（θ）为中等偏上、中等以及较低水平大学生的财经素养，尤其是财经素养水平值介于−2.17~0.31 的大学生的财经素养（TIF 介于 12~21.2，测试标准误介于 0.217~0.289）。据此可以得出结论，项目净化后的 13 个项目的 CSFL 量表适合测量财经素养水平 θ 为−2.2 Logit（财经素养水平值低于两个标准误）、0.00（中等财经素养水平）以及 0.3 Logit（财经素养水平稍高）的大学生个体的财经素养。

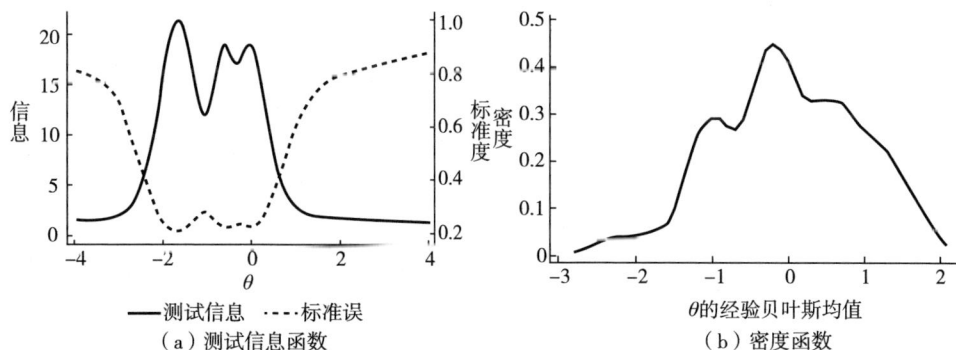

（a）测试信息函数　　　　（b）密度函数

图 3-6　测试信息函数和 Hybrid IRT 得分 θ 密度函数分布

3.4.1.3 CSFL 净化量表得分概率密度分布

CSFL 净化量表概率密度分布（见图 3-6）表明，大学生财经素养估计得分的均值非常接近于 0（见表 3-12，约为-0.006），这与混合 IRT 模型关于财经素养水平的假设一致。从图 3-6 中还可以看出，大学生财经素养水平得分分布近似于左偏的"钟"形曲线。60.6%的大学生的财经素养水平在 0.00（均值）附近的一个标准差之内（-0.922~0.922）；约 20.9%的大学生的财经素养低于 0 减去一个标准差。上述结论再次证明了 13 个项目的 CSFL 量表具有较好的区分度，能区分较高水平、中等水平与较低水平大学生的财经素养。

表 3-12　Hybrid IRT 计算得分 θ 统计信息

变量	样本量	均值	标准差	最小值	最大值
θ	1115	-0.006	0.922	-2.596	1.877

3.4.2　CSFL 净化量表测量偏差检验

测量偏差可能存在于不同性别、不同年龄、不同民族、不同教育年限、不同认知能力的群体之间[64]。综合考量（正式调研）样本数据特征，选择不同性别、不同院校层次的学生群体进行 CSFL 量表项目功能差异分析。采用 1% 显著性水平下的对数似然估计（Likelihood Ratio，LR）χ^2 作为 DIF 探测准则。

3.4.2.1　考虑不同性别特征的 DIF 分析

（1）不同性别的 DIF 项目探测。当考虑不同性别群组下的 DIF 时，经过两轮迭代，结果表明，共有 3 个与性别相关的 DIF 项目：项目 1（我倾向于"今朝有酒今朝醉"而不去考虑明天）、项目 2（我发现花钱比长期保存更令人满意）以及项目 10（假设你的信用卡欠了 2000 元，你每个月支付 20 元的最低还款。在年利率为 12% 的情况下，需要多少年才能还清你的信用卡债务）。

（2）考虑性别 DIF 影响的大学生财经素养水平得分特征分布。大学生财经素养水平得分特征分布图显示，男性与女性被试者的财经素养水平均值相当（-0.20 和-0.18），而且，男性和女性的财经素养水平得分特征分布有大部分的重叠（见图 3-7）。

性状分布

图 3-7　大学生财经素养水平得分特征分布——男性和女性

注：本图表示由 CSFL 量表测量的男性（虚线）和女性（实线）被试者的财经素养水平。男性与女性被试者的财经素养水平基本相当，二者得分分布存在广泛的重叠。

（3）考虑性别相关 DIF 影响的项目特征图谱。图 3-8 至图 3-10 展示了所有探测出 DIF 项目的特征图谱。其中，项目 10 显示具有一致性 DIF，而项目 1、项目 2 则表现出非一致性 DIF。

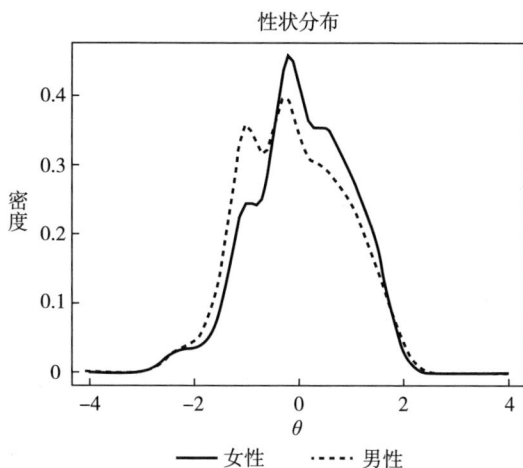

（a）项目真实得分函数——项目1

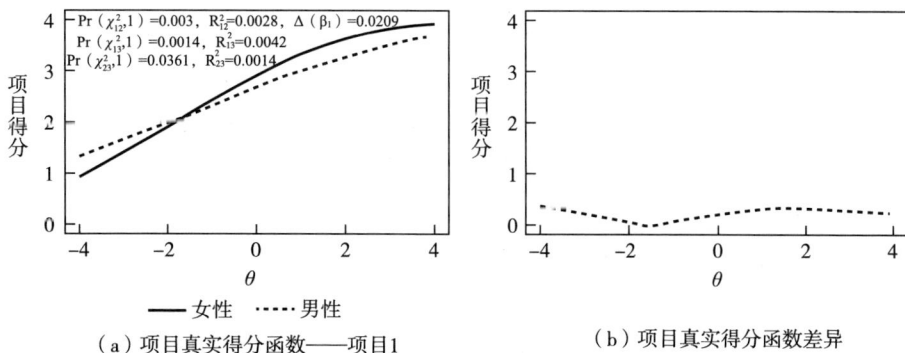

（b）项目真实得分函数差异

图 3-8　与性别相关的非一致性 DIF 项目 1

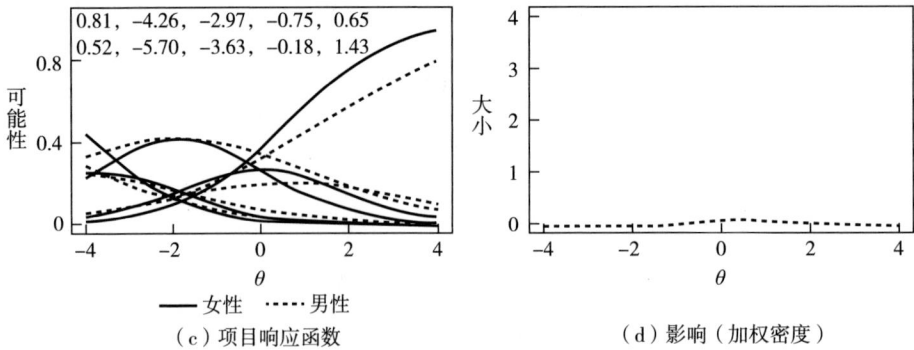

0.81, -4.26, -2.97, -0.75, 0.65
0.52, -5.70, -3.63, -0.18, 1.43

（c）项目响应函数   （d）影响（加权密度）

图 3-8　与性别相关的非一致性 DIF 项目 1（续）

注：图（a）显示了男性（虚线）与女性（实线）的项目特征曲线（ICC），图（b）显示了两组 ICC 之间的绝对差异，表明组间差异主要在于较高水平的财经素养。图（c）显示了 ICC 之间由焦点组（即男性群组）的分数分布加权的绝对差异，图（d）结果表明，项目 1 的 DIF 影响很小，可以忽略不计。

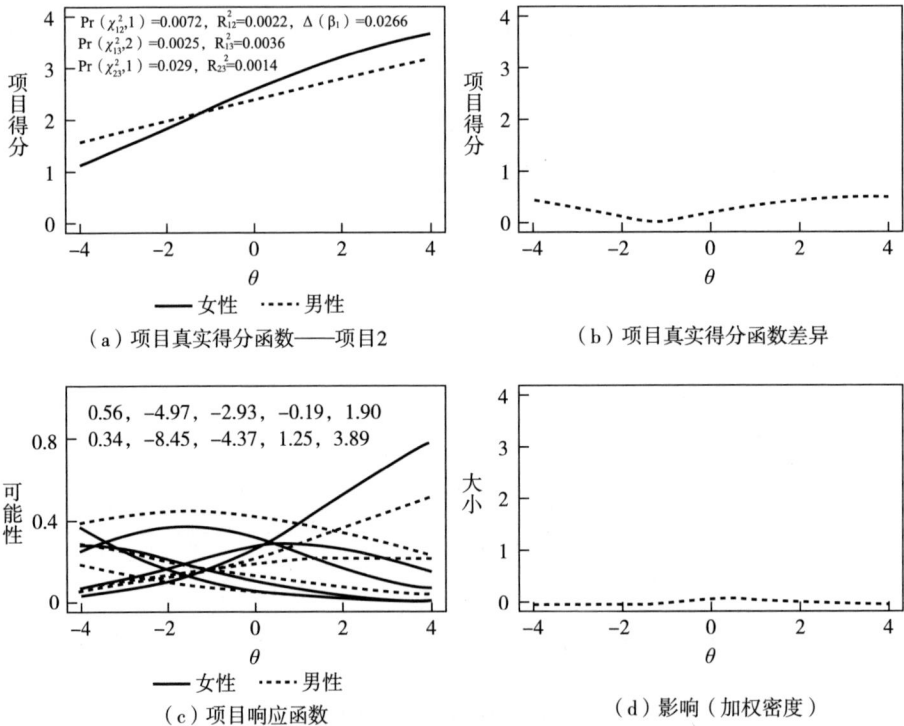

$Pr(\chi_{12}^2,1)=0.0072$, $R_{12}^2=0.0022$, $\Delta(\beta_1)=0.0266$
$Pr(\chi_{13}^2,2)=0.0025$, $R_{13}^2=0.0036$
$Pr(\chi_{23}^2,1)=0.029$, $R_{23}^2=0.0014$

（a）项目真实得分函数——项目2   （b）项目真实得分函数差异

0.56, -4.97, -2.93, -0.19, 1.90
0.34, -8.45, -4.37, 1.25, 3.89

（c）项目响应函数   （d）影响（加权密度）

图 3-9　与性别相关的非一致性 DIF 项目 2

注：图（b）表明性别群组差异主要存在于较高水平的财经素养特征值范围。图（d）结果表明 DIF 的影响很小（Impactsize＝0.0266），可以忽略不计。

（a）项目真实得分函数——项目10

（b）项目真实得分函数差异

（c）项目响应函数

（d）影响（加权密度）

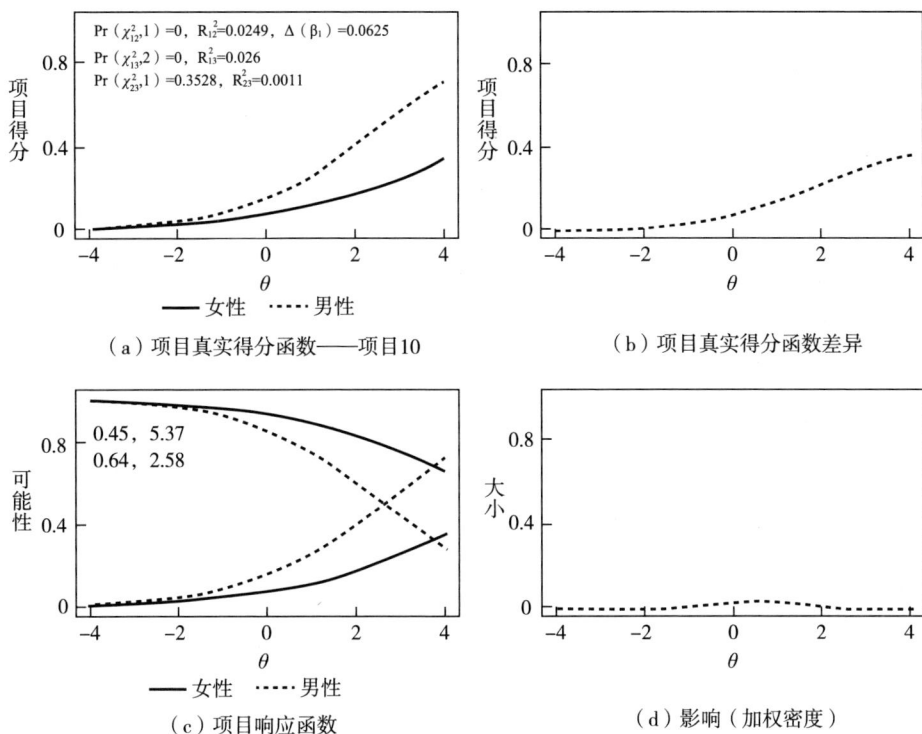

图 3-10　与性别相关的一致性 DIF 项目 10

注：在 $-4 < \theta < +4$ 范围内，男性群组的函数斜率明显高于女性群组，且组间差异主要存在于高水平财经素养范围内。图（b）显示，CTT 分数之间的组间差异大约在 $\theta = 4$ 处达到峰值，但由于在测试人群中，较少有受试者具有该特征水平，因此，加权密度显示该项目存在的 DIF 影响可以忽略不计。这一点也可以从图（a）得到证实。

项目 1 呈现出与性别相关的非一致性 DIF（见图 3-8）。在 $-4 < \theta < -1.8$ 的范围内，男性群组的函数斜率明显高于女性群组。而当 $\theta > 1.8$ 时，女性群组的函数斜率明显高于男性群组。对比模型 1 与模型 2，探测一致性 DIF 的 χ^2 在 1% 的显著性水平下存在差异（$p = 0.003$）；对比模型 2 与模型 3，探测非一致性 DIF 的 $1\text{-}df$ 测试在 5% 的显著性水平下存在差异（$p = 0.036$）；对比模型 1 与模型 3，探测总体 DIF 的 $2\text{-}df$ 测试在 1% 的显著性水平下存在差异（$p = 0.001$）。再次证实了项目 1 存在非一致性 DIF。

类似地，项目 2 也表现为与性别相关的非一致性 DIF（见图 3-9）。

项目 10 表现为与性别相关一致性 DIF（见图 3-10）。值得注意的是，项目

10 所体现的 DIF 效应量（$R_{12}^2 = 0.025$）在 1% 的显著性水平下不能被忽略，但是，$\Delta\beta_1$ 比例变化值为 0.062，依然小于 10% 的显著性水平。因此，具体是否应该排除在 1% 的显著性水平下存在 DIF 的项目 10 还有待 Monte Carlo 模拟检验。

（4）与性别相关 DIF 项目对测试特性曲线（TCC）的影响。图 3-11 显示了所有 DIF 项目对测试特性曲线（TCC）的影响。图 3-11 中的曲线表明，在整体测试水平范围内，对于男性或女性个体而言，二者在任意财经素养水平上的预期总得分存在的差异很小，可以忽略不计。图 3-11（a）为基于 13 个项目的项目参数估计，包括识别出存在 DIF 的三个项目的组间特定参数估计。图 3-11（b）为存在 DIF 的三个项目的组间特定参数估计。尽管图 3-11（b）显示出一定程度的 DIF 影响，即当 $\theta < -1$ 时，男性的测试分数会明显高于女性，而当 $\theta > -1$ 时，女性的测试分数会明显高于男性，但当对测试中的所有项目进行汇总时［见图 3-11（a）］，项目特征曲线的差异就变得可以忽略不计（见图 3-11），这可能是由于当考虑所有的 DIF 的项目进行参数估计时，DIF 项目之间存在的相反方向的差异而最终被抵消。然而，DIF 对性状估计的影响可能仍然存在。

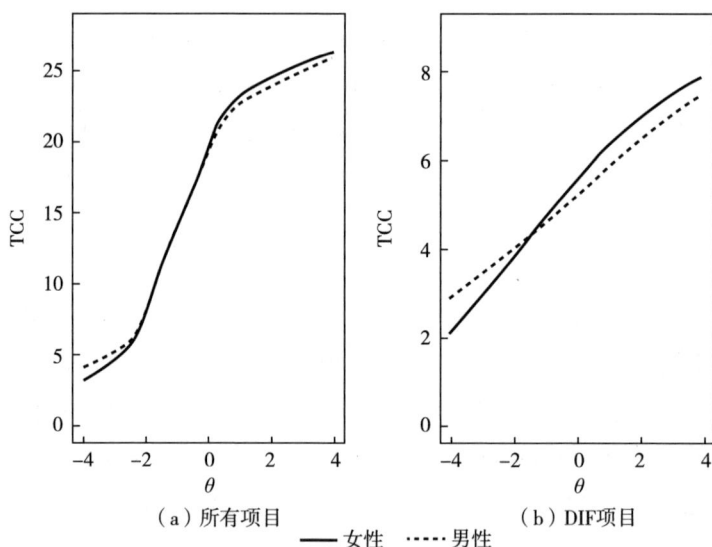

（a）所有项目   （b）DIF项目

——女性 ……男性

图 3-11　性别相关 DIF 项目对测试特征曲线的影响

注：TCC 显示了不同财经素养水平下男性和女性的预期总分，图（a）为所有 13 个项目的 TCC 估计，图（b）为仅包括 3 个 DIF 项目的 TCC 估计。图中曲线表明，在总体测试水平上，无论是男性还是女性，在任意财经素养水平下的预期总分差异都非常小。

（5）与性别相关 DIF 项目影响分析（个体层面）。从个体层面的影响来看（见图 3-12），在具有三个 DIF 项目的参数估计中，位于特征值两端（最低与最高财经素养水平）分数的离散程度较中间水平特征值相应分数的离散程度更大。忽略 DIF 与考虑 DIF 得分之间差异几乎为零，表明考虑性别的 DIF 对个体分数差异的影响可以忽略不计。

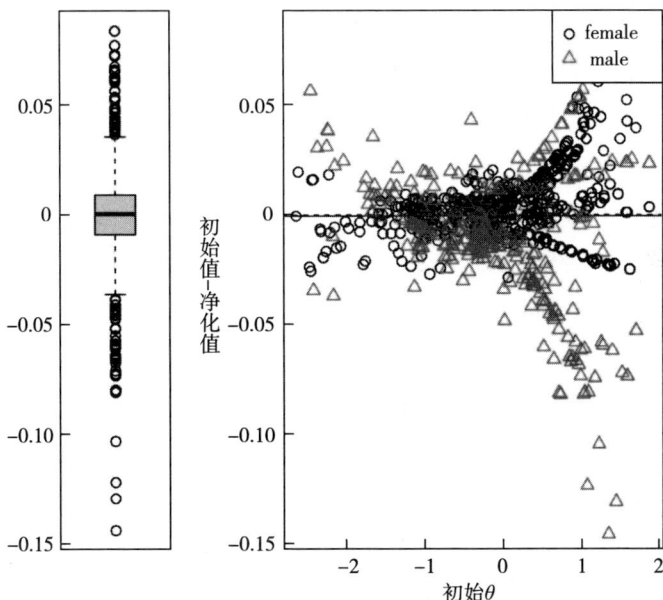

图 3-12　个体层面的 DIF 影响（考虑不同性别特征的 DIF 分析）

注：本图显示了考虑 DIF 与未考虑 DIF 财经素养水平得分的差异。左侧为差异显示的箱线图。四分位距代表中间 50% 的差异（在阴影框的底部和顶部之间），范围为 -0.037~0.036，中位数约为 0.001。右侧代表忽略 DIF 的女性和男性初始得分差异。水平实线为指示线，代表没有差异，虚线代表实际计算的中位数平均差异。左右两侧的正值和负值分布几乎相当，但右侧负值略多，表示少数情况下，对于财经素养水平较高的人，考虑 DIF 会导致分数略高（即忽略 DIF 的初始得分减去考虑 DIF 得分 <0，因此考虑 DIF 分数高于初始得分）。这与实际群组层面的性别差异分析保持一致。

在效应量不显著的情况下，如果个体变化超过初始分数的中位标准误（0.109）时，将其标记为"显著"。据此推算，当考虑到所有可能的 DIF 项目偏差后，仅有 0.27%（3/1115）受试者表现出"显著"的 DIF。在识别并考虑 DIF

后，表征两组平均值（女性减去男性）之间差异的效应量 Hedge's g 大小几乎没有变化（从 0.181 到 0.180）。综上所述，考虑性别（社会人口学特征）的项目层面的 DIF 偏差可以忽略不计。

（6）稳健性检验——Monte Carlo 模拟。在逻辑回归 DIF 检测框架内，用于判定项目是否具有 DIF 的具体标准还存在较大差异[64]。鉴于 DIF 幅度测量和检测标准的多样性，Monte Carlo 模拟方法具有一定的可行性[186]。基于统计量 nr = 1000 和显著性水平 $\alpha = 0.01$ 的测量的 Monte Carlo 模拟阈值显示，与 χ^2 统计量相关的经验阈值与名义 α 水平十分接近。对于统计量 χ^2_{12}、χ^2_{13}、χ^2_{23} 而言，所有项目的平均阈值分别为 0.0094、0.0096 以及 0.0095。稳健性分析包括下列三种指标检验：

第一，χ^2 统计量概率阈值检验。图 3-13 按项目顺序显示了三个 χ^2 统计量的概率阈值。水平参考线绘制于名义 α 水平（即 0.01）处。未发现经验阈值系统地偏离名义显著性水平的迹象，这与上述研究结论一致，表明 I 类错误率在似然比检验下得到了较好的控制。

第二，Pseudo R^2 概率阈值检验。图 3-13 显示了 Pseudo R^2 测量的阈值。与预期结果一致，在不包括 DIF 条件下生成的数据所估计的 Pseudo R^2 测量值可忽略不计，即远小于 Cohen's 定义的小效应量（0.02）标准。尽管在项目之间可以看到一些波动，但 Pseudo R^2 阈值明显小于任何关于显著性效应的定义值。尽管对此需要进一步研究，值得注意的是，基于 Cox&Snell 的经验阈值显示的项目间变化量最小。

第三，$\Delta\beta_1$ 变化的阈值检验。$\Delta\beta_1$ 变化的阈值与项目层面求得的结果一致（平均值 = 0.0275，SD = 0.0001）。所有项目中，项目 7 表现出的变化比例最大，具体值为 0.048（即大约 5% 的变化），但项目 7 并未探测出一致性 DIF，即使将重复次数增加到 5000 次或 1000 次，仍表现为 1% 显著性水平下存在 DIF（见图 3-14），但若将显著性水平放宽至 5%，可认为该项目 DIF 不显著。尽管如此，出现该现象的具体原因还有待进一步研究[186]。通常情况下，探测到出现 10%（即 0.1）的变化可判断一致性 DIF 的存在。项目 10 表现出的变化量小于 0.5，与此同时，13 个项目的 CSFL 量表所表现出的变化比例均值约为 0.0275，标准差接近于 0，对此，可将显著性水平标准放宽至 0.05[64]，即认为 CSFL 量表与性别特征相关的 DIF 效应量可忽略。

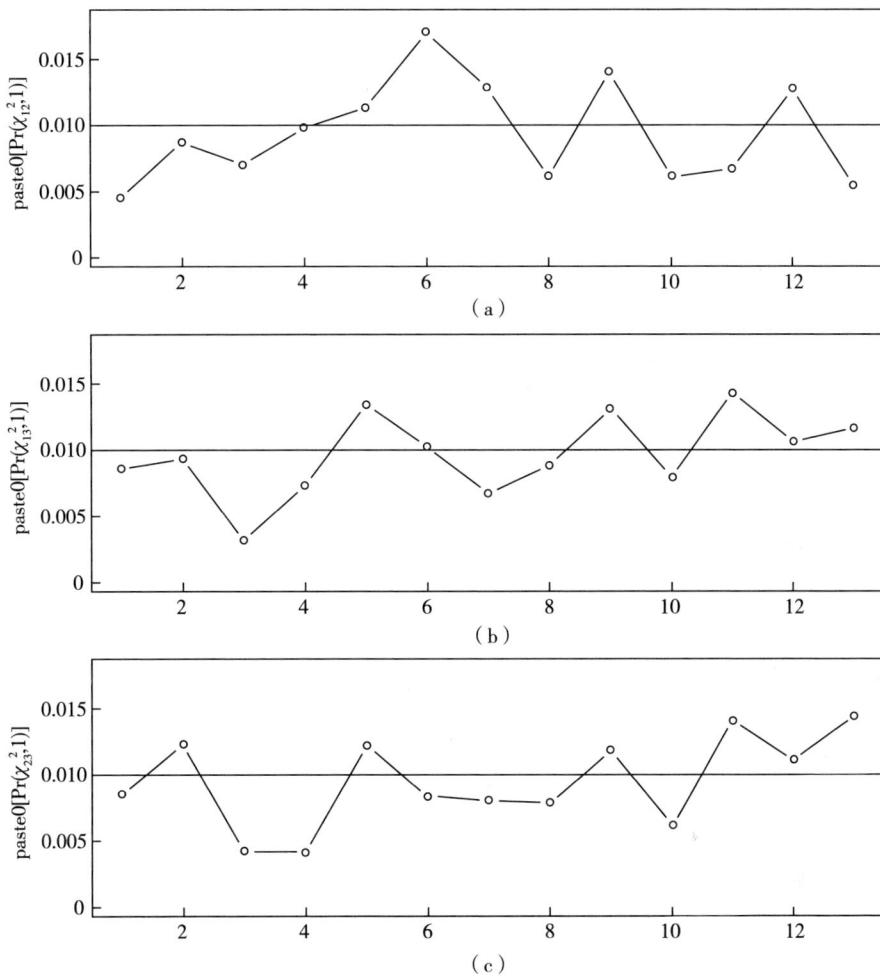

图 3-13 χ^2 统计量的 Monte Carlo 模拟阈值 ($n = 1000$)

注：本图显示了在不考虑 DIF 情况下运用 Monte Carlo 模拟生成的与 99% 的分位数下（在 1000 次迭代中删除最大的 1%）χ^2 统计量相关的每个项目（沿 x 轴显示）的概率值。连接数据的折线代表项目之间的波动，而非显示系列。水平参考线位于名义显著性水平 $\alpha = 0.01$。

除此以外，运用 Cox&Snell、Nagelkerke 与 McFadden 三种方法计算出的 Pseudo R_{12}^2 测量值与跨项目的比例 β_1 变化阈值之间的相关系数分别为 0.824、0.881 与 0.472。其中，根据 Nagelkerke 方法计算出的 Pseudo R_{12}^2 与 β_1 比例变化效应量大小之间的相关性最高。Nagelkerke 统计量下，Pr (χ_{12}^2, 1)、Pr (χ_{13}^2, 1)、Pr (χ_{23}^2, 1) 的均值分别为 0.0066、0.0064 和 0.0088，远小于 0.02 的显著性 DIF

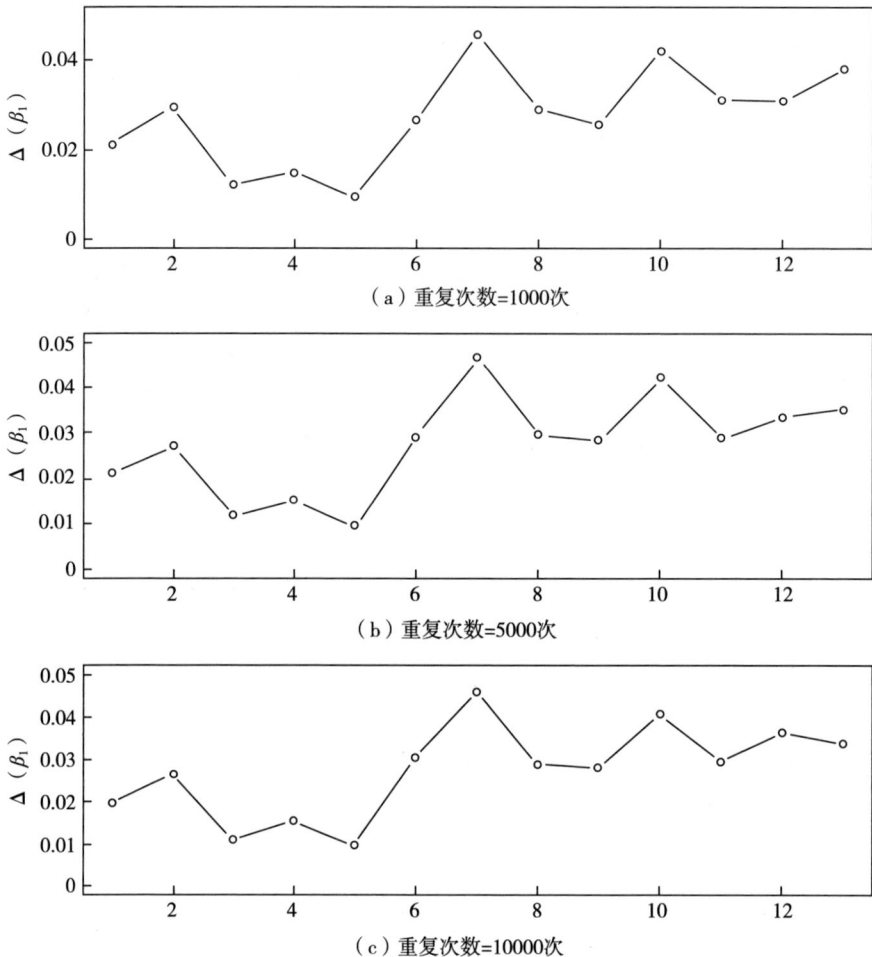

（a）重复次数=1000次

（b）重复次数=5000次

（c）重复次数=10000次

图 3-14　Δβ₁ 比例变化的 Monte Carlo 模拟

注：本图显示了在不考虑 DIF 情况下运用 Monte Carlo 模拟生成的与 99% 的分位数下（在 1000/5000/10000 次迭代中删除最大的 1%）$\Delta\beta_1$ 统计量相关的每个项目（沿 x 轴显示）的概率值。连接数据的折线代表项目之间的波动，而非显示系列。

标准，因此，认为 CSFL 量表与性别特征相关的 DIF 效应量可忽略。具体结果如图 3-15 所示。

3.4.2.2　考虑不同院校层次的 DIF 分析

（1）不同院校层次的 DIF 项目探测。当考虑不同院校层次群组下的 DIF 时，

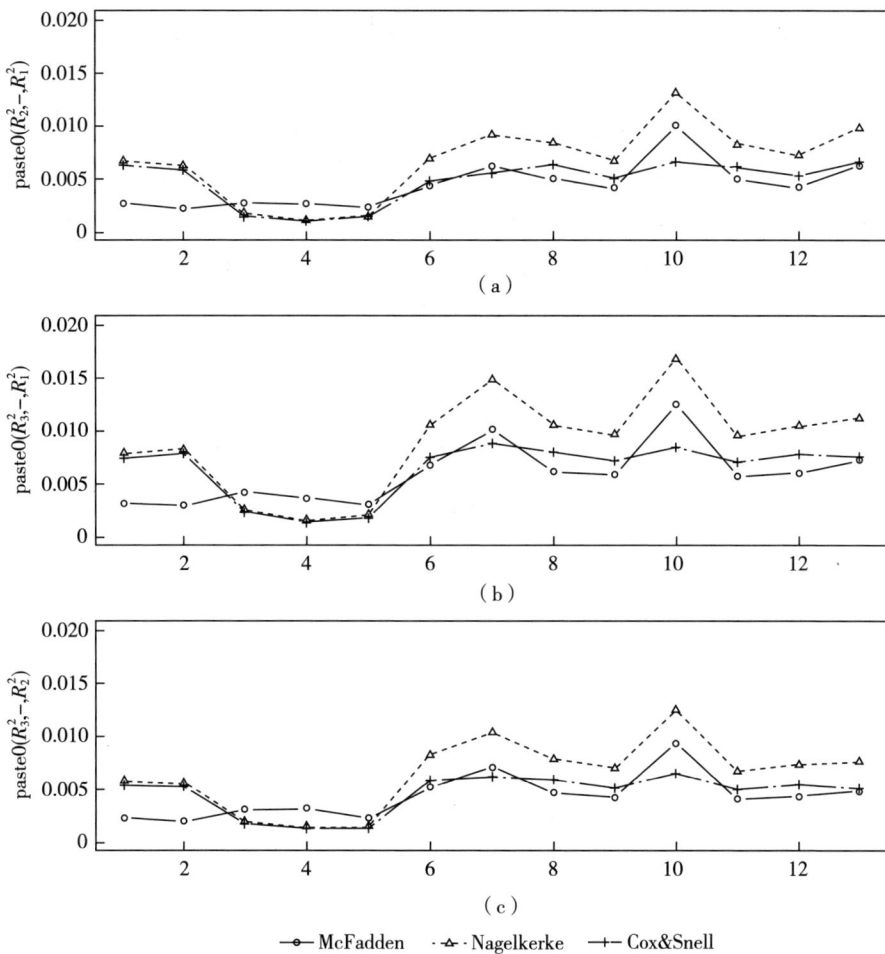

图 3-15 Pseudo R^2 统计量的 Monte Carlo 模拟阈值 （$n=1000$）

注：本图显示了在不考虑 DIF 情况下运用 Monte Carlo 模拟生成的与 99% 的分位数下 （在 1000 次迭代中删除最大的 1%） Pseudo R^2 统计量相关的每个项目 （沿 x 轴显示） 的概率值。

经过三轮迭代，结果表明，共有 8 个项目具有院校层次相关的 DIF：项目 6 （假设您将 1000 元存入储蓄账户，每年保证利率为 2%。第一年结束时账户中会有多少钱）、项目 7 （高回报的投资可能是高风险的）、项目 8 （债券通常比股票更具有风险）、项目 9 （购买单一公司的股票通常比股票共同基金提供更安全的回报）、项目 10 ［我在网上 （如社交媒体） 公开分享我的个人财务信息可能会被用来针对我提供个性化的商业或金融优惠］、项目 11 （假设你的信用卡欠了 2000 元，你每个月支付 20 元的最低还款。在年利率为 12% 的情况下，需要多少年才能还清你的信用卡债务)、项目 12(通常情况下,哪种资产显示出最大的收益波动)与项目 13(银行的营业网点人民币兑美元的外汇报价显示为 6.3215 ～ 6.3220 元/美元。您认为哪个数字指的是美元的买入价)。

(2)考虑院校层次 DIF 影响(群组层面)。考虑院校层次 DIF 影响的大学生财经素养得分特征分布图表明(见图 3-16),非重点院校被试者与重点院校被试者的财经素养水平均值相当(-0.02 和-0.01),而且,非重点院校被试者与重点院校被试者的财经素养特征分布有很大部分的重叠。

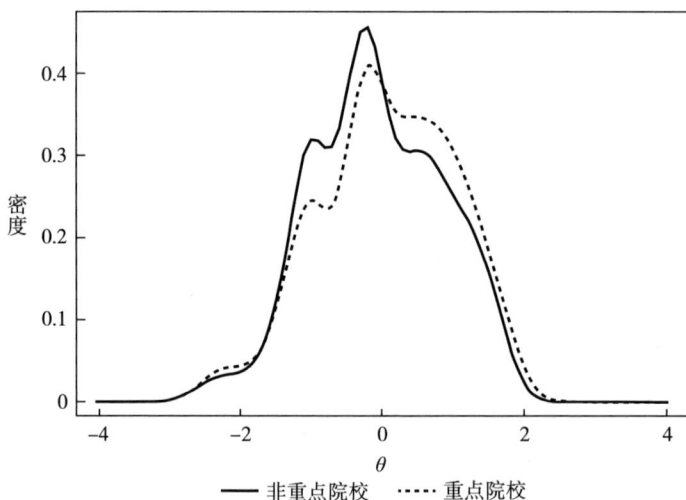

图 3-16 财经素养水平得分特征分布——重点院校大学生和非重点院校大学生

注:本图表示由 CSFL 量表(θ)测量的重点院校大学生(虚线)和非重点院校大学生(实线)被试者的财经素养水平。重点院校大学生与非重点院校大学生被试者的财经素养水平基本相当,二者得分分布存在广泛的重叠。

(3)考虑院校层次 DIF 影响的项目特征图谱。考虑院校层次 DIF 影响的项目特征图谱表明,项目 6、项目 8、项目 9、项目 10、项目 13 显示具有一致性 DIF,而项目 7、项目 11、项目 12 则表现出不一致 DIF。考虑院校层次的一致性和非一致性 DIF 的解释同上文考虑性别相关 DIF 项目特征图谱的解释类似,故不再赘述。

(4)院校层次相关 DIF 项目对测试特性曲线(TCC)的影响。从量表层面来看，在较低财经素养水平特征范围内，包含院校层次的 DIF 对 CSFL 的影响可以忽略不计（见图 3-17），而当财经素养水平特征值处于中等偏上范围时，包含院校层次的 DIF 对 CSFL 的影响相对较大，且会随着 θ 的增大而逐渐增大。

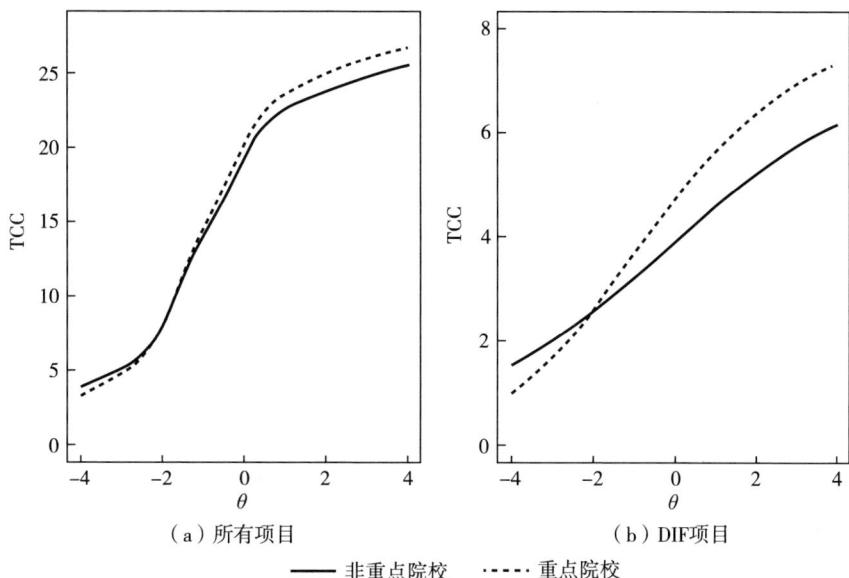

（a）所有项目　　　　　　　（b）DIF项目

——— 非重点院校　　········ 重点院校

图 3-17　DIF 项目对测试特征曲线的影响

在图 3-17 中，图（a）为基于所有 13 个项目的项目参数估计，包括识别出存在 DIF 的三个项目的组间特定参数估计。与图（a）类似，图（b）显示出一定程度的 DIF 影响，即当 $-4 < \theta < -1.8$ 时，焦点组（即非重点院校被试者）的测试分数会明显高于对照组（即重点院校被试者）；而当 $\theta > -1.8$ 时，对照组的测试分数会明显高于焦点组，且二者之间的差异会随着被试者财经素养水平的提升而逐渐增大。与图（a）不同的是，较低水平财经素养范围内的总体 DIF 影响较小，可能的原因是当对考虑所有 DIF 的项目进行参数估计时，DIF 项目之间因存在相反方向的差异而最终被相互抵消。然而，DIF 对性状估计的影响可能仍然存在。

（5）与院校层次相关 DIF 影响分析（个体层面）。从个体层面的影响来看，与院校层次相关的 DIF 影响可忽略（见图 3-18）。左侧的箱线图显示中位数差异（在所有被试者中）约为 0.001，差异范围为 $-0.09 \sim 0.10$，平均值为 0.001。右侧的散点图显示最终的 θ 估计值具有稍大的标准偏差。水平虚线参考线绘制在初始估计值和经过项目净化后的估计值之间的平均差异处（即0.001），几乎与代表二者之间不存在差异的实线重合。在具有8个DIF项目的参数估计中，位于特征值两端（最低财经素养水平与最高财经素养水平）的分数的离散程度较中间水平特征值相应的分数的离散程度更大。在高水平财经素养范围内，焦点组与对照组之间的差异最大（离散程度最高）。而忽略DIF的分数与考虑DIF的分数之间的分数差异几乎为零，表明考虑院校层次的DIF对个体分数差异的影响可以忽略不计。

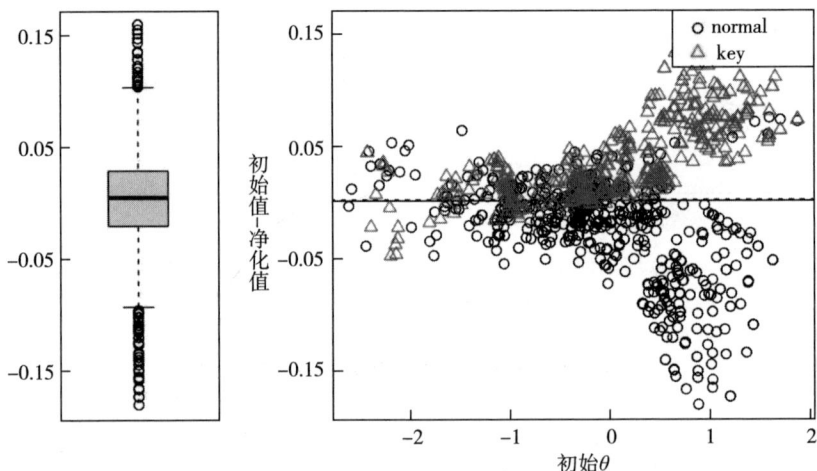

图3-18 DIF对个体层面的影响

（6）稳健性检验——不同院校层次DIF分析统计量的Monte Carlo模拟。Monte Carlo模拟结果证实了与院校层次相关的DIF影响可忽略。在效应量不显著的情况下，如果个体层面的 θ 值变化超过初始分数的中位标准误（0.109）时，将其标记为"显著"。据此推算，当考虑到所有可能的DIF项目偏差后，大约有4.04%（45/1115）受试者表现出"显著"的DIF。因此，与院校层次相关的DIF影响可忽略。但是，在识别并考虑DIF后，表征两组平均值（对照组减去焦点组）之间差异的效应量Hedge's g大小有一定程度的变化（从0.255到0.191）。针对上述情况，采用Monte Carlo模拟[186]进一步确认院校层次的DIF的效应量，以判断该特征水平下的DIF是否可忽略。包含所有项目的统计量 χ_{12}^2、χ_{13}^2、χ_{23}^2 的平均阈值分别为 0.125、0.165 以及 0.363，三者远高于名义上的 α 水平值。稳健性分析包括下列三种指标检验：

第一，χ^2 统计量概率阈值检验。图 3-19 按项目顺序显示了体现三个模型两两之间差异的 χ^2 统计量的概率阈值。水平参考线绘制于名义 α 水平（即 0.01）处。尽管项目 5 的 $\mathrm{Pr}(\chi^2_{13})$、$\mathrm{Pr}(\chi^2_{23})$ 较大，具体值分别为 0.014、0.019，但由于项目 5 本身也为表现出 DIF，因此其 p 值在 1% 的统计水平下不显著也只是验证了其不含非一致性的 DIF。至此，所有项目均未发现经验阈值系统地偏离标称水平的迹象，这与前文所述研究结论一致，表明 I 类错误率在似然比检验下得到了较好的控制。

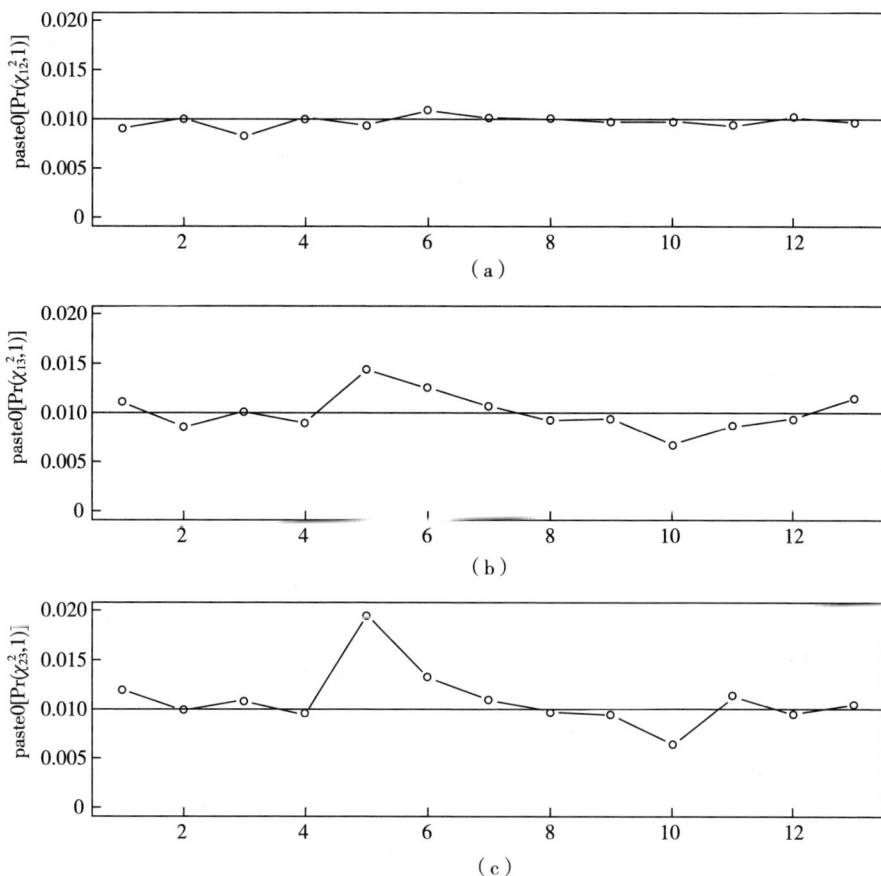

图 3-19 χ^2 概率阈值的 Monte Carlo 模拟

第二，Pseudo R^2 概率阈值检验。图 3-20 显示了 Pseudo R^2 测量的阈值。与预期结果一致，在不包括 DIF 条件下生成的数据生成的 Pseudo R^2 测量值可忽略不计，即远小于 Cohen[194] 对微小效应量（0.02）的定义标准。尽管在项目之间可以看到一些波动，但 Pseudo R^2 阈值明显小于任何关于显著性效应的定义。尽管需要进一步研究，但值得注意的是，从图 3-20 中可以看出，基于 Cox&Snell 的经验阈值显示的项目之间的变化量（包括 Pseudo χ^2_{12}、Pseudo χ^2_{13} 与 Pseudo χ^2_{23}）最小。

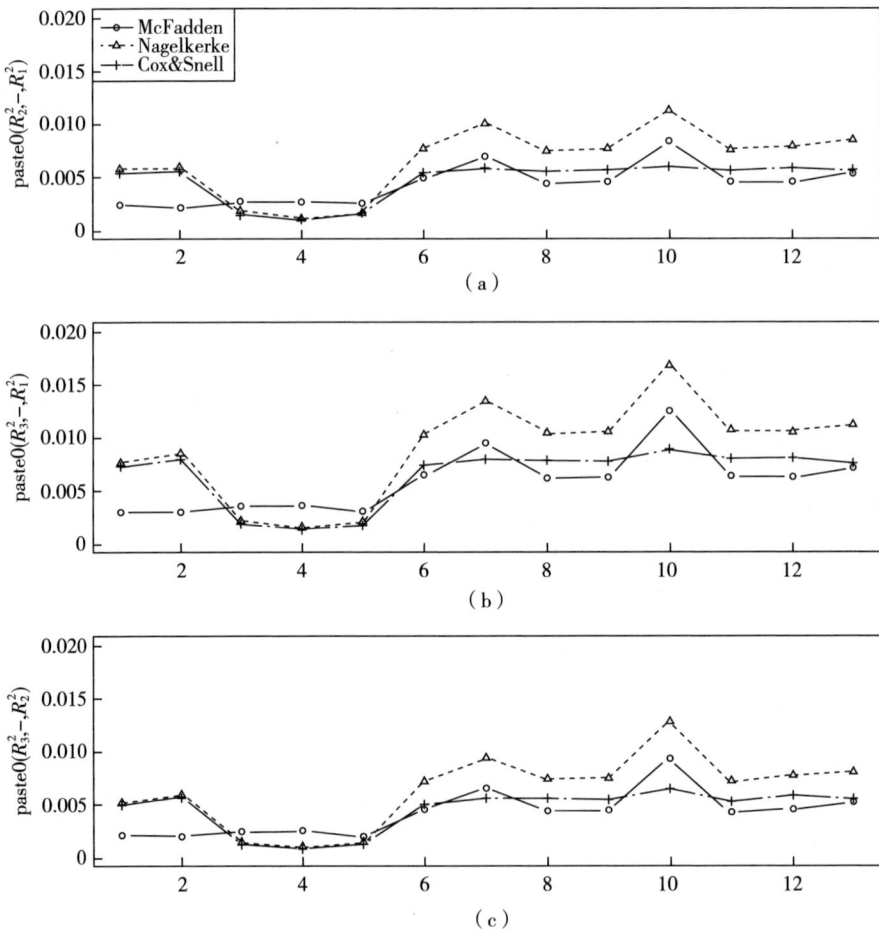

图 3-20　Pseudo R^2 阈值的 Monte Carlo 模拟

第三，$\Delta\beta_1$ 变化的阈值检验。$\Delta\beta_1$ 变化的阈值与项目层面求得的结果一致（平均值 $= 0.014$，SD $= 0.0002$）。所有项目中，项目 10 表现出的 β_1 的变化最大，具体值为 0.048（即大约 5% 的变化），同时，项目 10 也是具有最大 Pseudo R^2 测量值（包括三种不同方法）的项目。但项目 10 表现出的 β_1 的变化小于 0.5，与此同时，13 个项目的 CSFL 量表所表现出的 β_1 变化比例均值约为 0.0144，标准差接近于 0，对此，可将显著性水平标准放宽至 0.05[64]，即认为 CSFL 量表与性别特征相关的 DIF 效应量可忽略。

运用 Cox&Snell、Nagelkerke 与 McFadden 三种方法计算出的 Pseudo R^2_{12} 测量值与 β_1 比例变化阈值之间的相关系数分别为 0.936、0.923 与 0.847。其中，根据 Cox&Snell 方法计算出的 Pseudo R^2_{12} 与 β_1 比例变化效应量大小之间的相关性最高。在 Nagelkerke 统计量下，项目 10 的 Pr $(\chi^2_{12}, 1)$、Pr $(\chi^2_{13}, 2)$ 和 Pr $(\chi^2_{23}, 1)$ 的均值分别为 0.0246、0.0299 和 0.0083，尽管其大于 0.01，但三者均小于 0.05 的显著性 DIF 标准。除此以外，尽管项目 10 体现出了显著性的一致性 DIF，但根据前文分析，与院校层次相关 DIF 对个体层面的影响也极小，属于可忽略的测量偏差。结合上述分析，可以认为 CSFL 量表与院校层次特征相关的 DIF 效应量可忽略。具体如图 3-21 所示。

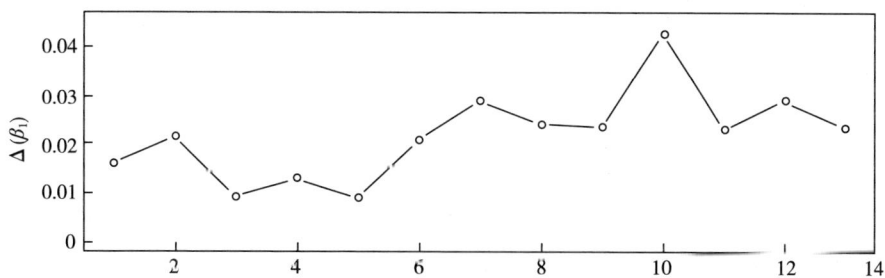

图 3-21　$\Delta\beta_1$ 百分比的 Monte Carlo 模拟

3.4.2.3　DIF 结果讨论

DIF 分析的结果反映了不同群体可能存在的题项选择之间的细微差异（例如，在拥有较高财经素养水平特征的群体中，男性比女性会更加认同"钱是用来花的"。在财经素养 IRT 得分关于社会人口学特征（性别）与院校层次的分组分布中，发现了 DIF 的微小差异，稳健性检验结果证实了该差异存在但可忽略。此外，在初始的 CSFL 量表的分组 DIF 分析中发现了显著性差异，即在（所有）较高水平（高于平均水平）财经素养群体中，男性以及非重点院校的被试者的财经素养得分显著低于对照组得分。但考虑 DIF 项目调整后的分析结果显示组间差异并不显著。DIF 分析结果表明，在充分考虑所有 DIF 来源时，不同性别、不同院校层次大学生群体之间的财经素养水平差异会有所下降。

总体而言，CSFL 量表项目层面测量偏差可忽略。首先，当综合考虑所有的偏差来源时，1115 名参与者中仅有 3 名被试者表现出"显著性"的 DIF，这反映了良性测试偏差[195, 196]。其次，在比较测试初始得分与经过 DIF 调整后的测试校准得分时，不同特征群组之间标准化潜在平均差异计算结果几乎保持不变。综上所述，CSFL 量表是评估跨越不同性别、院校层次的大学生财经素养水平的准确、可靠且有效的测量工具。

3.5　本章小结

本章在验证性分析框架下，综合运用 CTT 与 IRT 方法进行项目筛选并验证 CSFL 量表的可靠性、有效性与测量不变性，开发了简洁高效的大学生财经素养测量量表。量表开发过程如下：

首先，基于大量文献分析生成 CSFL 量表初始项目池，初始量表通过两轮定性评估后确定。其次，使用预调研样本数据（$n = 507$），运用 CTT 模型与 Hybrid IRT 模型筛选初始量表项目，生成净化量表。最后，使用正式调查数据（$n = 1115$），分别运用 Hybrid IRT 和 DIF 分析检验了净化量表的重测信度和测量偏差，确定 CSFL 最终量表。上述分析过程表明，包含 13 个项目的 CSFL 量表能有效测量不同能力、性别、院校层次大学生的财经素养，具有易于操作、使用简便的特点，是一项高质量的财经素养评估工具。

量表开发过程可为素养类测量工具的开发提供参考，开发的量表能为后续财经素养相关研究、高等院校财经素养教育或培训提供标准化的评估工具。

第4章　大学生财经素养的
提升效应分析

评估高等院校财经素养教育对不同特征大学生群体的有效性与有限性是高等院校推广与开展财经素养教育的重要环节。

高等院校在开展财经素养教育时，通常会更加关注财经素养教育对大学生财经素养的提升效应。以往研究关于财经素养教育有效性的结论存在争议[11, 13]。由于大学生的初始条件不完全相同（如对财经素养教育的认知差异），接受财经素养教育的大学生存在"主动接受"和"被动参与"的区别，是否接受财经素养教育是大学生的内生选择[74, 133, 197]，因此存在样本"自选择偏差"（Selection Bias）。

同时，由于接受财经素养教育可能存在的时间成本和沉没成本，大学生不仅存在是否接受的区别，还可能存在接受强度的差异。因此，在分析学生个体对财经素养教育的认知对接受财经素养教育行为的影响时，有必要更为细化地将该决策分为是否接受与接受强度两阶段。

除此以外，由于大学生接受或未接受财经素养教育是既定事实，通过因果推断能够评估财经素养教育对接受财经素养教育大学生财经素养的提升作用，却无法探测出对未接受财经素养教育大学生财经素养的影响，这就要考虑如何进行反事实结果推断。

进一步地，财经素养教育对感知财经素养和客观财经素养的提升程度可能不完全一致，而财经认知偏差会导致次优的财经行为[21, 22]。对此，本书对感知财经素养与客观财经素养之差取绝对值，将其定义为大学生财经认知盲区，探究了财经素养教育对财经认知盲区的影响。

基于"哪些因素影响大学生选择接受财经素养教育""接受财经素养教育对大学生财经素养水平的提升效果如何""接受财经素养教育的大学生如果未接受财经素养教育会发生什么变化""未接受财经素养教育的大学生如果接受财经素养教育又会发生什么变化""财经素养教育是否会扩大财经认知盲区"这几个问题的思考,本章重点关注如何排除财经素养提升效应估计的干扰因素,以准确识别大学生财经素养提升的净效应。在准自然实验思路下,第一,运用 Heckman 两阶段法和 Tobit 模型估计大学生财经素养教育的接受意愿及其接受强度的差异。第二,运用内生转换模型(ESR)解决自选择偏差和不可观测变量的内生性问题,通过反事实分析方法评估财经素养教育对大学生财经素养水平的提升效应。第三,以大学生财经认知盲区为基础被解释变量,细分财经认知盲区(财经过度自信和财经过度保守)并综合多种方法展开对比分析,探究了财经素养教育对大学生财经自我认知的影响。第四,为验证分析结果的可靠性,采用广义精确匹配法、工具变量法、因变量替换法、补充变量法等多种方式进行稳健性检验。

4.1　财经素养教育效果评价实证框架

根据人力资本理论和生命周期理论[91, 197],对财经素养教育的认知与需求会影响大学生接受财经素养教育的决定[11, 198]。根据计划行为理论[92, 93],具备提升其财经素养的信念(财经认知)的大学生会产生选择接受财经素养教育的相关动机,从而影响其接受程度(财经态度),继而影响其日常财经行为意向及实际财经行为。根据财经素养提升互补替代理论框架,财经素养教育与自主学习财经知识二者对于大学生财经素养提升而言,可能存在互补或替代作用。考虑到人群的异质性,二者可能既为互补也存在部分替代。由于大学生的初始禀赋差异,大学生会将接受学校财经素养教育与不接受财经素养教育(或自主学习财经知识)的预期收益进行对比,并选择最优决策。根据能力理论[99],即使接受财经素养教育,具备不同能力特征的大学生所获得的财经素养提升也可能不完全一致。

大学生的初始禀赋差异及其对财经素养教育认知的异质性,使其选择接受财经素养教育这一行为存在选择偏差。此时,利用传统最小二乘法(OLS)可能会产生有偏估计，因为它假设大学生是否接受财经素养教育是外生决定的，而它很可能是内生的[91, 197]。由于大学生通常会基于自身特征并根据预期收益而决定是否接受财经素养教育，因此，不能将选择接受财经素养教育的决策变量视为外生变量。

除此以外，仍可能存在不可观测变量（如课程信任度和课程知晓度）会同时影响大学生财经素养教育的选择行为及其财经素养的提升。因此，本章考虑采用内生转换回归（Endogenous Switching Regression，ESR）来分析大学生个体异质性引起的财经素养提升效应差异。

运用 ESR 模型具有如下优势：其一，解决大学生是否接受财经素养教育这一自选择问题；其二，能够分别识别接受财经素养教育与未接受财经素养教育大学生财经素养的影响因素；其三，通过反事实分析方法评估接受财经素养教育对大学生财经素养的提升效应。

鉴于此，本章按照"大学生财经素养教育认知—是否接受财经素养教育—实际财经素养教育接受强度—财经素养教育效果评价"的思路，多维动态探究大学生财经素养教育的选择行为及其对大学生财经素养提升和财经认知盲区的影响：

（1）运用 Heckman 两阶段模型实证分析大学生财经素养教育认知对其财经素养教育选择行为的影响，同时通过 Tobit 回归进行稳健性检验。

（2）以财经素养为被解释变量，通过 ESR 分析接受财经素养教育对大学生财经素养提升的平均处理效应并进行反事实估计；结合 CEM 分析和因变量替换法（将财经知识、财经素养 CTT 估计得分作为大学生财经素养的代理变量）进行多维度稳健性检验。

（3）以大学生财经认知盲区为基础被解释变量，细分财经认知盲区（财经过度自信和财经过度保守），并综合 ESR、OLS、Logistic 回归多种方法的结果，探究了财经素养教育对大学生财经自我认知偏差的影响差异，同时通过 IV-Probit 回归验证估计结果的稳健性。

（4）为排除自主学习财经知识对大学生财经素养提升效应与大学生财经认知盲区的影响，将自主学习财经知识纳入 ESR 模型，并与基线 ESR 模型结果进行对比分析。

4.2 数据来源与描述性统计

基于 1115 份微观大学生财经素养调查数据（即第 3 章中的正式调查数据）探究财经素养教育对大学生财经素养的提升与财经认知盲区的影响。

4.2.1 数据来源与样本说明

为探究大学生财经素养提升效应与财经行为影响机制，四川大学"中国大学生财经素养教育"课题组面向我国 31 个省（区、市）高校大学生开展问卷调研。

为确保样本的代表性，在联系高校教师获取样本数据的时候，考虑了高校的地理位置分布、院校层次和院校类别。样本高校选择包含我国东北、中部、西部和东部地区四大经济区域[199]。样本中所在高校区域分布为：东北地区高校 15 所，占比约 18.8%；西部地区高校 26 所，占比约 32.5%；中部地区高校 15 所，占比约 18.8%；东部地区高校 24 所，占比约 30.0%。样本高校层次涵盖了重点院校和非重点院校，其中，重点院校 42 所，占比约 52.5%，非重点院校 38 所，占比约 47.5%。调研高校共 80 所，涉及教育部直属高校、省属高校、地级市属高校、民办高校等类型，涵盖综合类、理工类、财经类、医药类、师范类、农林类和政法类等类别，具有较强的代表性。

大学生财经素养调查总共收集了 1115 份有效问卷，包括 636 份处理组（接受财经素养教育的大学生）样本和 479 份对照组（未接受财经素养教育的大学生）样本。大学生财经素养调查问卷除了调查被试者的社会人口学属性特征、大学生所在家庭特征以及心理特征等题项外，还包括了客观财经素养（包括财经知识、财经态度、财经能力）、感知财经素养、财经行为（包括预算行为、风险金融市场投资、借贷行为、诈骗探测与损失规避）以及财经知识/信息获取渠道等相关题项。

受访大学生中，表示自己未接受财经素养教育的大学生占比 57.0%，接受过财经素养教育的大学生占比 43.0%。在接受财经素养教育的大学生中，18.7%的大学生（自我报告）参与程度较低，36.6%的大学生参与程度一般，只有不到一半（44.7%）的大学生参与程度较高（见表4-1）。

表 4-1　大学生财经素养（相关课程）教育参与（程度）

是否接受过财经素养（相关课程）教育（$n=1115$）

接受过 479（43.0%）	未接受过 636（57.0%）

财经素养（相关课程）教育参与程度（$n=636$）

非常低	比较低	一般	比较高	非常高
37（5.9%）	80（12.8%）	229（36.6%）	151（24.1%）	129（20.6%）

　　样本数据社会人口学属性特征的描述性统计结果显示（见表4-2）：

　　（1）就个体特征而言，理工类和经管类受访者比例相当，分别占比29.4%和28.4%。样本涵盖了四大经济区域的大学生群体，西部地区的样本量最多，中部地区的财经素养教育参与人数稍低，东北地区和东部地区人数持平，这在一定程度上反映了财经素养教育资源的地理分布不均。单身大学生占比为70.3%，且对照组单身人数和实验组单身人数占比无明显差异。多数受访大学生每月生活费为1000~2000元。未接受财经素养教育的受访大学生中自主学习财经知识的人数占比更高（50.7%），接受财经素养教育的大学生这一比例仅为25%。

　　（2）从家庭特征来看，处理组与对照组受访者父母最高受教育程度基本一致，与对照组相比，处理组受访大学生的家庭月收入更高。

　　（3）从学校层面特征来看，处理组与对照组受访大学生来自重点院校和非重点院校的人数比例相当。受访者多数来自省级市和西部地区，直辖市和中部地区的受访者相对较少。学校所在地位于地级市的受访者中，处理组人数显著低于对照组，而来自省级市和直辖市的受访者的处理组人数均显著高于对照组。类似地，学校所在地属于东部地区的受访者中，处理组人数显著低于对照组，而来自其他所有区域的受访者中，除中部地区的处理组与对照组人数基本持平外，处理组人数不同程度地高了对照组，这也在一定程度上反映了财经素养教育资源的地理分布不均。

　　样本中大学生来自城镇和农村的比例分别为60.9%和39.1%，这与我国城镇和农村人口分布占比一致（根据第七次人口普查结果，中国城镇人口占比

63.89%[2])，说明了样本分布较为合理，数据具有一定的代表性。

表 4-2　大学生财经素养调查样本数据描述

变量（类别）		财经素养得分 θ[①]		财经自我认知盲区		总人数（%）	p/t 值
		对照组	频数（%）	对照组	频数（%）		
性别	女性	-0.025	274 (57.2)	0.111	419 (65.9)	693 (62.2)	0.004***
	男性	-0.186	205 (42.8)	-0.031	217 (34.1)	422 (37.8)	
专业	理工类	-0.154	141 (29.4)	-0.001	95 (14.9)	236 (21.2)	0.000***
	文科类	-0.167	202 (42.2)	-0.194	54 (8.5)	256 (23.0)	
	经管类	0.011	136 (28.4)	0.119	487 (76.6)	623 (55.9)	
年级	大一	0.01	154 (32.2)	-0.18	148 (23.3)	302 (27.1)	0.023***
	大二	-0.201	122 (25.5)	0.006	174 (27.4)	296 (26.5)	
	大三	-0.133	114 (23.8)	0.188	140 (22.0)	254 (22.8)	
	大四	-0.074	89 (18.6)	0.221	174 (27.4)	263 (23.6)	
籍贯	东北地区	-0.127	161 (33.6)	-0.18	86 (13.5)	247 (22.2)	0.052***
	西部地区	-0.073	161 (33.6)	0.088	323 (50.8)	484 (43.4)	
	中部地区	-0.09	60 (12.5)	0.172	99 (15.6)	159 (14.3)	
	东部地区	-0.076	97 (20.3)	0.078	128 (20.1)	225 (20.2)	
情感状况	非单身	-0.112	148 (30.9)	0.079	183 (28.8)	331 (29.7)	0.954
	单身	-0.085	331 (69.1)	0.056	453 (71.2)	784 (70.3)	
每月生活费	<1000 元	-0.235	97 (20.3)	0.035	101 (15.9)	198 (17.8)	0.954
	1000~2000 元	-0.05	312 (65.1)	0.091	424 (66.7)	736 (66.0)	
	2000~3000 元	-0.034	58 (12.1)	0.071	85 (13.4)	143 (12.8)	
	>3000 元	-0.393	12 (2.5)	-0.319	26 (4.1)	38 (3.4)	
财经自主学习	零投入	-0.086	243 (50.7)	-0.068	159 (25.0)	402 (36.1)	0.18
	<1 小时	-0.114	186 (38.8)	0.117	327 (51.4)	513 (46.0)	
	1~2 小时	-0.081	33 (6.9)	0.037	116 (18.2)	149 (13.4)	
	>2 小时	0.007	17 (3.5)	0.225	34 (5.3)	51 (4.6)	
家庭所在地	城镇	-0.05	289 (60.3)	0.021	390 (61.3)	679 (60.9)	0.879
	农村	-0.16	190 (39.7)	0.128	246 (38.7)	436 (39.1)	

---

① 表中数值（除"财经素养"一栏外）代表基于 Hybrid IRT 模型计算的大学生财经素养得分（服从均值为 0、标准差为 1 的正态分布），具体计算过程详见第 3 章。

续表

变量（类别）		财经素养得分 θ		财经自我认知盲区		总人数（%）	p/t 值
		对照组	频数（%）	对照组	频数（%）		
家庭月收入	不知道	−0.105	86（18.0）	−0.081	67（10.5）	153（13.7）	0.014***
	<5000 元	−0.164	136（28.4）	−0.024	165（25.9）	301（27.0）	
	5000~10000 元	−0.124	169（35.3）	0.08	258（40.6）	427（38.3）	
	>10000 元	0.082	88（18.4）	0.195	146（23.0）	234（21.0）	
父母最高教育程度	初中及以下	−0.074	237（49.5）	0.086	298（46.9）	535（48.0）	0.759
	高中/中专/技校	−0.156	124（25.9）	0.086	183（28.8）	307（27.5）	
	本科及以上	−0.067	118（24.6）	−0.011	155（24.4）	273（24.5）	
院校层次	非重点院校	−0.235	282（58.9）	−0.033	336（52.8）	618（55.4）	0.000***
	重点院校	0.008	197（41.1）	0.2	300（47.2）	497（44.6）	
学校所在行政区划	直辖市	0.341	24（5.0）	0.2	70（11.0）	94（8.4）	0.010***
	省级市	−0.106	313（65.3）	0.1	497（78.1）	810（72.6）	
	地级市	−0.139	142（29.6）	−0.133	69（10.8）	211（18.9）	
学校所在地理位置	东北地区	−0.14	208（43.4）	−0.196	128（20.1）	336（30.1）	0.000***
	西部地区	−0.06	173（36.1）	0.156	364（57.2）	537（48.2）	
	中部地区	−0.292	34（7.1）	−0.17	42（6.6）	76（6.8）	
	东部地区	−0.071	64（13.4）	0.222	102（16.0）	166（14.9）	
心理特征	认知需求	3.149	479（43.0）	3.204	636（57.0）	1115	0.061***
	风险态度	3.323	479（43.0）	2.731	636（57.0）	1115	−0.594***
	课程兴趣	2.505	479（43.0）	2.958	636（57.0）	1115	0.000***
财经素养	FL（IRT）	−0.113	479（43.0）	0.074	636（57.0）	1115	0.000***
	FL（CTT）①	11.144	479（43.0）	12.577	636（57.0）	1115	0.000***
	财经知识（CTT）	3.476	479（43.0）	4.865	636（57.0）	1115	0.000***
	财经态度（CTT）	3.641	479（43.0）	3.62	636（57.0）	1115	0.747
	财经能力（CTT）	4.028	479（43.0）	4.091	636（57.0）	1115	0.273
财经自我认知②	财经素养（3 等）	1.9	479（43.0）	2.077	636（57.0）	1115	0.000***
	感知财经素养	1.921	479（43.0）	2.013	636（57.0）	1115	0.032***

① CTT 代表基于经典测试理论计算的财经素养得分。

② 将感知 FL 和客观 FL 分别分成较低、中等和较高水平三类（1、2、3）。财经认知盲区：主客观财经素养不一致（感知 FL-实际 FL=±1 或±2）。财经过度自信：感知 FL 高于均值而实际 FL 低于均值。财经认知盲点：感知 FL 极高而实际 FL 极低（感知 FL-实际 FL=2）。认知过度保守：感知 FL 低于均值而实际 FL 高于均值。

续表

变量（类别）		财经素养得分 θ		财经自我认知盲区		总人数（%）	p/t 值
		对照组	频数（%）	对照组	频数（%）		
财经自我认知	财经认知盲区	0.701	479（43.0）	0.719	636（57.0）	1115	0.635
	财经认知盲点	0.021	479（43.0）	0.024	636（57.0）	1115	0.763
	财经过度自信	0.34	479（43.0）	0.303	636（57.0）	1115	0.192
	认知过度保守	0.117	479（43.0）	0.208	636（57.0）	1115	0.000***

注：***表示 $p<0.01$，**表示 $p<0.05$，*表示 $p<0.1$。

4.2.2 变量的定义

4.2.2.1 被解释变量

被解释变量包括大学生财经素养和财经认知盲区：

（1）财经素养的测量。使用第3章中由 Hybrid IRT 模型计算的财经素养得分来表征大学生的财经素养。

（2）财经认知盲区的定义与测量。参考以往文献[37, 38, 88, 89]并综合考虑财经过度自信和财经过度保守，本书将财经认知盲区定义为大学生感知财经素养与其客观财经素养之差的绝对值，数值越大代表财经认知盲区也越大。感知财经素养采用"与同龄人相比，你认为自己的财经素养水平如何"来进行测量，并以 Likert5 级量表（1＝非常低；5＝非常高）形式作答。财经认知盲区的计算过程如下：将感知财经素养划分为三类，即在 Likert5 级量表选项中，1~2 分的记为"较低感知财经素养"，3 分的记为"中等程度感知财经素养"，4~5 分的记为"较高感知财经素养"。同时，将客观财经素养以 33%、66% 的分位数得分划分为"较低财经素养""中等财经素养""较高财经素养"。

4.2.2.2 关键解释变量

关键解释变量为财经素养教育认知。根据认知行为理论[97]，本章从认知动机和认知需求两个方面设置财经素养教育认知变量。

由于无法直接测量，认知动机采用"你是否对财经素养课程感兴趣"来测量（1＝完全没兴趣，5＝非常感兴趣）。认知需求则采用 Epstein[200] 等提出的认知需求量表进行测量。五个测项均采用 Likert 5 级量表（1＝完全不同意；5＝完全同意）。整个变量测量的 Cronbach's α 为 0.814，大于阈值 0.7；各个题项的 Corrected Item-Total Correlation 对应的数值均大于阈值 0.3。由此看来，认知需求的测量具有较高的可靠性。对于变量的处理，将测量得到的 5 个测项取平均值记为大学生个体的认知需求得分，并将得分高于均值的观测值记为"较高认知需求"。

4.2.2.3　控制变量

通过第 2 章分析并结合实际，选取受访大学生个体特征、家庭层面因素以及学校层面因素三类变量作为大学生财经素养与财经认知盲区影响分析的控制变量。个体特征控制变量包括性别、年级、每月生活费、专业、籍贯；家庭层面控制变量包含家庭所在地、家庭月收入、父母最高受教育程度；学校层面控制变量包括院校层次和院校所在地。

4.2.3　描述性统计

从受访大学生的财经素养来看，财经素养教育会提升具有不同个体特征、家庭背景、学校特征大学生的财经素养。然而，财经素养教育对个体特征、家庭背景、学校特征不同的大学生的财经素养提升效果存在显著性差异。

就个体层面而言，财经素养教育对男性、非文科类、高年级（大三与大四）、中部地区、每月生活费更低的大学生的财经素养提升更为明显。就家庭特征而言，中等家庭月收入（5000~10000 元）、父母最高学历为高中、农村家庭的大学生接受财经素养教育后的财经素养提升会更加明显。从学校层面来看，非重点院校大学生的财经素养提升更为明显。

财经素养教育能显著提升大学生自主学习财经知识的效率，或者说，自主学习财经知识能明显强化财经素养提升效应。但是，单纯依靠自主学习财经知识并不能有效提升大学生的财经素养。即二者之间存在互补作用，而非相互替代。

就财经自我认知而言，财经素养教育不会导致大学生的财经过度自信，相反，财经素养教育可能会导致大学生低估其财经素养，即财经素养教育可能引发大学生过于保守的财经自我认知。

总体而言，接受财经素养教育会对不同特征大学生的财经素养产生积极的、异质性的影响。值得注意的是，财经素养教育对大一新生以及东北地区的大学生产生了明显的负向影响，出现此种现象并非因为财经素养教育本身会导致大学生财经素养的下降，而是因为是否接受财经素养教育是个体自我选择的结果。描述性统计的结果再次说明了考虑样本自选择偏差对于财经素养教育效果评价而言至关重要。

4.3 大学生财经素养提升效应估计模型与方法

本节首先介绍了因果有向无环图的相关概念，从理论上构建大学生财经素养提升的因果推断模型。其次分别概述了 Heckman 两阶段模型和内生转换模型的相关概念，为后续从数据角度出发推断财经素养教育与大学生财经素养提升之间的因果关系提供理论依据。

4.3.1 因果有向无环图

因果有向无环图（Causal Directed Acyclic Graphs，C-DAGs）[201] 通过箭头表示变量之间的因果关系，其通过有向无环图（DAG）的形式判断因果关系，每个箭头都有一个方向，并且没有循环。C-DAGs 能够为研究提供概念上的帮助，帮助研究者更准确地理解协变量在具体因果路径中的作用，消除变量之间可能存在的循环，分析理论上的因果链，有助于处理较多协变量存在的情况。值得注意的是，因果图更多的是表达理论上的逻辑关系，并不能反映统计上的因果关系。因此，本章使用 C-DAGs 作为概念工具，与统计学方法一起使用，以更好地利用协变量发掘潜在的理论机制。

4.3.1.1 因果有向无环图中的变量概念

C-DAGs 中的节点表示变量。实心圆表示观察到的变量，空心圆表示未观察到的变量。实验过程中，变量包括处理变量、协变量（混淆变量）和结果变量。例如，图 4-1 中，T 表示处理变量，Y 表示结果变量。

（1）中介变量：M 是链节点，箭头的方向表示因果关系的方向，M 为中介变量。

（2）协变量：$C1$ 为分叉节点，它有两个向外的箭头，分别表示 $C1$ 对 T 和 Y 的影响。同时影响 T 和 Y 的变量 $Z2$ 被称为协变量［见图 4-1（a）］。

（3）对撞节点：对撞节点指传入箭头不小于 2 个的节点［见图 4-1（b）］，对撞节点的存在意味着 T 和 Y 在统计上的因果关系相互独立。但是，当条件作用

于 $C2$ 时，由于选择偏差，T 和 Y 在统计上变得不再独立。此时可能出现 Berkson 悖论[202] 或 Simpson 悖论[201, 203]。当对 $C2$ 进行分层或调节时，即使 T 不影响 Y，此时，T 对 Y 也可能表现出虚假影响。

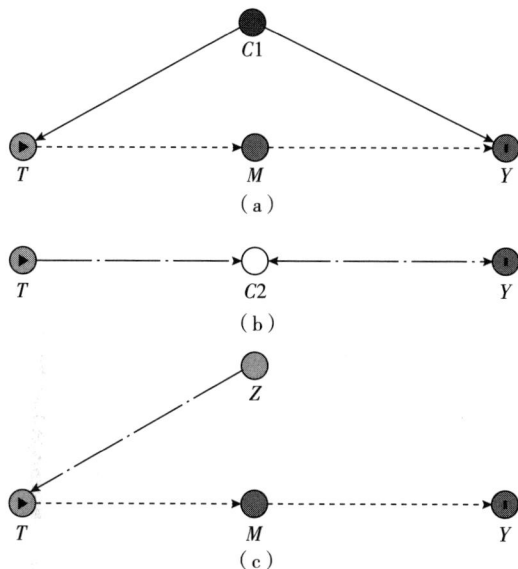

图 4-1　因果变量与路径类型

（4）预处理变量（干预前变量）：指样本在干预前被观察到的特征，由于其在样本分配之前就已经存在，因此它也不会受到随机分配影响。图 4-1（c）中的 Z 为预处理变量。

（5）后处理变量（干预后变量）：指样本在干预后观察到的特征，其可能受到实验结果的影响。图 4-1（c）中的 M 为后处理变量。

4.3.1.2　因果有向无环图中的路径类型

根据箭头方向不同，因果有向无环图包括以下 3 种路径：

（1）因果路径：T 到 Y 的因果路径（有向路径）是完全按照箭头的方向从 T 到 Y 的路径。如果沿箭头指向从 T 到 Y 的路径上穿过的所有节点均为链节点，那么从 T 到 Y 就是一条因果路径，如图 4-1（a）中 $T \rightarrow M \rightarrow Y$。

（2）伪路径（后门路径）：伪路径包含一个指向 T 的箭头，其他箭头可以沿箭头或逆箭头的方向穿过。例如，图 4-1（a）中 $T{\rightarrow}C1{\leftarrow}Y$ 即为伪路径。伪路径能排除虚假的因果路径，但其涉及的变量不一定可观测，若存在类似 $C1$ 的分叉节点，需要使用前门路径来筛选变量。

（3）前门路径（FDP）：前门路径可被用于观测数据模型分析。如果 M 截断了所有从 $Z{\rightarrow}Y$ 的正向路径、没有从 $T{\rightarrow}M$ 的后门路径，则认为其符合前门标准。图 4-1（a）中的 M 就是符合前门标准的变量。

4.3.1.3 因果有向无环图的绘制

基于浏览器的 C-DAGs 分析工具 Dagitty 可以在 R 语言环境下轻松绘制 DAG。在实际路径选择过程中，需要基于理论背景绘制 C-DAGs 图来判断因果路径。其关键在于避开伪路径，保证所有的因果路径不受干扰，且不能将对撞节点纳入协变量集合。

综合第 2 章中的概念框架和实际的变量选择过程，可绘制出大学生财经素养水平影响分析的因果有向无环图（见图 4-2）。

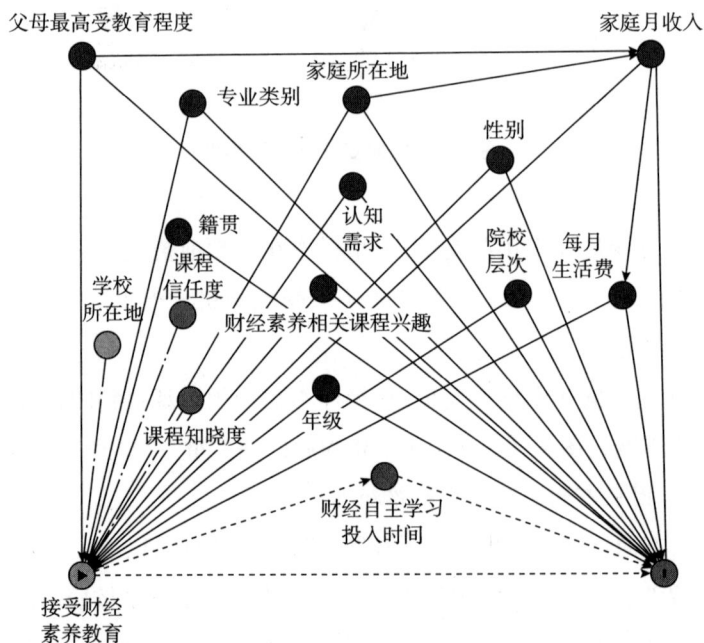

图 4-2 财经素养教育对大学生财经素养影响的因果有向无环图

4.3.2　Heckman 两阶段模型

运用 Logistic 回归模型来分析大学生财经素养教育的选择行为。第一阶段的决策模型可表示为：

$$C_i^* = \mathbf{Z}_i\boldsymbol{\alpha} + u_i \text{ with } C_i = \begin{cases} 1, & \text{if } C_i^* > 0 \\ 0, & \text{if } C_i^* \leq 0 \end{cases} \tag{4.1}$$

其中，C_i^* 为潜变量，其含义为接受财经素养教育后的财经素养与未接受财经素养教育的财经素养之差，它由一系列因素 $\mathbf{Z}_i$ 解释；$\boldsymbol{\alpha}$ 为待估系数，u_i 为随机扰动项。式（4.1）中，当 $C_i^* > 0$ 时，大学生接受财经教育，即观察到 $C_i^* = 1$；否则大学生未选择接受财经教育，此时，$C_i^* = 0$。

考虑到 OLS 估计可能存在的样本选择偏差，需要将式（4.1）中计算得到的逆米尔斯比（λ）作为第二阶段回归的修正系数，并将 λ 与 $\mathbf{Z}_i$ 纳入第二阶段的回归，表达式如下：

$$Y_i = \mathbf{X}_i\boldsymbol{\beta} + \lambda\alpha + \eta_i \tag{4.2}$$

其中，Y_i 表示大学生财经教育接受强度（即第二阶段回归被解释变量），α、$\boldsymbol{\beta}$ 为待估计参数。如果系数 α 显著，则说明存在选择偏差。

4.3.3　内生转换回归模型

大学生是否接受财经素养教育会受到大学生的个体特征、家庭因素以及学校特征的影响。此外，大学生可能同时受到学校财经素养教育、家庭相关教育或自主财经学习所带来的影响。为克服大学生个体之间的内生性，精准识别财经素养教育的净效应，本章采用内生转换回归模型估计财经素养教育对不同初始禀赋大学生财经素养水平的提升效应差异。

假定结果变量为线性方程，那么接受财经素养教育对大学生财经素养水平的影响可表示为：

$$Y_i = \mathbf{X}_i\boldsymbol{\gamma} + \boldsymbol{\delta}C_i + v_i \tag{4.3}$$

其中，Y_i 表示大学生的财经素养，$\mathbf{X}_i$ 表示一系列影响大学生财经素养的控制变量。γ、$\boldsymbol{\delta}$ 为待估计参数，v_i 为误差项。参数 δ 用来衡量是否接受财经素养教育对大学生财经素养水平的影响。

ESR 使用完全信息极大似然估计（Full-information Maximum Likelihood, IML）来衡量大学生财经素养教育的选择行为和财经素养教育对大学生财经素养的异质性影响。大学生面临两种选择（是否接受财经素养教育）的内生转换回归模型（大学生财经素养水平的决定方程）定义如下：

$$Y_{1i} = X_{1i}\beta_1 + \varepsilon_{1i}, \text{ if } C_i = 1 \tag{4.4}$$

$$Y_{0i} = X_{0i}\beta_1 + \varepsilon_{0i}, \text{ if } C_i = 0 \tag{4.5}$$

其中，X_{1i}、X_{0i} 为外生协变量，β_1、β_0 为待估计的参数，ε_{1i}、ε_{0i} 为随机扰动项。

为识别内生转换模型，选择模型［方程（4.1）］需要包含至少一个不同于上述协变量的识别变量[204]。有效的识别变量会影响大学生是否接受财经素养教育的选择，但同时又不会直接对大学生的财经素养产生影响[205]。因此，选择大学生高等院校的地理位置（西部地区=1）和行政区划（地级市=1）作为识别变量。通常情形下，被试者所在高等院校的地理位置及其大学所在地的行政区划不会直接影响被试者的财经素养。但被试者大学所在地的经济区域越发达、行政级别越高，其接受财经素养教育的机会也会越多[150]。因此，地理位置或行政区划不同的高等院校只可能通过其所提供的财经素养教育进而间接影响被试者的财经素养。

识别变量回归分析结果表明，被选择的识别变量是有效的：它会影响大学生财经素养教育的选择行为，相应的统计量分别为［$\chi^2 = 30.2$，$p = 0.000$］、［$\chi^2 = 17.21$，$p = 0.000$］，但其对大学生财经素养的影响不显著［$F = 1.65$，$p = 0.177$］、［$F = 1.29$，$p = 0.489$］。这与因果有向无环图中的输出结果保持一致，进一步说明了识别变量的稳健性。

因为条件误差项（η_1 与 η_0）的期望不为零[204]，因此对 β_0 与 β_1 的估计可能是有偏的。式（4.1）、式（4.4）和式（4.5）的误差项被假定为均值向量为零。协方差矩阵如下：

$$\Sigma = \text{cov}(\eta, \varepsilon_1, \varepsilon_0) = \begin{pmatrix} \sigma_\eta^2 & \sigma_{\eta 1} & \sigma_{\eta 0} \\ \sigma_{\eta 1} & \sigma_1^2 & \cdot \\ \sigma_{\eta 0} & \cdot & \sigma_0^2 \end{pmatrix} \tag{4.6}$$

其中，$\sigma_\eta^2 = \text{var}(\eta)$，$\sigma_1^2 = \text{var}(\varepsilon_1)$，$\sigma_0^2 = \text{var}(\varepsilon_0)$，$\sigma_{\eta 1} = \text{cov}(\eta, \varepsilon_1)$，

$\sigma_{\eta 0} = \text{cov}$ （$\boldsymbol{\eta}$，ε_0）。假定 σ_η^2 等于 1，由于 Y_{1i} 与 Y_{0i} 不可能被同时观测，所以无法定义 ε_{1i} 与 ε_{0i} 之间的协方差。u_i［在式（4.1）中］同 ε_{1i} 与 ε_{0i}［在式（4.4）和式（4.5）中］相关，而在样本选择条件下 ε_1 与 ε_0 的期望值不为零[205]。

$$E(\varepsilon_{1i} \mid C_i = 1) = \sigma_{1\eta} \frac{\phi(\boldsymbol{Z}_i \boldsymbol{\alpha})}{\Phi(\boldsymbol{Z}_i \boldsymbol{\alpha})} \equiv \sigma_{1\eta} \lambda_{1i}$$

$$(4.7)$$

$$E(\varepsilon_{0i} \mid C_i = 0) = -\sigma_{0\eta} \frac{\phi(\boldsymbol{Z}_i \boldsymbol{\alpha})}{1 - \Phi(\boldsymbol{Z}_i \boldsymbol{\alpha})} \equiv \sigma_{0\eta} \lambda_{0i}$$

其中，$\phi(\boldsymbol{Z}_i \boldsymbol{\alpha})$ 与 $\Phi(\boldsymbol{Z}_i \boldsymbol{\alpha})$ 表示协方差为 $\boldsymbol{Z}_i \boldsymbol{\alpha}$ 的标准正态分布的密度函数和累积密度函数。$\frac{\phi(\boldsymbol{Z}_i \boldsymbol{\alpha})}{\Phi(\boldsymbol{Z}_i \boldsymbol{\alpha})}$（用 λ_{1i} 表示）与 $-\frac{\phi(\boldsymbol{Z}_i \boldsymbol{\alpha})}{1 - \Phi(\boldsymbol{Z}_i \boldsymbol{\alpha})}$（用 λ_{0i} 表示）则为来自不可观测变量的选择偏差，即为逆米尔斯比（Inverse Mills Ratios，IMR），这就是说，如果 $\sigma_{1\eta}$ 与 $\sigma_{0\eta}$ 显著不为零，则有必要纠正由不可观测变量引起的样本选择偏差。

基于 ESR 估计结果可进行财经素养教育对大学生财经素养提升效应的反事实分析。运用估计系数通过反事实分析框架比较"接受者"与"未接受者"在现实与反事实两种情境下的财经素养差异，以此来评估财经素养教育对大学生财经素养的异质性影响。

在现实情境下，接受财经素养教育的大学生（处理组）的财经素养期望值如下所示：

$$E(Y_{1i} \mid C_i = 1) = \boldsymbol{X}_{1i} \boldsymbol{\beta}_1 + \sigma_{1\eta} \lambda_{1i} \qquad (4.8)$$

在现实情境下，未接受财经素养教育的大学生（控制组）的财经素养期望值如下所示：

$$E(Y_{0i} \mid C_i = 1) = \boldsymbol{X}_{1i} \boldsymbol{\beta}_0 + \sigma_{0\eta} \lambda_{1i} \qquad (4.9)$$

在反事实情境下，处理组在未接受财经素养教育的情形下的财经素养期望值为：

$$E(Y_{0i} \mid C_i = 0) = \boldsymbol{X}_{0i} \boldsymbol{\beta}_1 + \sigma_{1\eta} \lambda_{0i} \qquad (4.10)$$

在反事实情境下，控制组在接受财经素养教育的情形下的财经素养期望值为：

$$E(Y_{1i} \mid C_i = 0) = \boldsymbol{X}_{0i} \boldsymbol{\beta}_0 + \sigma_{0\eta} \lambda_{0i} \qquad (4.11)$$

那么，处理组的平均处理效应（ATT）可用式（4.8）与式（4.9）之差来表示：

$$TT = (Y_{1i} \mid C_i = 1) - (Y_{0i} \mid C_i = 1)$$
$$= X_{1i}(\beta_1 - \beta_0) + \lambda_{1i}(\sigma_{1\eta} - \sigma_{0\eta})$$

(4.12)

相应地，控制组的平均处理效应（ATU）可用方程（4.11）之差来表示：

$$TU = (Y_{1i} \mid C_i = 0) - (Y_{0i} \mid C_i = 0)$$
$$= X_{0i}(\beta_1 - \beta_0) + \lambda_{0i}(\sigma_{1\eta} - \sigma_{0\eta})$$

(4.13)

除此以外，财经素养教育对处理组与控制组的财经素养的提升效应存在差异。例如，处理组可能会由于具有某些不可观测特征而比控制组大学生财经素养提升得更多或者更少。

在现实情境下，处理组与控制组的财经素养之差即为处理组的"基础异质性效应"（BH_1）。可用式（4.8）与式（4.11）之差来表示：

$$BH_1 = (Y_{1i} \mid C_i = 1) - (Y_{1i} \mid C_i = 1)$$
$$= (X_{1i} - X_{0i})\beta_{1i} + \sigma_{1\eta}(\lambda_{1i} - \lambda_{0i})$$

(4.14)

在反事实情境下，控制组与处理组的财经素养之差即为控制组的"基础异质性效应"（BH_2）。控制组的"基础异质性影响"可表示为式（4.9）与式（4.10）之差：

$$BH_2 = (Y_{0i} \mid C_i = 1) - (Y_{0i} \mid C_i = 0)$$
$$= (X_{1i} - X_{0i})\beta_{0i} + \sigma_{0\eta}(\lambda_{1i} - \lambda_{0i})$$

(4.15)

处理组与控制组的平均处理效应之差即为"过渡异质性"（TH）效应。TH可用式（4.12）与式（4.13）之差表示。可采用TH计算财经素养教育对处理组与控制组的财经素养提升效应差异。

$$TH = ATT - ATU$$

(4.16)

4.4 财经素养教育效果评价的结果分析

采用统计软件Stata17.0展开财经素养教育效果评价的结果分析。首先，运用Heckman两阶段模型估计财经素养教育认知对大学生财经素养教育选择行为及其参与程度的影响。同时，使用 Tobit 模型进行对比分析和稳健性检验。其次，运用 ESR 回归分析接受财经素养教育对大学生财经素养提升的平均处理效应并进行"反事实"估计。最后，探究了财经素养教育对大学生财经自我盲区的影响。此过程除了探索财经素养教育对财经认知盲区的影响，还将财经认知盲区细分为财经过度自信和财经过度保守，并综合 ESR、OLS、Logistic 回归多种方法进行对比分析。

4.4.1　财经素养教育认知与选择

Heckman 两阶段模型估计结果显示（见表 4-3），逆米尔斯比率（λ）估计值在 1% 的统计水平上显著，证实了样本存在选择偏差。表明不可观测因素同时影响了大学生的财经素养教育选择行为及其财经素养，必须对样本存在的选择偏差进行修正，以避免系数估计偏误，这验证了运用 Heckman 两阶段模型的合理性和必要性。此外，Heckman 两阶段模型中 Wald 检验值在 1% 的统计水平上显著，说明模型的整体回归系数显著。

表 4-3　大学生财经素养教育选择行为的影响因素

模型变量		Heckman 两阶段		Tobit 模型
		是否接受 FLE	FLE 接受强度	
财经认知	较高兴趣	0.480 ***	0.195 *	0.387 ***
		(0.116)	(0.105)	(0.0940)
	较高认知需求	0.176 *	0.412 ***	0.513 ***
		(0.105)	(0.131)	(0.103)
个体特征	男性	−0.120	−0.0343	−0.134 *
		(0.108)	(0.0863)	(0.0713)
	理工类	0.435 ***	−0.0153	0.320
		(0.147)	(0.249)	(0.221)
	经管类	1.768 ***	−0.322	0.557 ***
		(0.120)	(0.333)	(0.196)
	每月生活费<1000 元	−0.0445	0.0582	0.0972
		(0.0819)	(0.115)	(0.139)
	每月生活费 1000~2000 元	0.151	0.0189	0.123
		(0.177)	(0.265)	(0.246)

续表

模型 变量		Heckman 两阶段		Tobit 模型
		是否接受 FLE	FLE 接受强度	
个体特征	每月生活费 2000~3000 元	0.597 * (0.315)	−0.342 (0.208)	−0.0859 (0.181)
	大二	0.410 ** (0.175)	−0.187 (0.157)	−0.0281 (0.123)
	大三	0.383 *** (0.0900)	−0.0636 (0.154)	0.0975 (0.171)
	大四	0.590 *** (0.132)	−0.0952 (0.117)	0.154 (0.133)
	农村	−0.0304 (0.0946)	0.0483 (0.131)	0.0653 (0.136)
家庭特征	家庭收入<5000 元	0.163 (0.138)	−0.196 (0.132)	−0.0854 (0.126)
	家庭收入 5000~10000 元	0.293 ** (0.144)	−0.128 (0.137)	−0.00318 (0.142)
	家庭收入>10000 元	0.311 * (0.170)	0.0152 (0.126)	0.0917 (0.104)
	父母最高受教育程度为高中	0.0547 (0.128)	0.0149 (0.120)	0.0461 (0.117)
	父母最高受教育程度为本科及以上	−0.150 (0.118)	−0.0181 (0.123)	−0.0315 (0.129)
学校特征	重点院校	0.00568 (0.101)	0.0329 (0.104)	0.0620 (0.107)
	地级市	−0.462 *** (0.113)		
常数项		−1.665 *** (0.176)	3.809 *** (0.532)	2.224 *** (0.313)
λ			−0.760 (0.243)	
Wald χ^2			7.810	
Pseudo R^2				0.023

注：FLE 代表财经素养教育；括号内为稳健标准误；*** 表示 $p<0.01$，** 表示 $p<0.05$，* 表示 $p<0.1$。

财经素养教育认知对大学生是否接受财经素养教育及其实际接受程度有显著影响。对财经素养教育（课程）兴趣相对浓厚的大学生会更倾向于选择接受财经素养教育，同时，他们在选择接受财经素养教育之后，也会更积极地参与财经素养教育（课程）。类似地，认知需求对大学生接受财经素养教育的倾向与实际接受程度具有正向影响。该结论与 Fernandes 等[11] 的研究结论一致。Fernandes 等[11] 的研究表明，认知需求与财经素养密切相关。

从社会人口学特征来看，选择接受财经素养教育无明显性别差异。但与男生相比，女性接受财经素养教育后的实际接受强度会更高。可能的原因是，女生感知财经素养较低[23, 39, 107]，因此会更愿意在选择接受财经素养教育之后持续参与其中。年级也会对大学生是否接受财经素养教育产生显著影响。与低年级学生相比，高年级大学生会更倾向于选择接受财经素养教育，可能的原因是，随着生活上的逐渐独立，高年级大学生也会逐渐寻求财务上的独立。在寻求财务独立的情况下，他们对个人财务的理解也会更加深入，同时，他们对财经知识的需求也会随之增加。因此，高年级学生会更趋向于选择接受财经素养教育。每月生活费相对较高的大学生会更倾向于选择接受财经素养教育，分析其原因，更高的月生活费在一定程度上代表了大学生的家庭经济地位较高，即其父母的财经素养可能也更高，因此，大学生可能会通过父母的感染而增强对财经类知识的兴趣。同时，更高的月生活费也会促进大学生的投资理财需求，进而增加了其对财经素养教育的需求。

就家庭层面的影响因素而言，较高的家庭月收入会显著增加大学生接受财经素养教育的倾向。分析其原因，经济水平越高的家庭成员对投资理财的需求越多，而大学生在与其父母沟通交流过程中会增加其对财经知识的兴趣，进而增加了其对正式财经素养教育的需求。

从学校层面来看，高等院校所在地会对大学生接受财经素养教育产生显著影响。相较于学校在直辖市的大学生，学校位于地级市的大学生选择接受财经素养教育的可能性会更低。

4.4.2　大学生财经素养的提升效应分析

大学生接受财经素养教育的选择模型及财经素养的决定方程的联立估计结果如表 4-4 所示。根据表 4-4 中的结果，选择模型与结果方程系数 ρ_j 分别在 10%

和1%的显著性水平上显著，表明样本存在选择偏差，如果不进行修正将会导致系数估计偏误。

表4-4 财经素养教育对大学生财经素养的影响

模型变量		Heckman 两阶段		Tobit 模型
		是否接受 FLE	FLE 接受强度	
财经认知	较高兴趣	0.493***	0.0801	0.0831
		(0.116)	(0.101)	(0.134)
	较高认知需求	0.161*	−0.103**	−0.0436
		(0.0974)	(0.0507)	(0.153)
个体特征	男性	−0.164	−0.0697	−0.0746
		(0.101)	(0.0904)	(0.118)
	理工类	0.412***	−0.138	−0.298
		(0.137)	(0.169)	(0.189)
	经管类	1.723***	−0.0926	−0.414
		(0.142)	(0.204)	(0.382)
	每月生活费≤1000元	−0.0196	0.133*	−0.0457
		(0.0800)	(0.0702)	(0.0913)
	每月生活费1000<x≤2000元	0.220	0.0214	−0.192
		(0.154)	(0.0921)	(0.173)
	每月生活费2000<x≤3000元	0.763***	−0.352	−0.765***
		(0.272)	(0.244)	(0.195)
	大二	0.473***	−0.229**	0.0490
		(0.173)	(0.0940)	(0.127)
	大三	0.404***	−0.0919	0.408**
		(0.0992)	(0.0738)	(0.178)
	大四	0.589***	−0.171*	0.282**
		(0.145)	(0.0902)	(0.140)
	农村	−0.0117	−0.0944	0.116
		(0.0985)	(0.0989)	(0.103)
家庭特征	家庭月收入≤5000元	0.203	−0.116	−0.106
		(0.128)	(0.123)	(0.102)
	家庭月收入5000~10000元	0.263**	−0.0438	−0.0563
		(0.129)	(0.0774)	(0.124)

续表

模型 变量		Heckman 两阶段		Tobit 模型
		是否接受 FLE	FLE 接受强度	
家庭特征	家庭月收入>10000 元	0.277**	0.195	0.179
		(0.133)	(0.145)	(0.144)
	父母最高接受教育程度为高中	0.0769	-0.168*	-0.0420
		(0.124)	(0.0884)	(0.139)
	父母最高接受教育程度为本科及以上	-0.109	-0.0889	-0.0695
		(0.112)	(0.109)	(0.121)
学校特征	重点院校	0.0327	0.128*	0.335**
		(0.0937)	(0.0776)	(0.132)
	地级市	-0.405***		
		(0.112)		
	西部地区	0.271***		
		(0.0765)		
常数项		-1.821***	-0.0733	0.609
		(0.196)	(0.165)	(0.658)
σ_i			1.073	0.829
			(0.111)	(0.064)
ρ_j			-0.736	-0.304
			(0.218)	(0.235)

注：观测数为 1115；括号中为稳健性标准误；系数 σ_i 表示结果式（4.4）和式（4.5）中误差项 η_{ji} 的方差平方根，ρ_j 表示选择式（4.1）中的误差项 ε_i 和结果式（4.4）和式（4.5）的误差项 η_{ji} 之间的相关系数；*** 表示 $p<0.01$，** 表示 $p<0.05$，* 表示 $p<0.1$。

将学校所在地作为识别变量引入大学生接受财经素养教育的决策模型中。解决了内生性之后，关键自变量与控制变量的显著性和影响方向与 Heckman 选择模型和 Tobit 回归估计结果基本一致，说明该估计结果比较稳健。

4.4.2.1　是否接受财经素养教育对大学生财经素养的影响

对比接受财经素养教育大学生（以下简称"接受者"）与未接受财经素养教育大学生（以下简称"未接受者"）的财经素养决定方程发现，不同解释变量对财经素养的影响差异会同时表现在估计系数大小和显著性水平上，这也说明了最小二乘法回归模型估计的缺陷，具体来看：

（1）就财经素养教育认知而言，认知需求对接受者财经素养的影响不明显，但却显著影响未接受者的财经素养。有较高认知需求的未接受者的财经素养会显著低于样本中一般大学生的财经素养。这说明仅具有较高的认知需求不能保证个体有良好的财经素养。与样本中有中等认知需求的大学生相比，较高的认知需求对于财经素养的提升不具有明显优势。

（2）从个体特征来看，年级对接受者的影响为正，而对未接受者的影响显著为负。根据计划行为理论[93]，高年级接受者会在生活的独立中逐渐寻求财务上的独立，对财经知识需求的增加会促使其财经态度发生转变并付诸实践，使其在实践过程中不断地提升财经能力。因此，其会表现出比样本中一般大学生更高的财经素养[139]。另外，高年级的未接受者的注意力可能更多地集中在就业或升学方面，积累财经素养的内生动力不足，因此，其会表现出比样本中一般大学生更低的财经素养。

（3）从家庭层面来看，根据社会学习理论[97]和自我决定理论[98]，那些拥有高中学历父母的未接受者可能并未意识到自身财经素养的缺乏，因此在课外对与财经素养提升的投入较一般大学生更少，因此，其具有低于样本中一般大学生的财经素养。

（4）从学校层面来看，重点院校大学生的财经素养提升显著高于非重点院校大学生，这与现有研究结论一致[151]。财经素养与个体的数学能力高度相关[12,107]，而重点院校的大学生其高考成绩普遍较高，由此推论，其数学水平可能高于非重点院校的大学生，同时其财经素养自我提升效能可能会更高，因而重点院校大学生的财经素养相对较高。

4.4.2.2　两种情境下的财经素养提升效应估计

为估计接受财经素养教育对大学生财经素养的影响，分别使用式（4.8）和式（4.9）计算消除样本选择偏差后两组样本的财经素养，并根据式（4.10）和式（4.11）测算接受和未接受财经素养教育的大学生在两种"反事实"情境下的财经素养。利用式（4.12）和式（4.13）计算可得：$TT = 0.54$，$TU = 1.28$，其意义明显，接受财经素养教育显著提升了大学生的财经素养，且未接受财经素养教育的大学生如果接受财经素养教育，其财经素养的提升效应会更加显著。

内生转换模型结果显示出了在现实情况中和在反事实框架下估计的大学生财经素养（见表4-5）。单元格（a）与单元格（b）表示在样本中观察到的大学生财经素养估计值，即接受财经素养教育的大学生（以下简称"接受者"）和未接受财经素养教育（以下简称"未接受者"）的大学生的财经素养估计得分分别为 0.075 分和−0.122 分。当不考虑样本潜在的异质性时，可以得出的结论是，与"未接受者"相比，"接受者"的财经素养平均得分要高出 0.197 分，如此将会得出可能存在误导性的相关结论。

表 4-5　大学生财经素养的提升效应差异

学生类型/处理效应	是否接受财经教育		处理效应
	是	否	
接受财经教育	(a) 0.075	(c) −0.464	TT = 0.540 ***
	(0.012)	(0.008)	(0.015)
未接受财经教育	(d) 1.161	(b) −0.122	TU = 1.274 ***
	(0.016)	(0.010)	(0.018)
异质性效应	−1.085 ***	−0.351 ***	TH = −0.734 ***
	(0.020)	(0.012)	(0.004)

注：括号中为稳健性标准误；＊＊＊表示 $p < 0.01$。

在反事实假设（c）下，"接受者"如果未接受财经素养教育，其财经素养得分将会大幅度下降；在反事实情形（d）下，"未接受者"若接受财经素养教育，其财经素养得分将会大幅度提升。换句话说，假如"接受者"未接受财经素养教育（c），其财经素养得分将降至比"未接受者"（d）还要低很多；而"未接受者"如果接受财经素养教育，其财经素养得分将远远超过"接受者"的财经素养得分。综上所述，财经素养教育显著提升了大学生的财经素养。

表 4-5 中过渡异质性的结果为负，说明在反事实情况下，"未接受者"如果接受财经素养教育，其财经素养的提升幅度要远大于"接受者"。这表明存在一些重要的异质性来源，在反事实情况下，使"未接受者"相比"接受者"成为更好的财经素养教育"获得者"。可能的原因是，根据财经素养互补理论，由于学校财经素养教育并非财经素养提升的唯一渠道，样本中的"未接受者"可能会通过自学或家庭教育等其他方式提升其财经素养。同时，感知财经素养与客观财经素养密切相关[39]，如此，"未接受者"会认为自己已具备良好的财经素养而无须（可有可无或非必要）接受学校财经素养教育。因此，假若"未接受者"

接受了学校财经素养教育，他们将获得比"接受者"更为显著的财经素养提升。

为更直观地反映大学生财经素养的提升效应，可绘制概率密度分布图来描述"接受者"和"未接受者"的财经素养（见图4-3）。图4-3（a）显示，"接受者"如果未接受财经素养教育，其财经素养的概率密度分布曲线明显左移，"接受者"在不接受财经素养教育的"反事实情境"下，其财经素养将显著降低（TT=0.54）。图4-3（b）显示，"未接受者"在接受财经素养教育的"反事实情境"下，其财经素养的概率密度分布函数曲线将大幅度右移，说明"未接受者"如果接受财经素养教育，其财经素养将会明显提升（TU=1.28）。

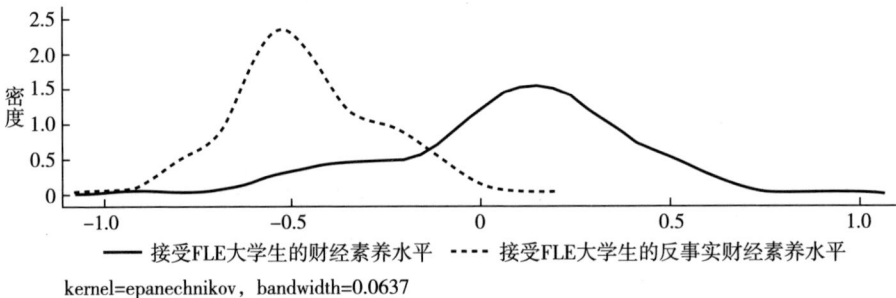

kernel=epanechnikov，bandwidth=0.0637

（a）

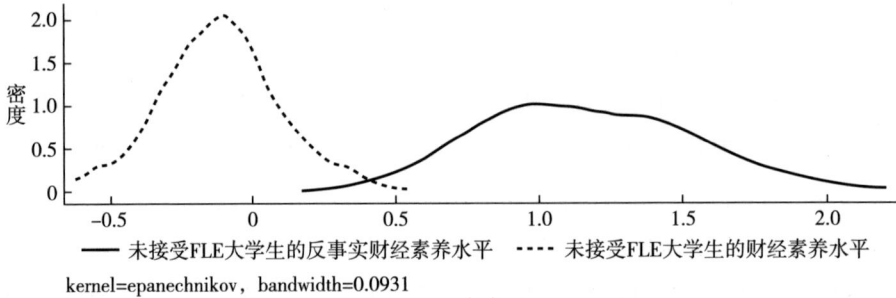

kernel=epanechnikov，bandwidth=0.0931

（b）

图4-3 两种情境下大学生财经素养的概率密度

除此以外，随着普惠金融的发展以及接受财经素养教育后的时间推移，财经素养的提升效应可能会逐渐减弱[11, 37]，而上述结果表明，在不考虑社会层面或时间效应等其他可能影响因素的情况下，在反事实假设下，"接受者"若未接受财经素养教育，其财经素养下降明显（TT=0.54）；"未接受者"若接受财经素养教育，其财经素养的提升效应会明显高于接受者（TU=1.28）。即财经素养教育仍存在较明显的财经素养提升效应，说明我国高等院校财经素养教育的接受率尚未达到饱和，政府有关部门仍需扩大高等院校财经素养教育的普及范围，着重鼓励尚未接受财经素养教育的大学生积极参与财经素养教育。

4.4.3 大学生财经认知盲区的影响分析

运用内生转换模型检验接受财经素养教育对大学生财经认知盲区的影响。ESR 回归结果显示，σ_0、σ_1 均在 1% 的水平上显著不为零，表明不可观测因素会影响大学生财经素养教育的选择行为，需修正选择性偏差以避免系数估计偏误，但是，Wald 检验未能拒绝选择方程和结果方程相互独立的原假设，即财经素养教育可能会扩大大学生的财经自我认知盲区（见图 4-4），尽管其结果在统计学上并不显著。

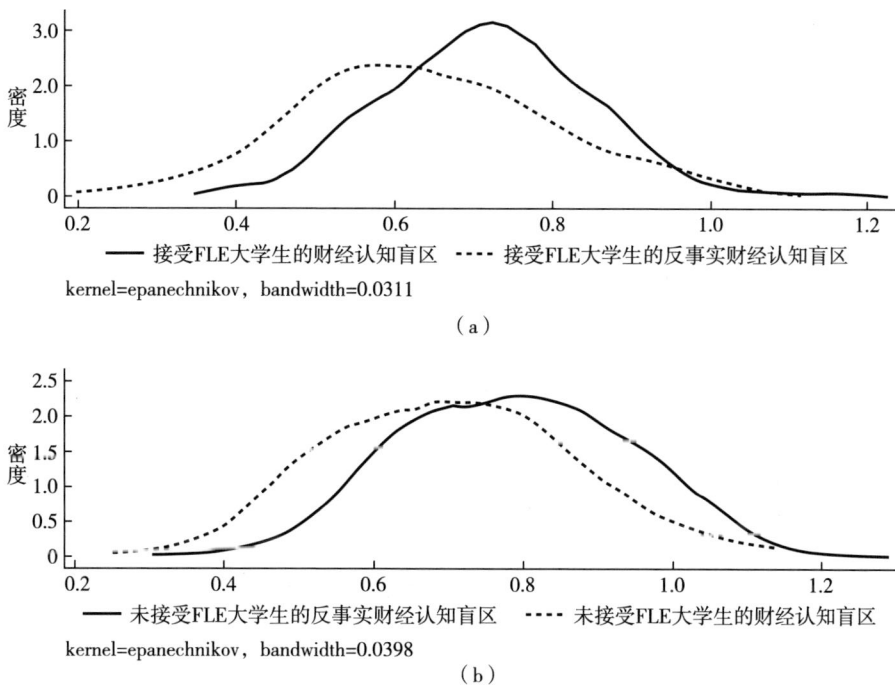

图 4-4 两种情境下大学生财经自我认知盲区的概率密度

运用 OLS 回归进一步分析，结果表明，财经素养教育对大学生财经自我认知盲区的影响不显著（系数 = 0.003），这与前文数据概况描述的结果保持一致。

细分财经自我认知盲区为财经过度自信、财经认知盲点和财经过度保守,分别运用 Logistic 回归分析财经素养教育对大学生财经自我认知偏差的可能影响。结果显示(见表4-6),财经素养教育不会导致大学生过度自信,相反,财经素养教育会导致大学生财经自我认知的过度保守,这与前文数据概况描述的结果保持一致。

表4-6 财经素养教育对大学生财经自我认知偏差的影响

变量	(1)	(2)	(3)
	财经过度自信	财经认知盲点	财经过度保守
接受财经素养教育	-0.169	0.125	0.682***
	(0.129)	(0.413)	(0.173)
常数项	-0.662***	-3.848***	-2.022***
	(0.096)	(0.320)	(0.142)
控制变量	√	√	√
省份固定效应	√	√	√
观测值	1115	1115	1115

注:表中结果展示了 Logistic 回归系数;括号中为稳健性标准误; *** 表示 $p<0.01$。

通常情况下,过度自信与众多的次优财经行为密切相关[21, 38, 157]。过度不自信(感知财经素养偏保守)和主客观财经素养估计一致的个体具有相似的借贷行为[38]。但 Cupak 等[22] 的研究结果表明,财务自信是个体风险金融市场参与的重要决定因素。Anderson 等[62] 发现,财经自我认知是财经行为的决定因素,较低的财务自信会导致个体对金融产品的认知偏差并降低其接受财经建议的意愿。因此,在财经素养教育的开展过程中,仍需重视大学生感知财经素养的提升,避免其财经自我认知的过度保守。

4.5 稳健性检验

综合运用广义精确匹配法(Coarsened Exact Matching, CEM)、工具变量

（IV+Probit IV）法、因变量替换和补充变量法等方法检验财经素养教育效应估计的稳健性，按对应的效应估计划分如下：

（1）运用 CEM、因变量替换法、工具变量法（IV）和补充变量法检验大学生财经素养提升效应估计的稳健性。

（2）运用 IV-Probit 和补充变量法进行大学生财经认知盲区影响的稳健性分析。

4.5.1　广义精确匹配与因变量替换法

运用 CEM 和因变量替换法进行大学生财经素养提升效应的稳健性检验，过程如下：

（1）以财经知识（CTT 模型计算）作为大学生财经素养的代理变量[27]，运用 CEM 估计大学生财经素养的提升效应。计算结果表明，统计量接近于 0，表明两组之间协变量平衡程度良好，对照组与处理组分别有 111（未接受财经素养教育样本数量=479）与 157（接受财经素养教育样本数量=636）个观测值得到成功匹配。大学生财经素养提升效应明显（1.006***）。与 ESR 估计结果对比后发现，在不考虑财经态度与财经能力的情况下，财经素养教育对大学生财经素养的提升效应会被高估。

（2）将财经知识、态度与能力得分求和（CTT 模型）作为大学生财经素养得分[60, 136]，运用 CEM 估计大学生财经素养的提升效应。计算结果同样证实了大学生财经素养水平的提升效应显著（0.986**）。

综上所述，CEM 计算结果与前文 ESR 模型估计结果保持一致，说明了 ESR 模型设定的准确性与大学生财经素养提升效应估计结果的稳健性。

4.5.2　工具变量法

探究财经素养教育对大学生财经素养提升与财经认知盲区的影响可能会存在内生性的问题。第一，大学生财经素养可能会受到某些不可观测因素的影响，同时，这些不可观测因素的影响也可能会影响大学生的财经素养及其财经认知盲区。第二，财经素养教育与大学生财经素养可能会存在反向因果关系，即较高（感知）财经素养的大学生可能更倾向于选择接受财经素养教育。

考虑到财经素养的内生性问题，本章采用大学生的高校所在地作为工具变量进行回归。工具变量的选择与前文识别变量的确定过程类似，至此不再赘述。

（1）财经素养提升效应的稳健性检验。表4-7中的计算结果表明，引入工具变量后，大学生的院校所在地仍与其是否接受财经教育显著相关。接受财经素养教育能显著提升大学生的财经素养。在两阶段回归中，一阶段回归的 F 统计量的结果分别为 69.11 和 50.94，因此，排除了可能存在的弱工具变量问题。工具变量（IV）回归结果与上文 ESR 模型估计保持一致（见表4-7），再次证实了模型设定与结果分析的稳健性。

表 4-7　（财经素养教育）工具变量检验——学校所在地

变量	接受财经素养教育	财经素养	接受财经素养教育	财经素养
地级市	-0.300^{***} -0.069			
西部地区			0.207^{***} -0.029	
工具变量		0.538^{**} -0.238		0.862^{**} -0.282
控制变量	√	√	√	√
省份固定效应	√	√	√	√
Adj R^2	0.0564		0.0429	
Wald 检验值	5.5		9.33	
p-Value	0.019		0	
F-Value	69.11		50.94	
观测数	1115		1115	

注：括号内为稳健性标准误；$***$ 表示 $p<0.01$，$**$ 表示 $p<0.05$。

（2）财经素养教育对大学生财经认知盲区影响的稳健性检验。运用 IV-Probit（Instrumental Variable Probit）检验财经素养教育对大学生财经自我认知偏差影响的稳健性。IV-Probit 回归结果表明，财经素养教育不会引起大学生财经过度自信，相反，财经素养教育可能会导致大学生财经过度不自信（地级市为 1.295^{***}，西部地区为 1.439^{***}），即其会使大学生形成比较保守的财经自我认知。

4.5.3 补充变量法

将自主学习财经知识纳入 ESR 回归模型，通过与基线 ESR 回归模型结果对比，旨在排除自主学习财经知识对大学生财经素养提升和财经认知盲区的潜在影响，以获取大学生财经素养提升和财经认知盲区的影响净效应。

（1）自主学习财经知识对财经素养提升效应的影响。将自主学习财经知识纳入 ESR 模型后发现，与表 4-4 中的结果类似，两种情境下的大学生财经素养提升效应分别为 $TT = 0.64$、$TU = 1.22$。ESR 估计结果表明，第一，接受财经素养教育显著提升了大学生的财经素养水平，且未接受财经素养教育的大学生如果接受财经素养教育，其财经素养水平的提升效应会更加显著。第二，自主学习财经知识增强了接受者财经素养水平的提升效应（18.5%），但会削弱未接受者财经素养水平的提升幅度（4%）。这说明自主学习财经知识可被视为财经素养教育的补充。同时，仅依靠自主学习财经知识带来的财经素养水平的提升效果有限。

（2）自主学习财经知识对财经认知盲区的影响。考虑自主学习财经知识后，ESR 回归分析结果表明，$TT = 0.32$，$TU = 0.35$。而未考虑自主学习财经知识的影响时，$TT = 0.28$，$TU = 0.30$。这说明自主学习财经知识可能会扩大样本中所有大学生的财经认知盲区。进一步地，在考虑自主学习财经知识后，Logistic 回归结果与前文结果保持一致，这也间接地证实了财经素养教育会导致大学生自我财经认知的过度保守。

4.6 本章小结

基于 1115 份微观大学生财经素养调查数据，第一，运用 Heckman 两阶段模型和 Tobit 回归分析了大学生财经素养教育认知对其财经素养教育选择行为的影响。第二，通过构建反事实分析框架，运用内生转换模型分析了大学生接受财经素养教育的决定因素，并探究了接受财经素养教育对财经素养教育接受者（"接受者"）与未接受财经素养教育者（"未接受者"）的财经素养提升差异。第三，综合 ESR、OLS、Logistic 多种回归方法展开了对比分析，探究了财经素养教育对大学生财经认知盲区的影响。第四，运用工具变量法、广义精确匹配、替换因变量，稳健性检验结果进一步证实了财经素养教育对大学生财经素养的提升及其对大学生财经自我认知过度保守的显著影响。第五，补充变量法中，为了排除自主学习财经知识对大学生财经素养提升效应与财经认知盲区的影响，将自主学习财经知识纳入 ESR 模型，并与基线 ESR 模型结果进行了对比分析和稳健性检验。研究结果表明：

（1）对财经素养教育的认知与财经素养教育的选择行为显著正相关。大学生对财经素养教育的认知水平越高，接受财经素养教育的行为倾向和财经素养教育的实际参与程度的可能性越高。大学生财经素养的提升效应明显，且受个体特征和学校特征影响显著。

（2）在反事实情况下，"未接受者"如果接受财经素养教育，其财经素养的提升要远大于接受财经素养教育的大学生。这表明存在一些重要的异质性来源，在反事实情况下，使"未接受者"相比"接受者"成为更好的财经素养教育"获得者"。根据第 2 章中提出的财经素养提升互补替代理论框架，推测其可能的原因是，由于学校财经素养教育并非大学生财经素养提升的唯一渠道，样本中"未接受者"可能会通过自主学习财经知识或家庭财经教育等其他方式提升其财经素养。因此，假若这类群体接受了学校财经素养教育，他们将获得比"接受者"更加显著的财经素养提升。这也间接说明了我国高等院校财经素养教育的接受率尚未达到饱和，政府有关部门仍需扩大高等院校财经素养教育的普及范围，着重鼓励尚未接受财经素养教育的大学生积极参与财经素养教育。

（3）自主学习财经知识能明显强化财经素养教育效果。但是，仅依靠自主学习财经知识带来的财经素养提升效果有限，即二者之间存在互补作用，而非相互替代作用。

（4）财经素养教育不会导致大学生的财经过度自信，相反，财经素养教育可能会导致大学生对自我财经认知的过度保守。对此，高校在开展财经素养教育的过程中，还需重视大学生感知财经素养的提升，以增进其财务自信。

第 5 章 大学生财经行为影响机制分析

财经素养教育的最终目的是改善大学生财经行为，使其财务健康并增加其财经福祉。评价财经素养教育对大学生财经行为的影响，不仅需要探究财经素养教育是否会影响大学生财经行为、如何影响，还需进一步探究为何产生影响，即影响机制探索。

本章的研究目的在于量化财经素养教育通过财经素养、财经自我效能和财经行为意愿（中介变量）对大学生财经行为产生的影响。基于 1115 份微观大学生财经素养调查数据，首先运用线性回归分析探究财经素养教育对大学生财经行为的影响。但线性回归无法解决变量之间的内生性问题。由于样本存在的自选择偏误，干预变量（是否接受财经素养教育）并非随机，同时，混淆变量的存在会使模型回归系数产生"选择性偏误"，因而财经素养教育对大学生财经行为的净效应难以获得。故将因果中介分析[77~79]应用于财经素养教育对大学生财经行为的影响机制分析中。利用反事实分析，可以去除样本中可能存在的选择性偏误，以准确捕获接受财经素养教育对财经行为的影响。分析过程如下：

以因果中介分析方法为基础，探索了财经素养教育对大学生财经行为的影响机制。利用因果中介调节分析分别探索了处理—中介变量交互式影响带来的异质性处理效应以及个体（心理）特性、财经信息获取渠道等因素的调节作用。对于中介变量之间可能存在的相互影响（非独立性），运用包含多重相关机制的因果中介分析方法，探明了多重中介作用下财经素养教育影响大学生财经行为的因果路径。使用敏感性分析检验了顺序可忽略性假设，排除潜在不可观测变量对中介效应估计的影响，以验证因果中介分析系列模型计算结果的稳健性。

5.1 大学生财经行为影响机制的实证框架

已在不同领域（如政治学、心理学和公共卫生）使用的分离因果机制的传统回归方法都依赖于较强且通常不合理的识别假设[76]，如线性回归分析是将财经素养教育、财经素养、财经自我效能和财经行为意愿等解释变量直接放入回归模型中。但是，接受财经素养教育是大学生的内生选择[74, 133, 197]，线性回归无法消除选择偏差引起的因果机制识别不清的问题[76]。同时，线性回归无法识别财经素养教育与大学生财经素养、财经自我效能和财经行为意愿之间的因果中介机制同大学生财经行为之间的复杂效应[206]。除此以外，由于存在混杂变量（在接受财经素养教育的条件下，会同时影响大学生财经素养、财经自我效能和财经行为意愿等中介变量和财经行为的混杂变量），传统的中介分析将会产生虚假效应[207]。据此，使用 Imai 等[77~79] 提出的因果中介分析系列方法分析大学生财经行为的影响机制，步骤如下：

（1）运用线性回归分析判断财经素养教育是否会影响大学生的财经素养、财经自我效能、财经行为意愿及其财经行为。初步确定可能的中介变量，检验财经素养教育对财经行为的影响，其结果可为后文的因果中介分析提供基础。

（2）运用因果中介分析（CMA）模型探究大学生财经素养、财经自我效能和财经行为意愿等对财经素养教育与财经行为的中介效应。

（3）由于是否接受财经素养教育为非随机分配，接受与未接受财经素养教育的大学生的初始条件不完全相同，财经素养教育对处理组与对照组的影响可能存在差异，对此，本章运用异质性处理效应分析探索三类中介变量对财经素养教育和财经行为的中介效应是否存在差异。

（4）不同个体特征（心理特性）、财经信息获取渠道不同的大学生在接受财经素养教育后的财经行为改善程度可能不完全一致，即性别、专业、财经知识搜索自信和财经信息获取渠道可能会加强或减弱财经素养教育对大学生财经行为产生的影响。样本大学生的异质性可能会引起因果中介效应的异质性，对此，本章运用因果中介调节分析（CMMA）探索不同个体特征、不同财经信息渠道对大学生财经行为的异质性影响。

（5）大学生财经素养、财经自我效能和财经行为意愿是相互关联的中介变量，对于不同的中介变量之间可能存在的内生性问题，传统的多次中介分析方法可能不再适用，对此，本章运用非独立多重因果中介分析（CDMMA）探索大学生财经素养、财经自我效能和财经行为意愿等相互关联的变量对大学生财经行为的中介效应。

（6）为排除潜在不可观测变量对中介效应估计的影响，使用敏感性分析检验了顺序可忽略性假设，以验证因果中介系列模型计算结果的稳健性。

5.2　变量定义与描述性统计

基于 1115 份微观大学生财经素养调查数据探究财经素养教育对大学生财经行为的影响机制。样本特征的描述性统计与第 4 章保持一致。

5.2.1　变量的定义与测量

变量的类别包括控制变量、中介调节变量和被解释变量。控制变量与第 4 章的设置基本保持一致，因此不再赘述。需要补充说明的是，除第 4 章中的变量以外，结合财经行为的相关文献[18, 20, 25, 27, 88, 145, 146]，风险态度和财经认知偏差会显著影响个体的财经行为[21, 22, 38]，因此，本章将风险态度和财经认知盲区作为大学生心理特征层面的控制变量展开后续研究。

5.2.1.1　中介调节变量

核心中介变量包括大学生财经素养（通过运用第 3 章中开发的 CSFL 量表测度）和财经自我效能（包括预算自我效能、投资自我效能、诈骗识别自我效能 3 个方面），参考以往文献[27]，将财经知识/信息获取渠道作为大学生投资风险金融产品的调节变量。

（1）财经素养（不同方面）的测量。财经知识、态度和能力分别包括八个、两个和三个测量题项（详见第 3 章），根据三者的测量题项差异，分别运用不同类别的 IRT 模型进行得分拟合，具体的分数计算方法如下：

财经知识得分运用两参数 Logistic IRT 模型（2PL）拟合，计算结果表明，2PL 模型拟合优度良好。财经知识得分近似服从均值为 0（-0.0002）、标准差接近于 1（0.871）的正态分布。

财经态度得分运用分部评分模型（Partial Credit Model，PCM）拟合，计算结果表明，PCM 模型拟合优度良好。财经态度得分近似服从均值为 0（0.002）、标准差接近于 1（0.880）的正态分布。

财经能力的测量使用等级反应模型（GRM）计算 IRT 得分，计算结果表明，GRM 模型拟合优度良好。财经能力得分近似服从均值为 0（0.045）、标准差接近于 1（0.896）的正态分布。

（2）财经自我效能的测量。自我效能是一种信念，它是个体对其能否利用自身技能去完成特定的工作或行为的自信程度，并非真正意义上的能力。作为一种非认知能力，财经自我效能会影响个体采取理性财经行为的信念[144, 208]。

财经自我效能的定义。参考以往文献[144, 208]，将大学生财经自我效能定义为大学生相信自身能够践行某种财经行为的信念，它是大学生对其财经行为的评定和信心。

财经自我效能的测量。将财经自我效能分为预算自我效能、投资自我效能、诈骗识别自我效能三个方面[209~211]。分别使用"我善于处理日常的财务问题以及追踪支出""我会货比三家以获得最好的金融产品（如基金费率）""我能识别并避免金融欺诈"三个问题进行衡量，并使用 Likert5 级量表测量。财经自我效能三个方面指标的 α 系数值为 0.778，具有较好的内部一致性。在后文分析中，先使用上述三个指标的均值作为大学生财经自我效能得分，然后使用三个指标分别作为预算、投资和诈骗识别自我效能的测量指标。

（3）财经信息/知识获取渠道的测量。使用"日常生活中，你平时主要通过以下哪些途径关注财经素养相关信息/知识（多选）"（见附录 1）。具体选项包括电视、书籍等传统媒介；家人、朋友经验；学校教育和互联网/手机社交媒体。根据前测结果并结合大学生实际情况，选取包括（文字类）互联网/社交媒体（如门户网站、微信公众号、微博、知乎）；（长视频类）互联网/社交媒体（如"B 站"）；（短视频类）互联网/社交媒体（如抖音）三种网络社交媒体探索大学生财经知识主要获取渠道对其财经行为的调节作用。

5.2.1.2　被解释变量

被解释变量包括财务预算意愿与预算行为、投资意愿与风险资产（主要指股票、基金）投资行为、信贷产品使用与偿还行为、诈骗探测与损失规避四类，以下分别从四类大学生财经行为出发，解释相关变量的定义与测量。

财务预算意愿。财务预算意愿[212] 测量题项如图 5-1 所示。其中，题项（5）和题项（6）为反向编码题项。六个指标的 α 系数值为 0.832，具有较好的内部一致性。在此使用六个指标测量的平均值作为财经预算意愿的 CTT 得分。

（1）我打算保持财务预算
（2）对我重要的大多数人都认为我需要做预算
（3）我相信我有能力维持预算
（4）维持财务预算让我能思考应该如何花钱
（5）进行财务预算这件事要投入太多的努力
（6）财务预算会阻止我购买自己想要的东西

图 5-1　财务预算意愿测量题项

维持预算的态度。维持预算的态度的测量包括两个题项[212]（见图 5-2）。两个指标的 α 系数值为 0.687，具有较好的内部一致性。在此使用两个指标的平均值作为维持预算态度的 CTT 得分。

（1）进行财务预算给你的感觉是？
（2）你对维持财务预算的态度是？

图 5-2　维持预算的态度测量题项

预算行为。预算行为包括预算能力和预算行为频率。预算能力的测量包括如图 5-3 所示的六个题项[60]。由于问卷提供的选项仅包括"是"或"否"两个选项，因此，六个题项均为 0~1 变量。因此，选取 2PL 模型计算预算能力的 IRT 得分。计算结果表明，2PL 模型拟合良好，生成的预算能力的 IRT 得分服从均值接近于 0、标准差为 1 的正态分布。此外，通过询问"过去 6 个月，你做财务预算的频率如何"测量大学生预算行为频率。

> （1）制订收支管理计划
> （2）记录自己的支出
> （3）将账单资金与日常支出分开
> （4）记下即将到来的账单，以确保不会忘记还款
> （5）使用银行应用程序或资金管理工具来跟踪你的支出
> （6）安排定期支出的自动付款

图 5-3　预算行为测量题项

投资意愿。使用问题"假定你有一笔初始资金 10 万元，你是否有意愿将这笔资金用来购买下列金融产品（多选）"进行大学生投资意愿的测量，答案选项如图 5-4 所示。对于选项（1）～（6）的回答，生成相应的哑变量（0——没有投资意愿，1——有投资意愿）以备后续分析。

> （1）股票或股份
> （2）基金（包括货币/混合/股票/债券/指数/FOF/QDII 基金）
> （3）债券
> （4）保险
> （5）期权或期货
> （6）外汇
> （7）其他
> （8）没有投资意愿

图 5-4　投资意愿测量题项的答案选项

风险金融资产（主要指股票、基金）投资行为。使用"近一年来，你持有过或目前持有如下哪些投资/理财产品（多选）[60]"测量大学生风险资产持有状况，选项如图 5-5 所示。对于选项（1）～（4）的回答，生成相应的哑变量（0——未持有相关产品，1——持有相关产品）以备后续分析。

> （1）基金（如余额宝或理财通等）
> （2）股票和股份
> （3）保险（包括财产保险和人身保险）
> （4）债券（政府债券、金融债券、公司债券）

图 5-5　风险金融资产（主要指股票、基金）投资行为测量题项的答案选项

需要补充说明的是，由于前测调查中发现持有基金类金融产品的大学生人数比例较高，因此，进一步考察财经教育对大学生基金持有比重与持有收益的影响，增设了两个问题："去年你在基金类产品（如余额宝或理财通等）投资支出约占个人总支出的百分比是多少""最近一年，你使用基金类产品的收益率大概为"。对于后者，将基金收益率重新编码，即"负收益"转化为 0，5% 以下转化为 1，然后依次类推，以备后续分析使用。增设题项的答案选项如图 5-6 所示。

（1）5% 以下
（2）5% 及以上至 10% 以下
（3）10% 及以上至 20% 以下
（4）20% 及以上
（5）负收益

图 5-6　增设题项的答案选项

信贷产品使用行为。使用"你持有过或目前持有下列哪些借贷产品"测量大学生借贷产品持有状况。答案选项如图 5-7 所示。将回答为非（4）选项的受访者记为持有信贷产品（标记为 1），并将剩余未持有相关产品的受访者标记为 0。

（1）银行贷款（如助学贷款）
（2）信用卡（或花呗、京东白条等）
（3）以上均有
（4）以上均无

图 5-7　信贷产品使用行为测量题项的答案选项

贷款偿还行为。持有信贷产品并不能直接评估大学生的借贷行为是否合理。为此，针对持有信贷产品的个体，进一步询问其信贷产品使用行为，即"贷款偿还行为"以评估其理性的借贷行为，四个题项如图 5-8 所示（答案选项包括 1 完全不同意至 5 完全同意）。出于选项为反向编码设计，因此，实际操作中将 1~5 进行逐一替换。贷款偿还行为测量信度分析表明，四个指标的 α 系数值为 0.822，具有较好的内部一致性。在此使用四个指标的平均值作为财经预算意愿的 CTT 得分。

（1）我会选择信用卡（或花呗/京东白条）分期还款
（2）我试图维持信用卡（或花呗/京东白条）之间的平衡（拆东墙补西墙）
（3）我会逾期还款
（4）我使用信用卡（或花呗/京东白条）会超过限额

图 5-8　贷款偿还行为测量题项

诈骗探测。通过询问"你一共遇到过几次诈骗"来衡量大学生诈骗识别行为，诈骗探测测量题项的答案选项如图 5-9 所示。变量"诈骗识别次数"是将该问题选项重新编码，即"没遇到过"转化为 0，1 次转化为 1，然后依次类推。同时，将选项"没遇到过"重新编码为 0，并将剩余选项重新编码为 1 以定义"能否识别诈骗"变量。

（1）1 次
（2）2 次
（3）3 次及以上
（4）没遇到过

图 5-9　诈骗探测测量题项的答案选项

需要说明的是，由于本次研究的数据类型为截面数据而非面板数据，对于诈骗探测的相关定义需要作出一些假设[57, 123]，假定受访者遭遇诈骗的概率是相等的，即假定所有大学生都可能会在实施调查的前一年左右至少遇到过一次诈骗，由此，将样本中自我报告为遇到过诈骗的大学生视为成功识别诈骗的个体，而报告未遇到诈骗的个体视为未成功识别诈骗行为的个体[57, 123]。

损失规避。损失规避行为的衡量使用问卷中两个相关测量题项来进行，二者表征大学生的损失规避能力。

遭受损失次数。题项一为"你是否因此遭受损失"，选项如图 5-10 所示。

（1）没受到损失
（2）受过 1 次损失
（3）受过 2 次损失
（4）受过 3 次及以上损失

图 5-10　题项一的选项

遭受损失金额。题项二为"损失金额（合计）大概在下列哪个范围"，选项如图 5-11 所示。

```
(1) ≤10 元
(2) 10~100 元
(3) 100~500 元
(4) 500~1000 元
(5) 1000~2000 元
(6) 2000~5000 元
(7) 5000 元及以上
```

图 5-11　题项二的选项

使用三种方法衡量大学生损失规避能力。变量的处理方法包括：①将遭受损失次数作为损失规避能力的代理变量。②由于损失金额选项按照具体数额由小到大排列，因此，直接将损失金额的类别作为损失规避能力的代理变量，越大的数字代表受访者所遭受的损失越大，即其损失规避能力越弱。③将损失金额线弹性化作为损失规避能力的代理变量。在变量转换过程中，首先将答项（1）~（6）选项数额取中位数，答项（7）取 5000 进行变量转换，其次将转换后的数值取自然对数即可得到线弹性化的损失金额。

综合第 2 章与上述变量的选取，绘制出财经素养教育对大学生财经行为影响机制的因果有向无环图，具体如图 5-12 所示。

5.2.2　描述性统计

本节首先描述了受访者的财经自我效能和财经信息获取主要渠道，其次分别就财经素养教育（FLE）对大学生预算态度与预算能力、风险金融产品投资意愿、诈骗探测能力与损失规避能力和借贷产品持有与贷款偿还行为的影响展开描述。

5.2.2.1　FLE 接受者与未接受者的财经自我效能与财经信息渠道差异

由表 5-1 可知，接受财经素养教育能使大学生的财经自我效能提升约 4%，细分财经自我效能后发现，接受财经素养教育能小幅提升大学生的投资、诈骗识别和预算自我效能。

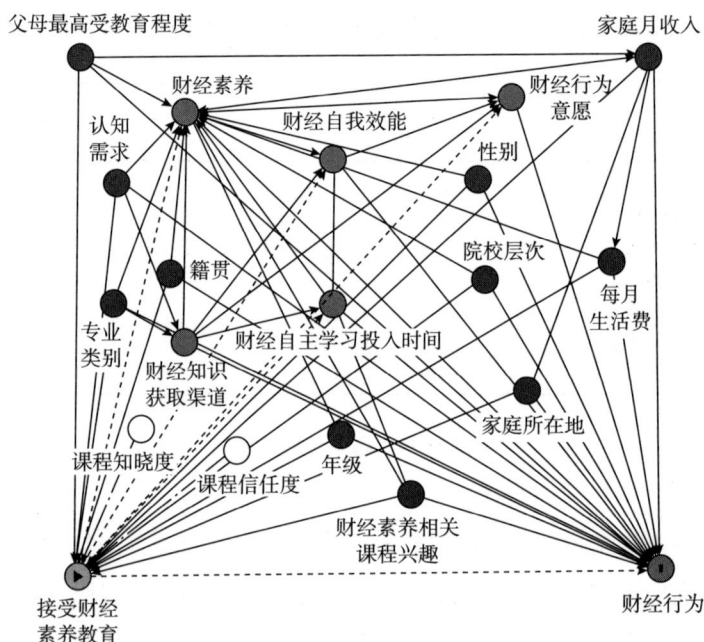

图 5-12   大学生财经行为影响机制的因果有向无环图（软件输出）

表 5-1   FLE 接受者与未接受者的财经自我效能与财经信息渠道差异

观测对象	FSE	投资 FSE	骗识别 FSE	预算 FSE
全样本	3.491	3.512	3.513	3.448
FLE 未接受者	3.416	3.419	3.440	3.389
FLE 接受者	3.550	3.585	3.570	3.495
观测对象	文字类媒体	长视频类媒体	短视频类媒体	
全样本	64.5	43.5	53.4	
FLE 未接受者	59.0	40.7	55.9	
FLE 接受者	68.2	45.4	51.7	

注：FLE（Financial Literacy Education）为财经素养教育英文简称，FSE（Financial Self-Efficacy）为财经自我效能英文简写，本书将财经自我效能分为三个方面：投资理财自我效能、诈骗识别自我效能和预算理财自我效能。

接受财经素养教育的大学生会更倾向于通过文字类媒体、长视频类媒体和短视频类媒体获取财经信息。对于接受财经素养教育的大学生而言，将文字类媒体、长视频类媒体作为财经信息/知识获取主要渠道的大学生的财经素养会比未将上述渠道作为财经信息获取主要渠道的大学生的财经素养要高很多，而是否将短视频类媒体作为主要财经信息获取渠道的大学生的财经素养无明显差异（见表 5-2），这说明了相较于短视频类网络社交媒体，文字类和长视频类可能增强了财经素养教育对大学生财经素养的提升效应。

表 5-2 不同财经信息获取渠道的 FLE 接受者的财经素养水平差异

财经信息获取渠道		财经素养水平均值	标准差	最小值	最大值	观测量
文字类网络社交媒体	未视为主要渠道	−0.233	0.937	−2.567	1.701	192
	视为主要渠道	0.211	0.963	−2.596	1.877	412
长视频类网络社交媒体	未视为主要渠道	−0.048	0.99	−2.596	1.877	330
	视为主要渠道	0.212	0.943	−2.373	1.877	274
短视频类网络社交媒体	未视为主要渠道	0.042	1.003	−2.567	1.877	292
	视为主要渠道	0.096	0.952	−2.596	1.877	312

注：财经素养水平得分为第 3 章中混合 IRT 模型计算得分。

5.2.2.2 FLE 对大学生预算态度与预算能力的影响

接受财经素养教育能提升大学生的预算能力（包括预算行为与预算频率，见图 5-13）。但财经素养教育对大学生的预算态度的改变并不显著。据此推测，财经素养教育是通过提升大学生的财经知识而非预算态度来改善大学生预算行为的。

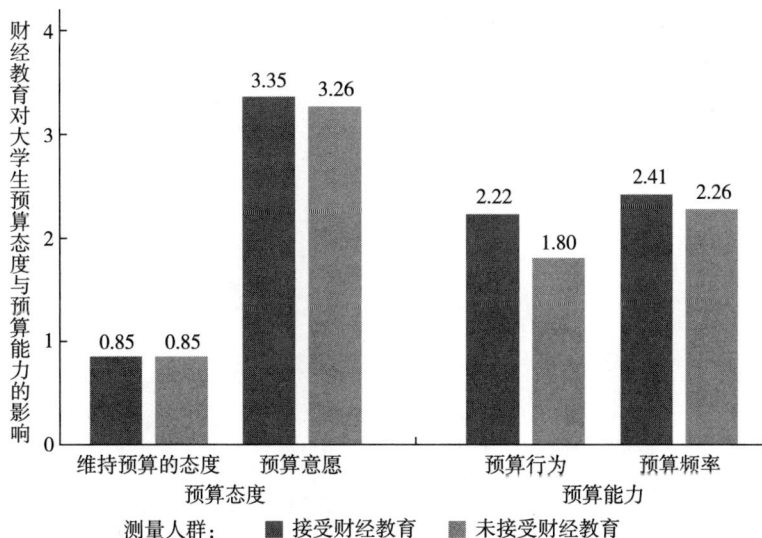

图 5-13 财经素养教育对大学生预算态度与预算能力的影响

注：维持预算的态度为 0~1 变量，其余变量使用 Likert 5 级量表测量。数值越大代表预算行为越明智。

5.2.2.3 FLE 对大学生金融产品持有行为的影响

财经素养教育对大学生四类金融产品持有意愿的影响如图 5-14 所示。由图可知，财经素养教育会显著提升大学生持有股票、基金、债券以及保险产品的意愿。在提升金融产品持有意愿的同时，财经素养教育也能显著提升大学生实际持有股票、基金、债券以及保险产品的人数比例（见图 5-15）。

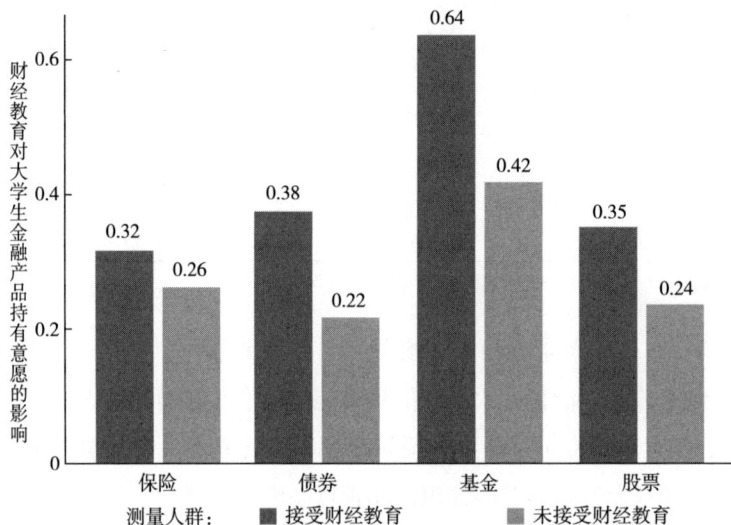

图 5-14 财经素养教育对大学生金融产品投资意愿的影响

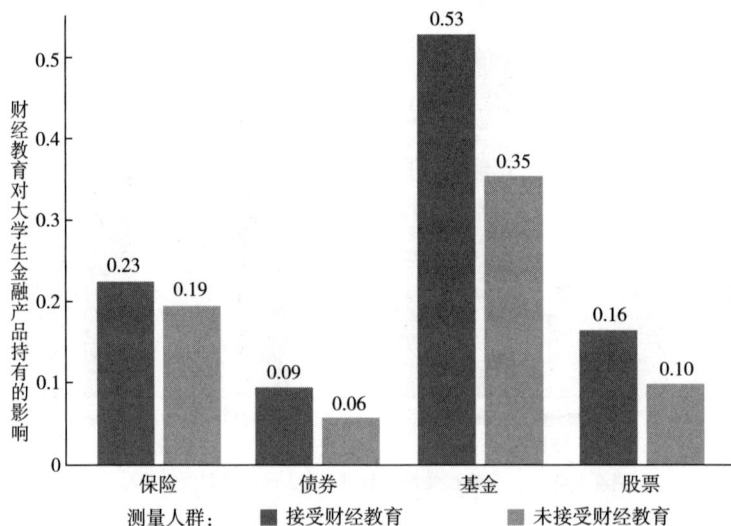

图 5-15 财经素养教育对大学生金融产品投资行为的影响

在所有的金融产品中财经素养教育对大学生基金持有意愿的提升最高，同时持有基金的大学生人数比例也最高。然而当考虑财经素养教育对大学生基金持有的影响时发现，财经素养教育虽然对大学生持有基金具有一定的促进作用，同时也能在一定程度上提升基金的持有比例，但财经素养教育并不一定能提升大学生的基金持有收益（见图5-16）。

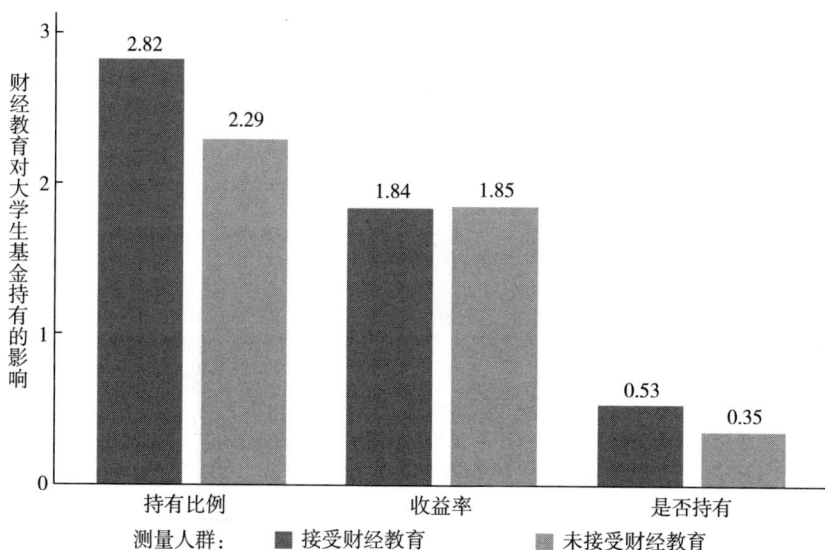

图 5-16　财经素养教育对大学生基金投资行为的影响

注：是否投资资金为 0~1 变量，投资比例和收益率均为类别变量。投资比例选项从 1 至 9 分别代表 0 至 >90% 的基金投资支出占总支出的比例，数值越大代表投资比重越高；基金投资收益率选项从 0 至 4 分别代表负收益至 ≥20% 的收益率，数值越大代表收益率越高。

根据上述结论并结合前文分析初步推测，财经素养教育可能是通过提升财经知识或者是通过金融产品持有意愿来影响大学生金融产品持有的。而财经素养教育具体通过何种渠道对大学生金融产品持有产生影响还有待进一步研究。

5.2.2.4　FLE 对大学生诈骗探测能力与损失规避能力的影响

图 5-17 描述了财经素养教育对大学生诈骗探测能力与损失规避能力的影响。由图可知，财经素养教育对于大学生的诈骗识别能力仅有微弱的提升。与之形成对比的是，财经素养教育能显著提升大学生遇到诈骗时的损失规避能力。无论是

从遭受损失的次数还是从损失金额上来看，接受财经素养教育的大学生遇到财经诈骗后遭受损失的概率会显著降低。

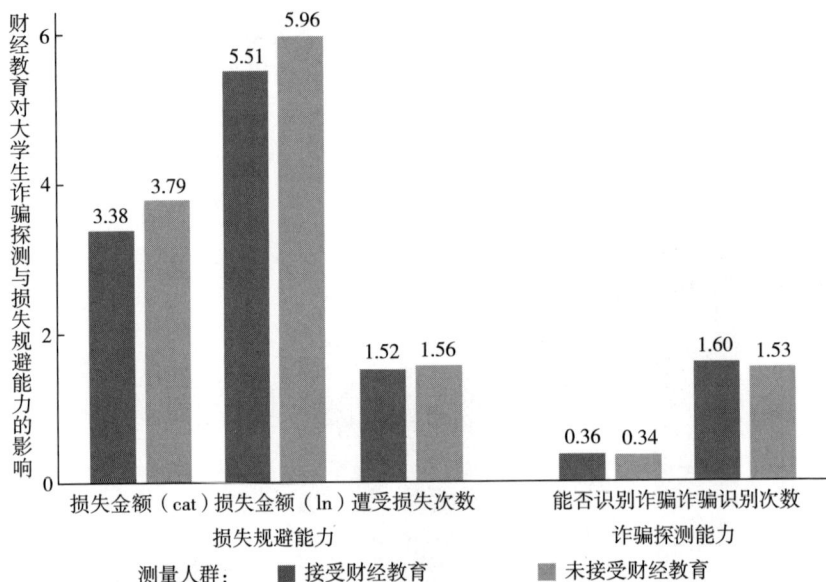

图5-17　财经素养教育对大学生诈骗探测能力与损失规避能力的影响

注：能否识别诈骗为0~1变量，诈骗识别次数、损失金额（对数）均为类别变量。损失金额对数为将损失金额数目化为对数后的财产损失。诈骗探测能力图示中，数值越大代表诈骗探测能力越强；损失规避能力图示中，数值越小所代表的损失规避能力越强。

表5-3同样证实了财经素养教育能明显降低遭受财务诈骗大学生的财务损失。根据表5-3，18.9%的受访大学生表示自己遭受过财务诈骗带来的金钱损失。与未接受财经素养教育的大学生相比，接受财经素养教育使大学生的财产损失金额减少了约26.1%[①]。

表5-3　大学生遭遇财经诈骗的损失金额

人群	观测量	均值	标准差	最小值	最大值
样本中所有遭受财务损失的大学生	166	890.09	1286.57	5	5000

[①]　尽管其在统计学上并不显著（$t=1.35$，$p=0.18$），可能的原因是样本量太少导致统计功效不足，但其数值仍具有一定的参考价值。

续表

人群	观测量	均值	标准差	最小值	最大值
未接受财经素养教育的大学生	70	1048	1395.31	5	5000
接受财经素养教育的大学生	96	774.95	1195.45	5	5000

5.2.2.5　FLE 对大学生借贷产品持有与贷款偿还行为的影响

图 5-18 描述了财经素养教育对大学生借贷产品持有与贷款偿还能力的影响。借贷产品包括助学贷款、信用卡/互联网信贷产品。信贷偿还行为所针对的为使用信贷产品的大学生人群（相应样本数量为 485）。由图 5-18 可知，财经素养教育对大学生借贷产品使用有一定程度的促进作用，与此同时，财经素养教育能小幅改善大学生的贷款偿还行为（2.3%）。同时，接受财经素养教育的信贷使用者的信用等级也可能会更加优秀。

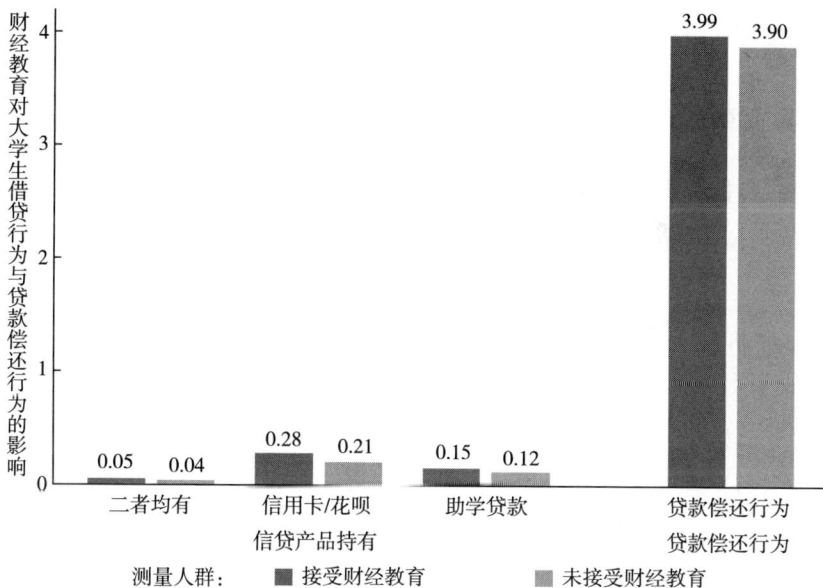

图 5-18　财经素养教育对大学生借贷产品使用与信贷偿还行为的影响

注：借贷产品使用为 0~1 变量，纵坐标代表是否拥有某种借贷产品人数的百分比，本图中信贷偿还行为使用 Likert 5 级量表衡量，数值越大代表越积极的贷款偿还行为。

5.3 大学生财经行为影响机制的估计模型与方法

基于1115份大学生财经素养微观调查数据，通过线性回归分析探索财经素养教育是否会对财经素养（三个方面）、财经自我效能和财经行为意愿三类中介变量产生显著影响，同时，运用线性回归分析验证财经素养教育对大学生财经行为（结果变量）的影响。为排除混淆变量引起的估计偏误，运用因果中介分析在探究财经素养、财经自我效能、财经行为意愿三类中介变量单独或共同作用下，财经素养教育对大学生预算、风险金融产品投资、借贷与财务诈骗探测四类财经行为的影响。运用因果中介调节分析探索个体特征（包括心理特性）、财经信息获取渠道对大学生基金投资行为的调节作用。考虑到不可观测变量的影响，进行了敏感性分析以验证估计结果的稳健性。

5.3.1 线性回归分析

运用线性回归分析计算财经素养教育对中介变量（大学生财经素养、财经自我效能和财经行为意愿）和结果变量（财经行为）的影响，可通过最小二乘法回归计算：

$$M_i = \alpha_1 + \beta_1 T_i + \xi_1^T X_i + \delta_{1i} \tag{5.1}$$

$$Y_i = \alpha_2 + \beta_2 T_i + \xi_2^T X_i + \delta_{2i} \tag{5.2}$$

其中，T_i 为处理变量，即受访者是否接受财经素养教育。X_i 为控制变量，包括可能会对中介变量（财经素养、财经自我效能和财经行为意愿）/结果变量（财经行为）产生影响的协变量。α_1、α_2 为常数项，δ_{1i}、δ_{2i} 为误差项。

5.3.2 因果中介模型

因果中介模型基于反事实框架计算平均因果中介效应（Average Causal Mediation Effect，ACME）和平均直接效应（Average Direct Effect，ADE），由此考察了中介变量（如大学生财经素养、财经自我效能和财经行为意愿）对于结果变量（财经行为）的影响程度。其中，中介变量与结果变量可以是连续变量（包括顺序变量），也可以是离散（0~1）变量。

将"接受财经素养教育"作为干预变量，由于在研究样本中该干预变量并非随机，同时伴随着混淆变量的影响，因此需要采用反事实框架来衡量是否接受财经素养教育对大学生财经行为的平均处理效应，以解决使用一般线性回归可能存在的选择性偏误。即利用反事实分析，可以去除样本中可能存在的选择性偏误，以捕获接受财经素养教育对大学生财经行为的影响机制。除此以外，Imai 等[77~79] 提出的因果中介模型使用了包括准贝叶斯蒙特卡洛逼近、非参数重抽样估计在内的分析方法。其中，准贝叶斯蒙特卡洛逼近法基于计算机仿真随机实验，可以嵌套各种线性、非线性、非参数估计模型以进行因果中介效应分析。基于上述优点，本章使用 CMA 考察干预变量（财经素养教育）与中介变量（财经素养、财经自我效能和财经行为意愿）对结果变量（财经行为）的影响，并分析中介效应占总效应的比重。

由于本章的研究目的在于量化财经教育通过财经素养、财经自我效能和财经行为意愿（中介变量）对大学生财经行为产生的影响，也就是说，关注的重点在于财经素养教育（Treatment）是通过何种机制（Mediator）对大学生财经行为（Outcome Variable）产生影响的。考虑到上述三种可能的渠道，可以将平均处理效应（ATE）分解成两部分：间接效应（财经素养教育通过给定的渠道对财经行为产生的影响）与直接效应（通过其他所有可能的渠道产生的影响）。

将因果效应中的间接效应（Indirect Effect）定义为：

$$\delta_i(t) = Y_i[t, M_i(1)] - Y_i[t, M_i(0)]$$

其中，$M_i(1)$ 与 $M_i(0)$ 分别代表个体 i 被分配到处理组（接受财经素养教育）与对照组（未接受财经素养教育）时中介变量的潜在值。$\delta_i(t)$ 则表示在 t 时刻保持个体的处理状态不变的条件下，由于 M_i 从对照组到处理组的变化而引起的 Y_i 的变化，该变量通过中介变量捕获了处理变量对结果变量的影响。由于固定处理变量并仅改变中介变量的状态，$\delta_i(t)$ 将变量 M 的影响与所有可能的其他渠道分离开来。根据上式可知，当 $M_i(1) = M_i(0)$ 时，即处理变量对中介变量未产生影响时，$\delta_i(t) = 0$。

处理变量对结果变量产生的直接效应包括除间接效应以外的其他所有可能机制。直接效应（Direct Effect）的定义如下：

$$\zeta_i(t) = Y_i[1, M_i(t)] - Y_i[0, M_i(t)]$$

$\zeta_i(t)$ 表示并非来自中介处理效应的影响。也就是说，$\zeta_i(t)$ 是在考虑间接效应 $\delta_i(t)$ 之后剩余的处理效应部分，而处理效应是直接效应与间接效应的总和。本书的关注重点在于平均因果中介效应 ACME——$\delta_i(t)$ 和平均直接效应 ADE——$\zeta_i(t)$。与 ATE 一样，这些平均值是通过对所有个体 i 取期望值来获得的。

鉴于 ACME 和 ADE 的定义，一个潜在的问题是如何根据经验确定这些参数。尽管根据现有数据可以估计 ATE，但仍无法估计 ACME 与 ADE，因为 $\delta_i(t)$ 与 $\zeta_i(t)$ 所需的潜在结果无法被观察到。换句话说，尽管在现实情形下能观测到 $Y_i[1, M_i(1)]$ 和 $Y_i[0, M_i(0)]$，但反事实情形下的 $Y_i[1, M_i(0)]$ 和 $Y_i[0, M_i(1)]$ 却无法被观测。

准确识别 ACME 与 ADE 的关键在于遵循 Imai 等[77~79] 提出的顺序可忽略性 (Sequential Ignorability，SI) 假设。SI 假设由两部分组成：

（1）SI 假设 1。鉴于基线特征，处理变量必须是可忽略的或似乎是随机的，这意味着它独立于潜在的结果变量与潜在的中介变量。该假设数学表达式为 $Y_i(t', m)$，$M_i(t) \perp T_i \mid X_i = x$。顺序可忽略性假设 1 可解释为其要求处理变量为有条件的随机分组。在本书中，当控制了所有可能的协变量（既影响中介变量同时影响结果变量）时，可将大学生个体是否接受财经教育视为遵循"似乎随机"的分组，即 SI 假设 1 得到满足。

（2）SI 假设 2。根据实际处理变量的状态与基线特征，观察到的中介变量是可忽略的或者为"似乎随机"的。SI 假设 2 的数学表达式为：

$$Y_i(t, m, w) = \alpha_9 + \beta_9 t + \gamma_i m + \kappa_i tm + \xi_9 \omega + \mu_9 t\omega + \lambda_9 X_i + \delta_{9i}$$

顺序可忽略性假设意味着一旦考虑了处理变量 T 与控制变量 X，就没有影响中介变量 M 与结果变量 Y 的遗漏变量。换句话说，该陈述表明，鉴于个体的处理分配，观察到的中介变量在统计上独立于潜在结果变量与预处理协变量。如果存在任何影响中介变量和结果变量的不可观察的处理前的混杂因素，则将违反该假设；如果存在任何未观察到或观察到的处理后的混杂因素，则也违反了该假设。因此，SI 假设 2 中包含的假设非常强。

作出这种强有力假设的好处是[77~79]，无须任何关于中介变量或结果变量的额外分布或函数形式假设，就可以获得 ACME 和 ADE 的一致性估计。在线性条件下，可使用以下两个回归系统估计 ACME 和 ADE：

$$M_i = \alpha_3 + \beta_3 T_i + \xi_3^T \mathbf{X}_i + \delta_{3i} \tag{5.3}$$

$$Y_i = \alpha_4 + \beta_4 T_i + \gamma_4 M_i + \xi_4^T \mathbf{X}_i + \delta_{3i} \tag{5.4}$$

ACME 可由式（5.3）与式（5.4）中的系数乘积 $\beta_3 \cdot \gamma_4$ 计算得出，Imai 等[77~79] 证明了 $\beta_3 \cdot \gamma_4$ 是基于 SI 假设下 ACME 的有效估计。ACME 的标准误差和置信区间是基于 R 语言程序 Mediation 计算[213, 214] 实现的，而后使用准贝叶斯蒙特卡洛逼近[215] 获得。

关于因果中介模型计算结果的展示，需要说明的是，每个模型均由式（5.3）与式（5.4）表示的两步线性回归模型组成。模型将财经素养教育作为干预变量，财经素养、财经自我效能与财经行为意愿作为中介变量，并将四类财经行为作为因变量。第一步将中介变量作为因变量，考察自变量对中介变量的影响。第二步以大学生财经行为为因变量，将干预变量 T（财经素养教育）、中介变量 M 以及其他控制变量（X_i）全部纳入模型中，考察干预变量 T（财经素养教育）和中介变量 M 对大学生四类财经行为的直接效应。报告的计算结果均省略了两步回归法的具体结果，即在下文的结果分析中，仅报告因果中介分析计算结果所包括的中介效应（ACME）、直接效应（ADE）、总效应（TE）以及中介效应比例。

5.3.3　因果中介调节分析

除了常规的因果中介分析外，另一种常被用于探索因果机制方法是异质性分析（交互式影响）[216]。除此以外，对于个体特征（含心理特性）或财经信息/知识渠道的影响，可通过因果中介调节分析进行估计。

5.3.3.1　异质性分析

异质性分析（交互式影响）的目的是探索中介变量 M 对结果变量 Y 的影响是否会由于人群的不同而发生改变[216]。即探索财经素养、财经自我效能与财经行为意愿对处理组与对照组大学生风险资产持有可能存在的不一致的影响。在实践中，异质性分析可以通过在式（5.3）中增加交互项 $T_i \times M_i$ 来实现，使用全样本进行估计的表达式如下：

$$Y_i = \alpha_5 + \beta_5 T_i + \gamma_5 M_i + \kappa_5 T_i \times M_i + \xi_5^T \mathbf{X}_i + \delta_{5i} \tag{5.5}$$

同样地，还可以采用式（5.5）来分别估计处理组与控制组子样本中 $M \to Y$ 的异质性中介效应。式（5.5）中的关键系数为 κ_5，它衡量了处理效应中 M 对 Y

的影响（即处理组平均处理效应）相对于对照组的差异，κ_5 的估计值在统计学上不为零意味着处理组与对照组的中介效应 M 存在显著差异。即 κ_5 可被用来检验因果机制（尤其是它的符号以及它是否不同于零）。例如，假设 T 对 M 和 Y 都产生积极影响。符合逻辑的结论是，如果 M 是一个中介，那么从理论上来说，M 对 Y 在处理组中会表现出更大的影响，因为该组因受到了变量 T 的干预而存在中介变量 M 的影响。因此，当 κ_5 显著为正时，即处理组中 M 对 Y 存在更大的 AC-ME 时，M 是因果中介分析中的重要机制。

5.3.3.2　因果中介调节分析

描述性统计分析的结果证实了接受与未接受财经素养教育大学生之间的个体（心理）特征和财经信息/知识获取渠道（如网络社交媒体）差异。个体心理特征[8, 18, 80, 81] 和财经信息/知识获取渠道会显著影响其财经行为[27, 57, 82, 83]。对此，本章运用因果中介调节分析探究了在性别、专业、财经知识搜索信心和财经信息/知识获取渠道的调节作用下，财经素养教育对大学生财经行为的异质性影响，表达式如下：

$$M_i = \alpha_6 + \beta_6 T_i \times W_i + \xi_6^T X_i + \delta_{6i} \tag{5.6}$$

$$Y_i = \alpha_7 + \beta_7 T_i \times W_i + \eta_7 M_i \times W_i + \gamma_7 M_i + \xi_7^T X_i + \delta_{7i} \tag{5.7}$$

其中，W_i 为调节变量。其余变量的定义与前文类似。

5.3.4　非独立多重因果机制分析

当多重机制相互独立时，可对每种可能的影响机制分别进行因果中介分析。然而，当多重中介变量相互关联时，例如，财经素养、投资意愿与投资自我效能三者均可能成为财经素养教育与大学生风险金融资产投资的中介变量。财经素养教育在提升大学生财经素养的同时，也可能会提升其投资意愿和/或投资自我效能，而它们会同时影响大学生财经素养（主要中介变量）与财经行为。此时，传统的因果中介分析框架可能不再适用。因此，本章考虑使用非独立多重因果机制分析[213, 214, 217] 探索财经素养教育对大学生风险金融市场投资行为的影响机制。

考虑其他可能的影响机制对于主要影响机制的确定至关重要，特别是当这些机制在因果上并不独立时。这是因为其他存在的影响机制可能会影响主要的中介变量与结果变量，而根据因果中介分析的上述定义，这违反了顺序可忽略性假设。对此，已有研究[213, 214, 217]扩充了现有理论框架并提出相应假设：令 $W_i(t)$ 表示处理状态 t 的那些其他可能的中介变量的潜在值向量。为表示主要中介变量和结果变量与 W 之间存在的非独立因果关系，分别用 $M_i(t, w)$ 和 $Y_i(t, m, w)$ 来表示潜在中介变量和结果变量，这些潜在结果变量的观测值可以表示为 $W_i = W_i(T_i)$，$M_i = M_i[T_i, W_i(T_i)]$ 以及 $Y_i = Y_i\{T_i, M_i[T_i, W_i(T_i)], W_i(T_i)\}$。如此，因果中介效应可被重新定义为：

$$\delta_i(t) = Y_i\{t, M_i[1, W_i(1)], W_i(t)\} - Y_i\{t, M_i[0, W_i(0)], W_i(t)\}$$

其中，t 取 0 或 1，该式表示通过主要中介变量 M 传递的干预效果，无论其是否还通过其他中介变量 M_i 传递。因此，式中的变量与前述一致，不同的是该式明确考虑了其他中介变量的存在。

非独立多重因果机制分析框架[213, 214, 217]基于以下变系数线性结构模型：

$$M_i(t, w) = \alpha_8 + \beta_8 t + \xi_8^T \omega + \mu_8^T t\omega + \lambda_8^T X_i + \delta_{8i} \tag{5.8}$$

$$Y_i(t, m, w) = \alpha_9 + \beta_9 t + \gamma_i m + \kappa_i tm + \xi_9^T \omega + \mu_9^T t\omega + \lambda_9^T X_i + \delta_{9i} \tag{5.9}$$

当 $\mathbb{E}(\varepsilon_{8i}) = \mathbb{E}(\varepsilon_{9i}) = 0$ 时可认为结论不失一般性。

5.3.5　敏感性分析

有两类可能影响中介效应估计精度（违反 SI 假设 2）的混杂因子/混淆变量（见图 5-19）。第一类为干预变量（财经素养教育）处理前的未观测变量，为可能同时影响未接受财经素养教育大学生财经素养水平、财经自我效能、财经行为意愿和财经行为的混淆变量；第二类为大学生接受财经素养教育后，由于接受财经素养教育引起的可能会同时影响大学生财经素养水平、财经自我效能、财经行为意愿和财经行为的混淆变量。

针对上述两种情况，本章通过引入大学生对财经素养教育的认知和风险态度这两个可能同时会影响大学生是否接受财经素养教育及财经素养水平、财经自我效能、财经行为意愿和财经行为的混杂因子，来降低不可观测变量可能引起因果中介效应估计偏误。同时，财经素养教育可能会影响大学生的风险态度（风险规避），接受财经素养教育大学生的风险态度能降低第二类混杂因子的影响。尽管控制了上述两种可能违背顺序可忽略性假设的混杂因子，但仍可能存在其他的混杂因子会影响中介效应的估计精度，对此，运用敏感性分析以验证 CMA 系列模型的估计精度是十分必要的。

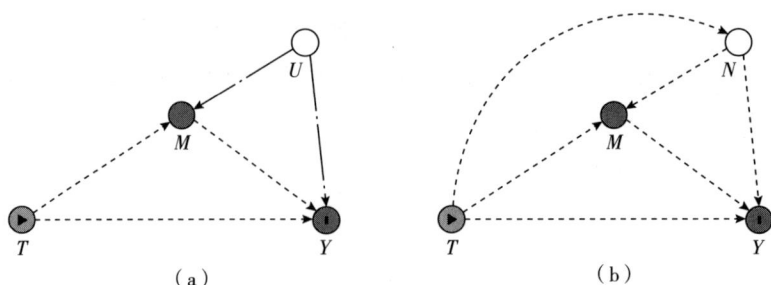

图 5-19 大学生财经行为影响机制分析中不可观测的混淆变量

注：T 和 FLE 代表财经素养教育，U 和 N 均为未观测/不可观测混淆变量。M 是中介变量，Y 代表财经行为。本图中说明了不可观测的混淆变量可能引起的估计差，同时描绘了顺序可忽略性假设不满足的两种情况：图（a）由于 U 不可观测会同时影响 M 和 Y，图（b）由于 T 会引起不可观测的 N，N 会同时影响 M 和 Y。

由于 ACME 的识别需要强有力的假设 SI，因此了解当违反 SI 时模型的估计结果如何变化非常重要。此时，需要进行敏感性分析。尽管不能直接测试 SI 假设是否成立，但敏感性分析使我们能够了解 ACME 将如何因不同程度地违反 SI 假设 2 而发生变化。SI 假设意味着来自式（5.3）的误差项 δ_{3i} 与来自式（5.4）的误差项 δ_{4i} 之间的相关性为零。相反，这种相关性的非零值（将其表示为 ρ）意味着违反了顺序可忽略性假设。

例如，如果未观察到的能力与财经知识（M）与预算行为（Y）呈正相关关系。此时 $\rho>0$，并且由于 δ_{2i} 与 δ_{3i} 之间的非零相关性，ACME 估计是有偏的。因此，ρ 可作为灵敏度参数。其中，ρ 的绝对值越大，表示 ACME 估计存在的偏差越大。敏感性分析放宽了 $\rho=0$ 的条件，然后使用不同的 ρ 值来估计式（5.3）与式（5.4）。通过这些估计可以显示特定的 ρ 值与真实 ACME 的关系。

5.4 大学生财经行为影响的回归分析

第 4 章的研究结果显示，财经素养教育能显著提升大学生的财经素养。现有研究表明，财经素养与多种财经行为密切相关[24, 40, 41, 85, 87, 169~171]。现有文献探索出的财经素养教育的中介变量包括财经知识与自尊[25, 26]。除此以外，财经素养教育能显著提升大学生感知财经素养[37]，感知财经素养与感知财务能力正相关[38, 39, 48, 143]。由此推测，财经素养教育能显著提升大学生的财经自我效能。财经自我认知、财经自我效能等认知范畴因素也可能通过财经素养教育影响大学生财经行为[48, 143]。

根据上述分析，本节首先探索了财经素养教育对大学生财经素养（包括财经知识、财经态度和财经能力）、财经自我认知（财经认知过度保守、财经知识搜索自信）和财经自我效能（包括预算、投资和诈骗识别自我效能）的影响。其次采用最小二乘法回归分析了财经素养教育对大学生财经行为的影响，分析结果旨在为因果中介分析奠定了基础。

5.4.1　中介变量的探索分析

（1）财经素养。首先，使用最小二乘法回归分析了财经素养教育对财经知识、财经态度与财经能力的影响（见表5-4）。结果表明，当综合考虑个人、家庭以及学校层面的影响因素时，财经素养教育能显著提升大学生的财经知识水平，但其对大学生财经态度的影响显著为负，而对大学生的财经能力无显著影响。根据第4章的研究结论，财经素养教育能明显提升大学生的财经素养。由此推测，财经素养教育对大学生财经态度的负面影响可能从整体上削弱财经素养教育对大学生财经知识的正向影响，但由于财经素养教育对财经知识的正向影响更大，因此，其表现出对大学生财经素养的显著正向影响。据此，可在下一步 CMA 模型中考虑将财经知识和财经态度作为中介变量进行财经行为影响机制分析。

表5-4　大学生财经行为影响的中介变量探索分析（线性回归分析）

财经素养	财经知识（IRT）	财经态度（IRT）	财经能力（IRT）
接受财经素养教育	0.303***	-0.132**	-0.007
	-5.072	(-2.575)	(-0.136)
控制变量	√	√	√
省份固定效应	√	√	√
R^2	0.212	0.105	0.048

财经自我认知	财经自我效能（CTT）	财经认知过度保守	财经知识搜索自信
接受财经素养教育	0.057	0.031	0.079
	−1.139	−1.401	−1.203
控制变量	√	√	√
省份固定效应	√	√	√
R^2	0.041	0.059	0.115
财经自我效能	投资自我效能	诈骗识别自我效能	预算自我效能
接受财经素养教育	0.041	0.098 *	0.032
	−0.644	−1.778	−0.353
控制变量	√	√	√
省份固定效应	√	√	√
R^2	0.036	0.047	0.033

注：样本量为 1115；IRT 表示运用项目反应理论的计算得分，CTT 表示运用经典测试理论的计算得分；括号中为 t 值；∗∗∗表示 $p<0.01$，∗∗表示 $p<0.05$，∗表示 $p<0.1$。

（2）财经自我认知。财经素养教育对大学生财经自我认知的影响的一般线性回归结果显示，财经素养教育对大学生财经自我效能、财经认知过度保守与财经知识搜索自信等心理特性的影响并不显著。可能的原因是，由于样本存在异质性而导致财经素养教育对不同人群产生的影响不同，从而相互抵消，因此，财经素养教育对大学生财经自我效能、财经自我认知过度保守与财经知识搜索的自信的影响并不显著。值得注意的是，第 4 章中财经素养教育能显著影响大学生的财经自我认知过度保守，但当控制风险态度的影响时，财经素养教育的影响变得不再显著，这说明风险态度可能调节了财经素养教育对大学生财经自我认知偏差的影响。

（3）财经自我效能。根据财经行为的类别，将财经自我效能进一步细分，并分别探索了财经素养教育对三类财经自我效能的影响。最小二乘法回归结果表明，财经素养教育对"诈骗识别自我效能"的提升效果明显，即财经素养教育能使大学生的诈骗识别自我效能提升约 10%，与此同时，财经素养教育对大学生"投资自我效能"与"预算自我效能"的提升效应在统计学上并不显著。因此，可在下一步 CMA 模型中考虑将诈骗识别自我效能作为中介变量进行诈骗探测与损失规避行为的影响机制分析。

5.4.2　财经行为的影响验证

财经素养教育的根本目的旨在优化大学生的财经行为。为此，使用线性回归分析分别探索了财经素养教育对大学生包括预算态度与预算行为、投资意愿与风险资产持有、借贷产品持有与贷款偿还行为以及诈骗探测与损失规避在内的四类财经行为的影响。

5.4.2.1　预算态度与预算行为的影响分析

大学生预算态度与预算行为的线性回归结果表明（见表 5-5），财经素养教育能明显改善大学生的六种财务预算行为，但并不能提升大学生的财务预算频率。对于实施财务预算的大学生而言，财经素养教育能提升其维持财务预算的意愿，但对其维持预算态度的影响并不显著。

表 5-5　财经素养教育对大学生财经行为的影响（线性回归分析）

面板 1：预算能力与预算习惯（频率）	预算能力	预算频率	维持预算意愿	预算态度
财经素养教育	0.175***	0.09	0.066*	−0.028
	−4.124	−0.909	−2.028	（−1.315）
N	1115	1115	850	850
R^2	0.046	0.021	0.044	0.041

面板 2：风险金融产品投资意愿	债券类		股票类		基金类
财经素养教育	0.082***		0.034		0.129***
	−2.839		−1.377		−3.624
N	1115		1115		1115
R^2	0.063		0.114		0.086

面板 3：风险金融产品投资行为	金融产品投资			基金投资行为	
	债券类	股票类	基金类	投入比例（%）	收益率
财经素养教育	0.016	0.049	0.079**	0.208	−0.067
	−0.643	−1.541	−2.622	−1.281	（−0.624）
N	1115	1115	1115	1115	595
R^2	0.029	0.057	0.101	0.076	0.097

面板 4：借贷产品使用与贷款偿还能力	助学贷款	网络借贷	二者均有	信贷持有	贷款偿还
财经素养教育	0.207	0.165	−0.012	0.218	−0.053
	−1.366	−1.095	（−0.027）	−1.407	（−0.639）

续表

面板4：借贷产品使用与贷款偿还能力	助学贷款	网络借贷	二者均有	信贷持有	贷款偿还
N	1115	1115	1115	1115	485
（Pseudo）R^2	0.064	0.089	0.065	0.076	0.147

面板5：诈骗探测能力与损失规避能力	诈骗探测能力		损失规避能力		
	能否识别	识别次数	损失次数	损失金额	金额对数
财经素养教育	0.017	0.054	−0.061	−0.635**	−0.645*
	−0.093	−0.657	（−0.595）	（−2.358）	（−1.850）
N	1115	1115	393	166	166
（Pseudo）R^2	0.019	0.033	0.054	0.178	0.194
控制变量	√	√	√	√	√
省份固定效应	√	√	√	√	√

注：所有模型均纳入了与第4章中财经素养的提升效应分析相同的个体特征（含心理特性）、家庭特征、学校特征等控制变量，除此以外，线性回归中还纳入了大学生的风险态度（风险规避）并控制了省份的固定效应；括号中为 t 值。*** 表示 $p<0.01$，** 表示 $p<0.05$，* 表示 $p<0.1$。

5.4.2.2 投资意愿与风险资产持有的影响分析

财经素养教育对大学生风险资产（主要指股票、基金与债券）投资行为影响的线性回归分析结果表明：

（1）财经素养教育能显著提升大学生的债券投资意愿与基金投资意愿，但对大学生股票投资意愿的影响并不显著。

（2）财经素养教育能提升大学生持有基金类金融产品的可能性，但对于债券类金融产品的持有概率的影响并不显著。该结论与秦海林等[145] 的研究结果类似，即财经素养能促进高风险类金融资产投资，但无法作用于债券类（如国债）低风险资产。

（3）尽管财经素养教育能显著提升大学生风险金融产品的投资意愿，但其对大学生风险金融产品实际投资行为的影响有限，即存在大学生投资意愿的提升与实际投资行为的改善不相匹配的现象。例如，财经素养教育能提升大学生债券类风险金融产品的投资意愿，但其并不会显著改善实际的债券类风险金融产品投资行为（实际投资人数比例）。同时，财经素养教育能使大学生基金类金融产品的投资意愿提升约13%，但在接受财经素养教育后，实际持有基金类金融产品的大学生人数仅提升了约8%。据此推测，除了投资意愿，还存在其他因素对大学生风险资产持有产生了负面影响，从而使部分拥有参与金融市场的意愿的大学生最终选择了不参与风险金融市场投资。具体的影响机制还有待进一步研究。

5.4.2.3　信贷产品使用与贷款偿还行为的影响分析

大学生信贷产品使用与贷款偿还行为影响的线性回归分析结果表明，财经素养教育对大学生信贷产品使用与贷款偿还行为的影响并不显著。不论是银行类贷款产品和/或互联网借贷产品，财经素养教育对大学生使用上述信贷产品的影响均不显著。与此同时，对于信贷持有者而言，财经素养教育对其四种贷款偿还行为的影响也不显著。该结果与 Carpena 和 Zia[25] 的研究结论一致，即相较于预算与开设储蓄账号等"较为简单"的财经行为，财经素养教育可能难以对"更为复杂"的借贷行为产生影响。

5.4.2.4　诈骗探测能力与损失规避能力的影响分析

大学生诈骗探测能力与损失规避能力影响的线性回归分析结果表明，财经素养教育并不能提升大学生的诈骗探测能力（识别财经诈骗的概率），但是，财经素养教育能显著降低遭受财经诈骗的大学生所蒙受的金钱损失。已有研究表明[57, 123]，财经知识能提升个体的财经诈骗识别概率。同时，根据表 5-5 的计算结果，财经素养教育能显著提升大学生的诈骗识别自我效能，据此推测，财经素养教育可能会通过提升大学生的财经知识和/或诈骗识别自我效能进而间接地提升其诈骗损失规避能力。

综上所述，线性回归分析的结果表明：

（1）就中介变量的探索而言，财经素养教育能显著提升大学生的财经知识、财经态度、投资意愿和诈骗识别自我效能，同时可能会导致消极的财经态度。

（2）就大学生财经行为而言，财经素养教育能提升大学生维持预算的意愿以及改善六种预算行为；财经素养教育能显著提升大学生的债券投资意愿（8.2%）与基金投资意愿（12.9%），但其仅会增加大学生持有基金类金融产品的概率（7.9%）。

（3）暂未发现财经素养教育对大学生借贷产品持有与贷款偿还行为的显著影响。

（4）财经素养教育能显著降低遭遇财务诈骗大学生的损失规避能力，但财经素养教育并不能显著提升受访大学生的诈骗探测能力。

5.5 大学生财经行为影响的因果机制分析

线性回归分析表明，财经素养教育能显著影响大学生的财经素养、财经自我效能、财经行为意愿三类中介变量和预算行为、风险金融资产投资行为和诈骗损失规避三类财经行为，但是，财经素养教育具体是通过上述哪种（或哪些）渠道，即哪种（或哪些）机制对大学生的上述财经行为产生影响还有待进一步分析。同时，线性回归分析还显示，财经素养教育对大学生诈骗探测、信贷使用与偿还的影响并不显著，但这也可能是多种可能机制正反作用相互抵消的结果。因此，除了这三类行为，本节还探索了财经素养教育对大学生诈骗探测、信贷使用与偿还行为的影响机制。

将上述变量直接放入回归模型中，无法识别财经素养教育与财经素养、财经自我效能、财经行为意愿等中介变量之间的因果中介机制对大学生财经行为产生的复杂效应，且无法消除样本选择偏差引起的因果机制识别不清的问题。基于反事实框架的因果中介分析可以去除非随机化的处理变量和混淆变量的存在引起的"选择性偏误"，准确获取财经素养教育对大学生财经行为的因果机制。因此，使用因果中介模型，在同一模型中直接考察处理变量（是否接受财经素养教育）、中介变量（财经素养、财经自我效能、财经行为意愿）对结果变量（财经行为）的影响，并分析因果中介效应占总效应的比重。

需要补充说明的是，尽管前文线性回归分析结果表明，当将大学生风险态度作为控制变量时，财经素养教育对大学生财经认知过度保守的影响并不显著，但考虑到财经自我认知偏差可能会影响大学生财经素养教育的选择行为[21, 22, 38]，因此，本节将财经自我认知偏差作为可能引起因果中介模型估计偏误的混淆变量纳入 CMA 模型进行进一步研究。

5.5.1 大学生预算行为的因果机制分析

本节运用因果中介分析探索财经知识、财经态度、预算自我效能、预算意愿等中介变量单独或共同作用下，财经素养教育对大学生预算行为（包括预算能力和预算习惯）的影响。

5.5.1.1　大学生预算行为的因果中介分析

大学生预算行为的因果中介分析结果表明（见表5-6）。

表5-6　大学生预算行为的因果中介分析

面板1：预算能力				
中介变量	（1）	（2）	（3）	（4）
	财经知识	财经态度	预算自我效能	维持预算意愿
平均中介效应	0.033***	−0.006	0.004	0.020*
直接效应	0.125**	0.179***	0.159***	0.098*
总效应	0.158***	0.173***	0.163***	0.118**
中介效应比例（%）	21.1***	−2.9	2	15.6*
样本量	1115	1115	1115	850
面板2：预算习惯				
中介变量	（5）	（6）	（7）	（8）
	财经知识	财经态度	预算自我效能	维持预算意愿
平均中介效应	−0.049***	−0.007	0.004	0.020**
直接效应	−0.011	0.097	0.077	−0.083
总效应	−0.060	0.09	0.081	−0.064
中介效应比例（%）	34.3	−4.2	4.4	13.6
样本量	850	1115	1115	850

注：因果中介效应参数估计通过100次准贝叶斯蒙特卡洛逼近仿真获取；***表示$p<0.01$，**表示$p<0.05$，*表示$p<0.1$。

（1）财经素养教育能较大幅度地提升大学生预算能力（见表5-6中的面板1），提升幅度介于9.8%~17.9%。

（2）财经知识与（维持）预算意愿的中介效应显著。该结果与以往文献保持一致[44,86,87]。与财经态度与预算自我效能的零ACME相比，财经知识和预算意愿对提升大学生财务预算能力有正向且显著的中介效应，即财经素养教育通过提升大学生的财经知识水平或（维持）预算意愿进而优化其财务预算能力（见表5-6中的面板1）。

（3）财经态度与预算自我效能并非大学生财务预算能力提升的有效中介。

该结论与前文线性回归分析结果保持一致（见表5-4）。与财经态度有关的平均中介效应值几乎为零［见表5-6中的模型（2）和模型（6）］，表示改善财经态度并非提升大学生预算能力的有效渠道，该结果与Noh[26]的研究结果类似。类似地，与预算自我效能有关的平均中介效应值几乎为零［见表5-6中的模型（3）和模型（7）］，表示感知预算能力同样并非提升大学生预算能力的有效渠道。值得注意的是，由于计算得到的95%置信区间均以零为中心且上下界限值均十分接近于零，据此可知，财经态度与预算自我效能的ACME估计较为精确。

（4）财经素养教育对大学生预算习惯的改变作用并不显著。这与Carpena和Zia[25]的研究结果保持一致。Carpena和Zia[25]研究表明，相较于意识的改变，态度的改变需要进行更大强度、更长周期的相关干预措施来实现。而态度是实施财经行为的先决条件[26]。由此推测，可能需要强度更大、持续更长的时间的财经素养教育[30]才能改变大学生的预算习惯（行为频率）。

财经素养教育要通过提升大学生的财经知识水平、财经态度或预算自我效能有效地影响其财经行为，因果链中的两个环节必须有效[25]。第一个环节是财经素养教育要能提升财经知识水平、财经态度或预算自我效能。尽管第4章描述性统计的分析结果表明，财经素养教育能提升大学生的财经素养，但回归分析结果显示（见表5-4），财经素养教育对大学生财经态度和预算自我效能的提升效应并不明显，该结果与Noh[26]的研究一致。据此推测，财经态度与预算自我效能并非财经行为有效中介的一个可能的原因是，对于样本中的大学生而言，财经素养教育对其财经态度与预算自我效能的影响并不显著，因此并未探测出财经态度与预算自我效能的中介作用。

5.5.1.2 大学生预算行为的异质性影响分析

由于样本数据中的干预变量（是否接受财经素养教育）并非随机分配，接受财经素养教育的处理组样本与未接受财经素养教育的对照组样本存在显著性差异，因此，财经素养教育对处理组与对照组的影响可能存在差异。对此，本节运用异质性分析探索财经素养教育对不同群组大学生预算行为的影响是否存在差异。

异质性分析结果如表5-7所示。

表 5-7　大学生预算能力的异质性影响分析

中介变量	预算能力		预算习惯/频率	
	（1）	（2）	（3）	（4）
	财经知识	预算意愿	财经知识	预算意愿
平均中介效应（对照组）	0.011	0.025**	-0.069***	0.018
平均中介效应（处理组）	0.021**	0.018**	-0.039***	0.019*
直接效应（对照组）	0.107**	0.106*	-0.037	-0.086
直接效应（处理组）	0.117**	0.098*	-0.007	-0.085
总效应	0.128**	0.124**	-0.076	-0.067
中介效应比例（对照组）	0.081	0.191*	0.564	-0.110
中介效应比例（处理组）	0.152**	0.154*	0.272	-0.164
中介效应（均值）	0.016	0.022**	-0.054***	0.019*
直接效应（均值）	0.112**	0.102*	-0.022	-0.086
中介效应比例（均值）	0.116	0.172*	0.418	-0.137
ACME（1）～ACME（0）	0.01	-0.008	0.03	0.002
95%置信区间	[-0.019, 0.043]	[-0.032, 0.010]	[-0.013, 0.086]	[-0.017, 0.028]
p-Value	0.520	0.420	0.180	0.960
样本量	1115	850	1115	850

注：异质性中介效应分析参数通过 100 次准贝叶斯蒙特卡洛逼近仿真获取；***表示 $p<0.01$，**表示 $p<0.05$，*表示 $p<0.1$。

（1）财经知识和预算意愿对不同群组大学生的预算行为的中介效应无明显差异（见图 5-20 和图 5-21）。

（2）财经知识对大学生预算习惯的中介效应显著为负，这说明财经知识较高的大学生不一定"经常使用"预算。但同时，预算意愿对处理组大学生预算习惯的中介效应显著为正，这说明预算意愿而非财经知识能显著改善大学生的预算习惯。

（3）与财经知识相比，预算意愿对大学生预算能力的正向作用更加显著。财经知识对未接受财经素养教育的对照组预算习惯的负向中介效应更大，尽管其在统计结果上并不显著［见表 5-7 中的模型（3）和图 5-21］。

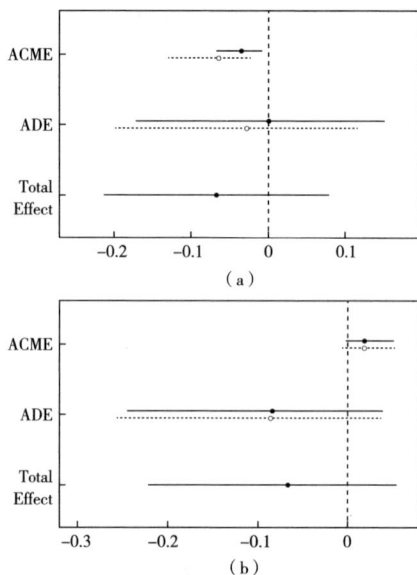

（a）

（b）

图 5-20　大学生预算能力的异质性分析（实线表示处理组，虚线表示对照组）

注：图（a）为财经知识中介，图（b）为预算意愿中介。图中参数通过 100 次准贝叶斯蒙特卡洛逼近仿真获取。ACME 为平均中介效应，ADE 为平均直接效应，TE 为总效应，下同。

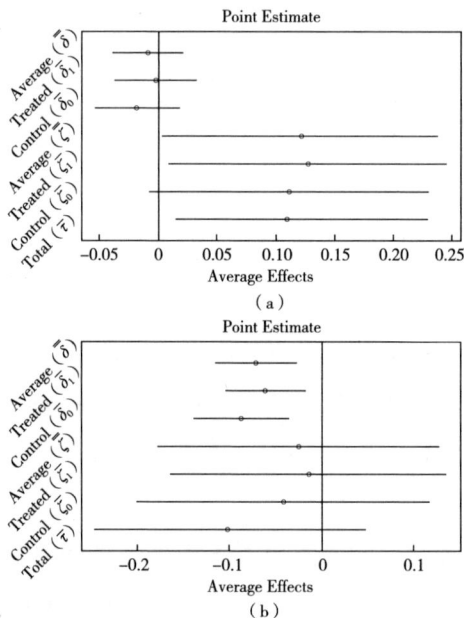

（a）

（b）

图 5-21　大学生预算频率的异质性分析（实线表示处理组，虚线表示对照组）

注：图（a）为财经知识中介，图（b）为预算意愿中介。

5.5.1.3 大学生预算行为的多重相关机制分析

财经知识与预算意愿显著相关[44, 86, 87]，因此，财经知识、预算意愿是相互关联而非完全独立的中介变量。为更准确地了解财经素养教育的作用机制，本节运用多重相关机制分析探索上述相关中介变量对大学生预算行为的影响。结果表明（见图5-22），在财经知识和预算意愿的共同作用下，财经素养教育对处理组大学生预算能力的总效应显著为正，但中介效应并不明显，即财经素养教育对使用预算的处理组（接受财经素养教育的大学生）的预算能力有明显的正向提升作用（+10.9%），无论其财经知识和维持意愿如何。与之相反的是，财经知识和预算意愿对大学生预算习惯的中介效应显著为负。结合上文分析，财经知识对预算习惯的负向作用较预算意愿的正向作用更大，因此，当二者共同作用时，其对大学生预算习惯表现出负向影响。

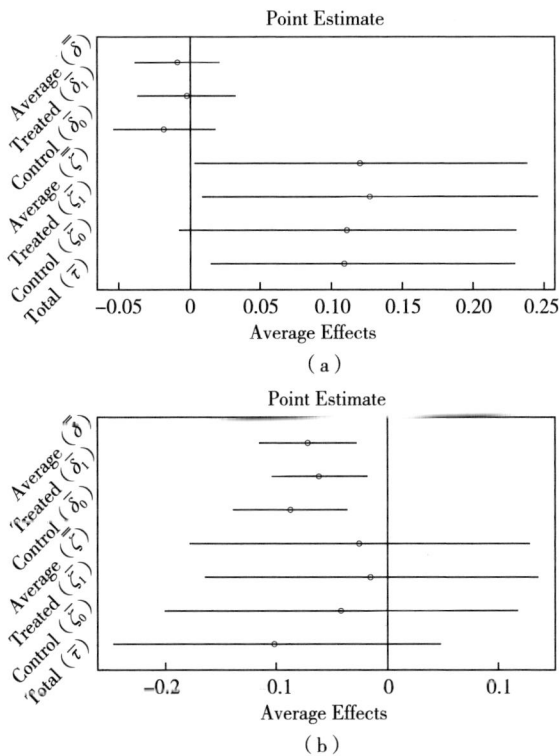

图5-22 大学生预算行为的多重相关因果机制分析

注：图（a）为预算能力，图（b）为预算习惯；中介变量为财经知识和预算意愿。

5.5.2 大学生基金投资行为的因果机制分析

线性回归结果表明，财经素养教育能提升大学生的债券与基金投资意愿，但仅能提升大学生基金类风险金融产品的投资行为。因此，本节重点考察财经素养教育对大学生基金投资行为的影响机制。研究步骤包括：第一，运用因果中介分析计算了财经知识、财经态度、投资自我效能和投资意愿等中介变量的平均中介效应。第二，运用交互式影响分析探究了处理变量与中介变量交互作用对处理组（财经素养教育接受者）与对照组（未接受财经素养教育大学生）的异质性中介效应。第三，运用因果中介调节分析解析了个体特征（如性别、专业类别）、心理特性（如金融知识搜索自信）和财经信息获取渠道（主要指网络社交媒体）对大学生基金投资行为可能存在的调节效应。第四，将财经知识、基金投资意愿与投资自我效能共同作为影响大学生基金投资行为的中介变量，探索包含多重非独立中介变量的基金投资行为影响机制。

5.5.2.1 大学生基金投资行为的因果中介分析

大学生基金投资行为的因果中介分析结果表明（见表5-8）。

表5-8 大学生基金投资行为的因果中介分析

中介变量	(1)	(2)	(3)	(4)
	财经知识	财经态度	投资自我效能	投资意愿
平均中介效应（对照组）	0.033***	-0.004	0	0.033***
平均中介效应（处理组）	0.033***	-0.004	0	0.034***
直接效应（对照组）	0.04	0.068*	0.067**	0.047
直接效应（处理组）	0.041	0.068*	0.067**	0.048
总效应	0.073*	0.064*	0.067**	0.081***
中介效应比例（对照组）	0.439*	-0.045	-0.002	0.404***
中介效应比例（处理组）	0.445*	-0.048	-0.002	0.416***
中介效应（均值）	0.033***	-0.004	0	0.034***
直接效应（均值）	0.04	0.068*	0.067**	0.047
中介效应比例（均值）	0.442*	-0.046	-0.002	0.410***
样本量	1115	1115	1115	1115

面板1：基金投资概率

面板2：基金投资比重

中介变量	(5)	(6)	(7)	(8)
	财经知识	财经态度	投资自我效能	基金投资意愿
平均中介效应	0.095**	0.009	0.006	0.082***
直接效应	0.089	0.19	0.183	0.118
总效应	0.184	0.198	0.189	0.2
中介效应比例	0.373	0.015	0.02	0.326
样本量	1115	1115	1115	1115

面板3：基金投资收益

中介变量	(9)	(10)	(11)	(12)
	财经知识	财经态度	投资自我效能	投资意愿
平均中介效应	−0.018*	0	−0.007	−0.003
直接效应	0.206**	0.174**	0.165**	0.171*
总效应	0.188**	0.174**	0.158**	0.168*
中介效应比例	−0.084	0	−0.032	−0.007
样本量	595	595	595	595

注：因果中介效应评价参数通过100次准贝叶斯蒙特卡洛逼近仿真获取。需要说明的是，由于结果变量（基金投资概率）为0~1变量，因此，该计算结果包括处理组与对照组ACME、ADE与TE的分样本计算结果以及全样本ACME、ADE与TE的计算结果；*** 表示 $p<0.01$，** 表示 $p<0.05$，* 表示 $p<0.1$。

（1）财经素养教育对大学生基金投资行为的正向促进作用显著。财经素养教育能显著提升大学生基金投资概率，该结果与前文线性回归分析结果一致（见表5-5）。尽管财经素养教育能直接提升大学生基金投资的概率，但并不能直接提升其基金投资比重，即财经素养教育并不能直接提升大学生基金投资比重。但是，财经素养教育能显著提升基金投资者投资基金的收益率。ADE计算结果表明，财经素养教育对大学生基金投资收益率的ADE范围介于16.5%~20.6%［见表5-8中的列（9）至列（12）］。

（2）财经态度与投资自我效能并非大学生基金投资行为的有效中介。当考虑财经态度与投资自我效能为大学生基金金融市场参与的可能渠道时，其ACME计算结果均不显著且几乎为0，表示财经态度与投资自我效能并不能提升大学生的基金投资行为。这也间接证实了财经素养教育对财经态度与投资自我效能的影响有限，该结果与 Fernandes 等[11] 的研究保持一致，即财经素养教育在非认知能力方面的提升并非像财经知识那么有效。

（3）财经知识和基金投资意愿对改善大学生基金行为（包括基金投资概率与投资比重）有同等、正向且显著的中介效应，即财经素养教育是通过提升大学生的财经知识水平与投资意愿进而促使其参与基金产品投资的。该结论与已有研究保持一致[40, 41, 46, 218]。财经知识与投资意愿对大学生基金行为（包括投资概率和投资比重）的影响程度几乎相同，且财经知识和投资意愿对于处理组与对照组基金投资概率的影响程度几乎完全相同。例如，财经知识对大学生基金投资比重的 ACME 约为 9.5%，占比约为 37.3%。类似地，投资意愿对大学生基金投资比重的 ACME 约为 8.2%，占比约为 32.6%。

（4）较高的财经知识水平并不能保证大学生拥有较高的基金投资收益，即高水平的财经知识并不等于较高的风险投资回报。财经知识对大学生基金投资收益率的 ACME 显著为负，表示财经知识对大学生基金投资收益产生了负向中介效应，占比约为 8.4%。这与 Li 等[52] 的研究结论一致。即较高的财经知识水平并不能保证所有的投资者从金融市场获取较高的投资收益。可能的原因是，较高的财经知识水平对不同特征人群财产性收入产生了异质性影响，具体原因还有待进一步分析证实。

5.5.2.2 财经素养教育对不同群组大学生基金投资行为的异质性影响

大学生基金投资行为的异质性分析结果表明（见表 5-9 和图 5-23 至图 5-25），所有包含交互效应的 p-Value 均大于 0.1，不存在统计学上的显著差异，即未能拒绝处理组和对照组之间 ACME 一致的零假设。然而，交互效应不显著并不能说明潜在机制不存在[77~79]，即交互式效应不显著仅能证实财经知识的中介效应对于处理组与控制组是相同的，但无法证实中介效应（ACME）是零还是非零。特别地，T 与 M 之间缺乏交互影响有助于因果中介分析的模型选择[213]。根据表 5-9 和图 5-23 至图 5-25，假设 ACME 对处理组与控制组存在一致影响的式（5.4）可能比式（5.5）更符合实际情况，因为未发现财经素养教育对处理组与控制组基金投资行为（ACME）存在异质性影响的迹象。

表 5-9 大学生基金投资行为的异质性影响分析

面板 1：财经知识中介

中介变量	（1）	（2）	（3）
	基金投资概率	基金投资比重	基金投资收益率
平均中介效应（对照组）	0.040***	0.140***	−0.014
平均中介效应（处理组）	0.036***	0.069*	−0.035**
直接效应（对照组）	0.035	0.133	0.161
直接效应（处理组）	0.031	0.062	0.14
总效应	0.072**	0.202	0.126
中介效应比例（对照组）	0.585**	0.586	−0.058
中介效应比例（处理组）	0.477**	0.263	−0.203
中介效应（均值）	0.038***	0.104***	−0.024**
直接效应（均值）	0.033	0.098	0.150*
中介效应比例（均值）	0.531**	0.424	−0.130
ACME（1）−ACME（0）	−0.003	−0.071	−0.020
95% 置信区间	[−0.023, 0.013]	[−0.189, 0.020]	[−0.057, 0.016]
p-Value	0.6	0.14	0.3
样本量	1115	1115	595

面板 2：投资意愿中介

中介变量	（4）	（5）	（6）
	基金投资概率	基金投资比重	基金投资收益率
平均中介效应（对照组）	0.039***	0.098***	−0.001
平均中介效应（处理组）	0.029***	0.081***	−0.007
直接效应（对照组）	0.05	0.132	0.139*
直接效应（处理组）	0.04	0.114	0.134
总效应	0.079**	0.213	0.133*
中介效应比例（对照组）	0.498**	0.41	−0.007
中介效应比例（处理组）	0.369**	0.327	−0.030
中介效应（均值）	0.034***	0.090***	−0.004
直接效应（均值）	0.045	0.123	0.137*
中介效应比例（均值）	0.433**	0.368	−0.019
ACME（1）−ACME（0）	−0.010	−0.017	−0.006
95% 置信区间	[−0.025, 0.004]	[−0.110, 0.046]	[−0.033, 0.016]

续表

<table>
<tr><td colspan="4" align="center">面板2：投资意愿中介</td></tr>
<tr><td rowspan="2">中介变量</td><td align="center">(4)</td><td align="center">(5)</td><td align="center">(6)</td></tr>
<tr><td align="center">基金投资概率</td><td align="center">基金投资比重</td><td align="center">基金投资收益率</td></tr>
<tr><td>p-Value</td><td align="center">0.12</td><td align="center">0.7</td><td align="center">0.68</td></tr>
<tr><td>样本量</td><td align="center">1115</td><td align="center">1115</td><td align="center">595</td></tr>
</table>

注：因果中介效应异质性影响参数通过100次准贝叶斯蒙特卡洛逼近仿真获取；*** 表示 $p<0.01$，** 表示 $p<0.05$，* 表示 $p<0.1$。

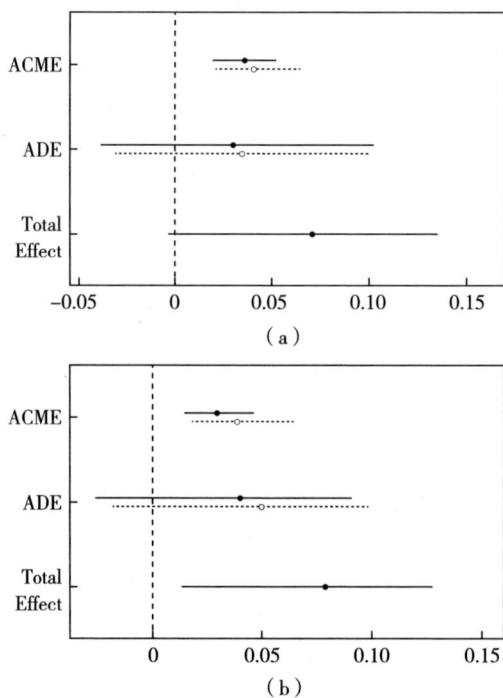

（a）

（b）

图 5-23　大学生基金投资行为的异质性分析（实线表示处理组，虚线表示对照组）

注：图（a）为财经知识中介，图（b）为投资意愿中介；ACME 代表平均因果中介效应，ADE 代表平均直接效应，TE 代表总效应，下同。

异质性影响分析结果间接地证实了第4章 ESR 模型（见表4-4）估计和前文因果中介分析结果的稳健性（见表5-8）：

（1）财经知识与投资意愿对处理组与对照组是否投资基金类金融产品的正向影响程度基本一致。

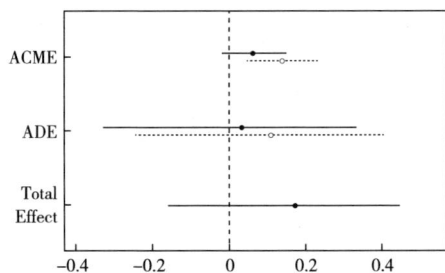

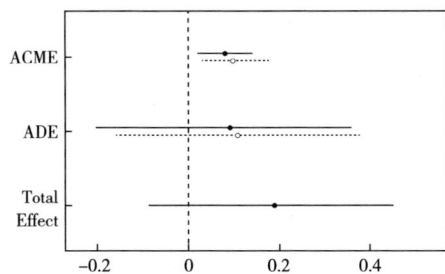

图 5-24　大学生基金投资比重的异质性分析（实线表示处理组，虚线表示对照组）

注：图（a）为财经知识中介，图（b）为投资意愿中介。

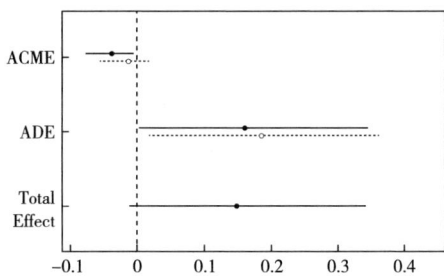

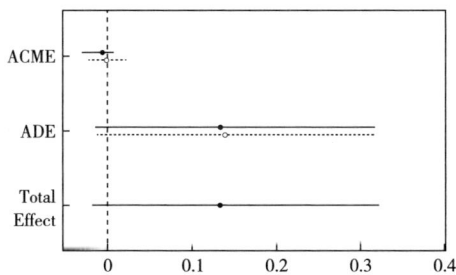

图 5-25　大学生基金投资收益率的异质性分析（实线表示处理组，虚线表示对照组）

注：图（a）为财经知识中介，图（b）为投资意愿中介。

（2）财经知识与投资意愿均会提升大学生基金类产品的投资比重，然而，财经知识对接受财经素养教育的处理组大学生基金投资比重的影响要小于其对未接受财经素养教育的对照组大学生产生的影响，尽管该影响在统计学上的并不显著。

（3）财经知识对大学生基金投资收益率有负面且微弱的平均中介效应。细分人群发现，财经知识仅会对接受财经素养教育的大学生基金投资收益率产生显著且微弱的负面影响（-3.5%），即较高的财经知识并不能保证大学生有较高的财产性收入。

（4）投资意愿中介条件下，接受财经素养教育在10%的显著性水平下会对大学生基金投资收益率产生正向影响，而且，在反事实情况下，对照组的直接效应显著。分析其可能原因，模型（6）所包含的样本均为基金持有者，未接受财经素养教育大学生的类似投资经验同样能促使其有一定的投资收益，即存在"做中学"效应[41, 144]：大学生对基金市场的了解会随着其投资时间的增加而逐渐加深，同时，大学生的投资分析能力如"选基"和择时能力也逐步提升，从而改善其基金类金融产品的投资收益。

5.5.2.3　个体特征对大学生基金投资行为的因果中介调节分析

根据前文分析结果，财经素养教育主要通过提升财经知识水平和/或投资意愿进而促进大学生的基金投资。然而，财经知识和/或投资意愿对不同个体特征（含心理特性）大学生基金投资行为的影响是否一致？对此，本节运用CMMA探索了财经知识和/或投资意愿中介作用下，财经素养教育对性别、专业和财经知识搜索信心不同的大学生基金投资行为的异质性影响。CMMA计算结果表明（见表5-10）。

表5-10　大学生基金投资行为的因果中介调节分析

中介变量	面板1：性别的调节作用			
	财经知识		基金投资意愿	
	（1）	（2）	（3）	（4）
	女性	男性	女性	男性
平均中介效应（对照组）	0.036***	0.042***	0.028***	0.038**
平均中介效应（处理组）	0.037***	0.042***	0.028***	0.038**

续表

面板 1：性别的调节作用				
中介变量	财经知识		基金投资意愿	
	（1）	（2）	（3）	（4）
	女性	男性	女性	男性
直接效应（对照组）	0.052	0.015	0.056	0.019
直接效应（处理组）	0.053	0.015	0.056	0.019
总效应	0.089*	0.057	0.084**	0.057
中介效应比例（对照组）	0.394*	0.624	0.335**	0.502
中介效应比例（处理组）	0.402*	0.634	0.342**	0.507
中介效应（均值）	0.036***	0.042***	0.028***	0.038**
直接效应（均值）	0.053	0.015	0.056	0.019
中介效应比例（均值）	0.398*	0.629	0.338**	0.505

面板 2：专业的调节作用				
中介变量	财经知识		基金投资意愿	
	（5）	（6）	（7）	（8）
	非经管类专业	经管类专业	非经管类专业	经管类专业
平均中介效应（对照组）	0.014***	0.021***	0.018***	0.013**
平均中介效应（处理组）	0.014***	0.021***	0.019***	0.013**
直接效应（对照组）	0.047**	−0.016	0.040*	−0.011
直接效应（处理组）	0.048**	−0.016	0.041*	−0.011
总效应	0.062**	0.005	0.059***	0.002
中介效应比例（对照组）	0.222**	0.542	0.305***	0.185
中介效应比例（处理组）	0.237**	0.543	0.327***	0.184
中介效应（均值）	0.014***	0.021***	0.019***	0.013**
直接效应（均值）	0.048**	−0.016	0.040*	−0.011
中介效应比例（均值）	0.230**	0.542	0.316***	0.185

面板 3：财经知识搜索信心的调节作用				
中介变量	财经知识		基金投资意愿	
	（9）	（10）	（11）	（12）
	搜索信心低	搜索信心高	搜索信心低	搜索信心高
平均中介效应（对照组）	0.024***	0.052***	0.037***	0.030***
平均中介效应（处理组）	0.025***	0.052***	0.037***	0.031***
直接效应（对照组）	0.055	0.025	0.043	0.044

中介变量	财经知识		基金投资意愿	
	(9)	(10)	(11)	(12)
	搜索信心低	搜索信心高	搜索信心低	搜索信心高
直接效应（处理组）	0.056	0.026	0.044	0.044
总效应	0.080 *	0.077	0.080 **	0.074 *
中介效应比例（对照组）	0.258 *	0.614	0.456 **	0.400 *
中介效应比例（处理组）	0.266 *	0.62	0.460 **	0.407 *
中介效应（均值）	0.025 ***	0.052 ***	0.037 ***	0.030 ***
直接效应（均值）	0.056	0.025	0.044	0.044
中介效应比例（均值）	0.262 *	0.617	0.458 **	0.404 *

面板 3：财经知识搜索信心的调节作用

注：样本量为 1115。因果中介调节效应分析参数通过 100 次准贝叶斯蒙特卡洛逼近仿真获取；*** 表示 $p<0.01$，** 表示 $p<0.05$，* 表示 $p<0.1$。

（1）在财经知识的中介作用下，财经素养教育能使女性、非经管类专业、财经知识搜索信心较低投资基金的可能性分别增加约为 8.9%、6.2% 和 8.0%。财经知识的中介效应十分显著，分别约有 39.8%、23.0% 和 26.2% 的贡献来源于财经知识的中介效应。

（2）在基金投资意愿的中介作用下，财经素养教育能使女性、非经管类专业、财经知识搜索信心较低的大学生投资基金的可能性分别增加约为 8.4%、5.9% 和 8.0%。基金投资意愿的中介效应十分显著，分别约有 33.8%、31.6% 和 45.8% 的贡献来源于基金投资意愿的中介效应。

（3）对于女性而言，财经知识对其基金投资行为的影响更大，但对于非经管类专业、财经知识搜索信心较低的大学生而言，基金投资意愿对其基金投资行为的影响更加明显。

（4）财经素养教育对大学生基金投资行为的影响无明显的性别和专业差异，即财经素养教育对不同性别、不同专业类别大学生基金投资行为的影响几乎相同。

（5）财经知识搜索信心能显著提升财经知识对大学生基金产品投资的影响。拥有同样水平的财经知识的前提下，财经知识搜索信心更高的大学生投资基金类风险资产的可能性会更大。

5.5.2.4　财经知识获取渠道对大学生基金投资行为的异质性影响

根据第 4 章分析，财经知识自主学习能增强财经素养教育对大学生财经素养提升的影响。那么，不同的自主学习财经知识获取渠道（财经信息/知识主要获取渠道）是否能增强或减弱财经素养教育对大学生基金投资行为的影响？对此，本节运用因果中介调节分探索了大学生财经信息/知识主要获取渠道对其基金投资行为的调节作用。

CMMA 计算结果表明，不同类别的财经信息获取渠道对大学生基金投资行为的影响存在差异。将文字类、长视频类社交媒体作为财经知识获取主要渠道的大学生投资基金的可能性更高；相反，未将短视频类网络社交媒体作为获取财经知识主要渠道的大学生参与基金投资的可能性更大（见表 5-11）。可能的原因是，财经知识较高的个体在文字类网络媒体繁杂的信息中分析、整理和吸收相关信息的能力较强[219]，因此，文字类社交媒体强化了财经素养教育对大学生基金投资行为的正向影响。同时，短视频类社交媒体削弱了财经素养教育对大学生基金投资行为的正向影响。除此以外，长视频类社交媒体对大学生基金投资行为的调节效应并不显著。

表 5-11　社交媒体财经知识获取对大学生基金投资行为的调节作用

中介变量	财经知识		基金投资意愿	
	（1）	（2）	（3）	（4）
	非主要渠道	主要渠道	非主要渠道	主要渠道
平均中介效应（对照组）	0.021***	0.035***	0.02	0.024***
平均中介效应（处理组）	0.021***	0.036***	0.019	0.025***
直接效应（对照组）	−0.040	0.065	−0.055	0.075**
直接效应（处理组）	−0.041	0.065	−0.056	0.076**
总效应	−0.020	0.100**	−0.036	0.100***
中介效应比例（对照组）	−0.245	0.350**	−0.172	0.243***
中介效应比例（处理组）	−0.239	0.356**	−0.171	0.246***
中介效应（均值）	0.021***	0.036***	0.019	0.024***
直接效应（均值）	−0.041	0.065	−0.055	0.076**
中介效应比例（均值）	−0.242	0.353**	−0.171	0.244***

面板 1：文字类社交媒体的调节作用

面板 2：长视频类社交媒体的调节作用				
中介变量	财经知识		基金投资意愿	
	（5）	（6）	（7）	（8）
	非主要渠道	主要渠道	非主要渠道	主要渠道
平均中介效应（对照组）	0.023 ***	0.040 ***	0.019	0.029 ***
平均中介效应（处理组）	0.023 ***	0.040 ***	0.019	0.029 ***
直接效应（对照组）	0.022	0.028	0.02	0.033
直接效应（处理组）	0.022	0.028	0.02	0.033
总效应	0.044	0.068	0.039	0.062
中介效应比例（对照组）	0.328	0.5	0.313	0.382
中介效应比例（处理组）	0.335	0.5	0.321	0.382
中介效应（均值）	0.023 ***	0.040 ***	0.019	0.029 ***
直接效应（均值）	0.022	0.028	0.02	0.033
中介效应比例（均值）	0.331	0.5	0.317	0.382

面板 3：短视频类社交媒体的调节作用				
中介变量	财经知识		基金投资意愿	
	（9）	（10）	（11）	（12）
	非主要渠道	主要渠道	非主要渠道	主要渠道
平均中介效应（对照组）	0.031 ***	0.032 ***	0.027 ***	0.023 ***
平均中介效应（处理组）	0.031 ***	0.032 ***	0.027 ***	0.023 ***
直接效应（对照组）	0.069	−0.019	0.064 *	−0.009
直接效应（处理组）	0.069	−0.019	0.065 *	−0.009
总效应	0.100 **	0.013	0.092 **	0.014
中介效应比例（对照组）	0.317 **	0.303	0.308 **	0.388
中介效应比例（处理组）	0.324 **	0.305	0.317 **	0.392
中介效应（均值）	0.031 ***	0.032 ***	0.027 ***	0.023 ***
直接效应（均值）	0.069	−0.019	0.064 *	−0.009
中介效应比例（均值）	0.321 **	0.304	0.313 **	0.39

注：样本量为 1115；因果中介调节效应估计参数通过 100 次准贝叶斯蒙特卡洛逼近仿真获取；*** 表示 $p<0.01$，** 表示 $p<0.05$，* 表示 $p<0.1$。

5.5.2.5 大学生基金投资行为的多重相关因果机制分析

根据上述分析，在财经知识或基金投资意愿的中介作用下，财经素养教育能显著提升大学生的基金投资，且财经知识或基金投资意愿的正向中介效应显著。然而，大学生的财经知识与投资意愿是相互关联的中介变量：大学生较高的财经知识水平会增强其投资意愿，同时，增强的投资意愿可能会反作用于财经知识，即较强的基金投资意愿会促使大学生通过各种渠道进行基金类风险产品投资知识的学习。因此，考虑将基金投资意愿和财经知识共同作为大学生基金产品投资行为的中介变量。假设大学生接受财经素养教育之后，其增强的基金投资意愿与提升的财经知识水平会共同作用于其基金类产品的投资行为，即二者会共同促使大学生参与基金类风险金融产品的投资。除此以外，增强的基金投资意愿与提升的财经知识水平可能会增加大学生的投资自我效能，因此，考虑将基金投资自我效能引入多重相关作用机制分析，探索三重相关机制对大学生基金投资行为的影响。

（1）大学生基金投资行为的二重非独立（相关）因果机制分析。在财经知识与基金投资意愿的共同中介作用下，二者对大学生基金投资行为的影响显著为负（见表 5-12）。可能的原因是，当同时考虑财经知识与基金投资意愿的共同作用时，尽管财经知识和基金投资意愿的正向相关作用会促进大学生的基金投资。但是，投资市场的环境也会影响大学生的基金投资行为。即当拥有基金投资意愿并掌握一定财经知识的大学生对风险金融市场环境的感知和反应会更加敏锐。当市场相对疲软时，此时降低风险金融市场投资或许是相对更加明智的投资行为［见图 5-26（a）］。

（2）大学生基金投资行为的三重非独立（相关）因果机制分析。当引入投资自我效能的影响进行三重因果机制分析时，三种可能的影响机制对大学生的基金投资行为的影响变得不再显著（见表 5-12）。财经知识和基金投资意愿二者可能会抑制大学生的基金投资行为，当加入投资自我效能进行三重相关中介机制分析时，三者对大学生基金投资行为的影响不再显著，这说明在某种程度上，大学生的感知投资能力会冲淡或削弱市场行情的影响，具体表现为其既不会促进也不会抑制大学生的基金投资行为［见图 5-26（b）］。

5.5.3　大学生借贷行为的因果机制分析

大学生借贷行为的因果中介分析结果表明，财经素养教育不会对大学生使用借贷产品产生显著影响（见表 5-13）。该结果与 Carpena 和 Zia[25] 的研究结论一

（a）

（b）

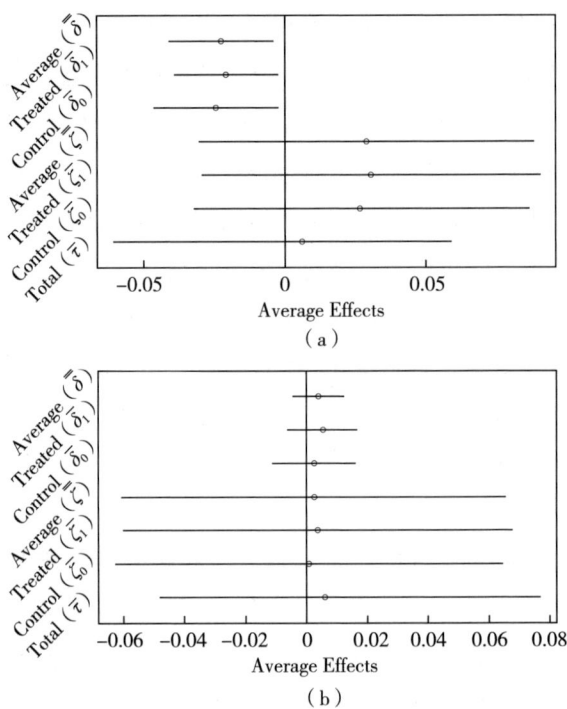

图 5-26　大学生基金投资行为的多重非独立因果中介分析

注：图（a）为财经知识和基金投资意愿，图（b）为基金财经知识、投资意愿与投资自我效能；δ 表示平均因果中介效应系数，ζ 表示平均因果直接效应系数，τ 表示因果总效应系数；由于 CDMMA 为反事实框架下的因果机制分析，因此，δ、ζ 包括处理组（接受财经素养教育）和对照组（未接受财经素养教育）的估计系数。

表 5-12　大学生基金投资行为多重非独立因果机制分析

面板1：基金投资意愿与财经知识的二重共同中介作用		
效应类型	参数		95%置信区间
平均中介效应	−0.020	−0.039	0.000
平均中介效应	−0.024	−0.043	0.000
平均中介效应	−0.022	−0.039	0.000
直接效应（对照组）	0.031	−0.040	0.100
直接效应（处理组）	0.027	−0.043	0.100
平均直接效应	0.029	−0.041	0.100
总效应	0.007	−0.060	0.070

续表

面板 2：基金投资意愿、财经知识与投资自我效能的三重中介作用			
效应类型	参数		95% 置信区间
平均中介效应	0.005	−0.004	0.010
平均中介效应	0.002	−0.009	0.010
平均中介效应	0.004	−0.003	0.010
直接效应（对照组）	0.004	−0.065	0.070
直接效应（处理组）	0.001	−0.071	0.070
平均直接效应	0.002	−0.067	0.070
总效应	0.006	−0.066	0.070

注：样本量为 1115；因果中介调节效应估计参数通过 100 次准贝叶斯蒙特卡洛逼近仿真获取。

致。Carpena 和 Zia[25] 的因果中介分析研究表明，财经素养教育对低收入个体借贷行为的影响并不显著。Carpena 和 Zia[25] 同时指出，相较于预算与开设储蓄账号等"较为简单"的财经行为，财经素养教育可能难以对"更为复杂"的财经行为（如借贷行为）产生影响。

表 5-13　大学生借贷产品使用和贷款偿还行为的影响机制分析

面板 1：借贷产品持有		
中介变量	（1）	（2）
	财经知识	财经态度
平均中介效应（对照组）	0.006	0.002
平均中介效应（处理组）	0.006	0.002
直接效应（对照组）	0.031	0.041
直接效应（处理组）	0.031	0.041
总效应	0.037	0.042
中介效应比例（对照组）	0.069	0.014
中介效应比例（处理组）	0.07	0.014
中介效应（均值）	0.006	0.002
直接效应（均值）	0.031	0.041
中介效应比例（均值）	0.069	0.014
样本量	1115	1115

续表

面板2：贷款偿还行为

中介变量	(3)	(4)
	财经知识	财经态度
平均中介效应	0.078***	-0.064
直接效应	-0.143	0.007
总效应	-0.065	-0.057
中介效应比例	-0.433	0.597

注：因果中介效应估计参数通过100次准贝叶斯蒙特卡洛逼近仿真获取；***表示 $p<0.01$。

财经知识与财经态度也不会影响大学生对借贷产品的使用。分析其可能原因，根据以往文献，尽管财经素养高的居民家庭更可能持有负债[169, 171]，但财经素养仅会显著提高有资金需求的家庭借贷行为发生的概率[167]。根据1115份大学生财经素养问卷调查数据，样本中82%的大学生大多表示其月底仍有剩余的钱，且大多数的消费观念相对理性：56%的大学生表示其消费是考虑最多的是"价格是否便宜或实惠"；83%的受访者表示"有需要，而且价格适中"时才会考虑购买该商品。与之相反的是，13.4%的受访者表示"是否是名牌"是其购买商品的关键考虑要素之一；5%的受访者表示"有需要，不管多少钱"都会购买；仅2.4%的受访者表示"一旦看上就立刻买"。除此以外，受访大学生中持有借贷产品的比例相对较低，14%的受访者拥有助学贷款，25%的受访者表示自己持有信用卡或花呗（京东白条）等信贷产品。因此，财经素养教育未对样本中大学生持有借贷产品产生显著影响。

尽管不会对大学生是否持有信贷产品产生影响，但财经知识会在1%的显著性水平下对四种信贷偿还行为产生积极影响（+7.8%）（见表5-13），即对于使用信贷产品的大学生而言，财经知识会促使其不透支信贷产品，不会逾期还款，更倾向于一次性而非分期还款，同时不会出现试图维持多种信贷产品之间的资金平衡（"拆东墙补西墙"）的问题。例如，Fong 等[85]的研究表明，财经素养更高的个体会更倾向于及时偿还信用卡贷款。但是，财经态度不会对大学生信贷偿还行为产生显著影响，该结果与 Carpena 和 Zia[25]的研究结论保持一致。

5.5.4　大学生诈骗探测与损失规避能力因果机制分析

大学生诈骗探测与损失规避能力的因果中介分析结果表明：

（1）财经知识、财经态度与诈骗识别自我效能均不会对大学生诈骗探测能力产生显著影响（见表 5-14）。Wei 等[57] 研究表明，除财经知识外，积极的社会互动、户主的健康状况、对陌生人的信任等因素也会对个体诈骗探测能力产生影响。因此，推测某些非认知因素的存在可能同时对大学生的诈骗识别能力产生了显著影响，尤其是某些非认知能力可能产生的负面影响抵消了财经知识对大学生诈骗识别能力产生的正面影响，而财经素养教育对非认知能力的提升仍具有一定的局限性[11]。

（2）诈骗识别自我效能显著提升影响大学生的损失规避能力（见表 5-14）。尽管诈骗识别自我效能不会对大学生是否探测到财务诈骗产生影响，但财经诈骗识别自我效能在 5% 的显著性水平下能降低大学生遭受财务诈骗的次数和大学生遭受财务诈骗后的金钱损失。

（3）尽管财经素养教育不会对大学生诈骗探测能力产生直接影响，然而，财经素养教育能通过提升大学生的财经诈骗识别自我效能而间接提升大学生遭受财务诈骗时的损失规避能力（见表 5-14）。就损失次数而言，诈骗识别自我效能能使大学生遭遇损失的次数减少约 3.3%，中介效应占比约 22%。就损失金额而言，诈骗识别自我效能能使大学生遭受财务诈骗损失金额降低约 8.8%，中介效应占比约 22%。稳健性检验的结果证实了这一结论（见表 5-14），即使用损失金额对数进行大学生损失规避能力的因果中介分析时发现，诈骗识别自我效能能使大学生遭受财务诈骗损失金额（取对数）降低约 13.5%，中介效应占比约 23.5%。

表 5-14　大学生诈骗探测能力和损失规避能力的影响机制分析

面板 1：诈骗探测能力			
中介变量	（1）	（2）	（3）
	财经知识	财经态度	诈骗识别自我效能
平均中介效应（对照组）	−0.003	−0.002	−0.007
平均中介效应（处理组）	−0.003	−0.002	−0.007
直接效应（对照组）	0.015	0.014	0.019
直接效应（处理组）	0.015	0.014	0.019
总效应	0.012	0.012	0.011
中介效应比例（对照组）	−0.023	−0.028	−0.011

面板1：诈骗探测能力			
中介变量	（1）	（2）	（3）
	财经知识	财经态度	诈骗识别自我效能
中介效应比例（处理组）	-0.024	-0.030	-0.011
中介效应（均值）	-0.003	-0.002	-0.007
直接效应（均值）	0.015	0.014	0.019
中介效应比例（均值）	-0.024	-0.029	-0.011
样本量	1115	1115	595

面板2：遭受损失次数			
中介变量	（4）	（5）	（6）
	财经知识	财经态度	诈骗识别自我效能
平均中介效应	-0.023	0.001	-0.033**
直接效应	-0.039	-0.067	-0.038
总效应	-0.062	-0.066	-0.070
中介效应比例	0.125	0.003	0.22
样本量	393	393	393

面板3：遭受损失金额			
中介变量	（7）	（8）	（9）
	财经知识	财经态度	诈骗识别自我效能
平均中介效应	-0.052	-0.018	-0.088**
直接效应	-0.204	-0.265	-0.148
总效应	-0.256	-0.283	-0.236
中介效应比例	0.11	0.03	0.22
样本量	393	393	393

面板4：遭受损失金额（对数）			
中介变量	（10）	（11）	（12）
	财经知识	财经态度	诈骗识别自我效能
平均中介效应	-0.065	-0.020	-0.135***
直接效应	-0.221	-0.199	-0.146
总效应	-0.286	-0.219	-0.281
中介效应比例	0.092	0.012	0.235
样本量	393	393	393

注：因果中介效应估计参数通过100次准贝叶斯蒙特卡洛逼近仿真获取；*** 表示 $p<0.01$。

对大学生遭遇财经诈骗损失自我归因的描述性统计结果表明（限于篇幅，图表未列出）：

（1）大学生认为自己遭受财经诈骗损失的主要原因在于自身防骗意识薄弱或面对诱惑行为的非理性。绝大多数大学生（占比约76.0%）认为自我遭受财经诈骗损失的主要原因为"轻信他人，防骗意识薄弱"；约半数（46.4%）的大学生认为自己遭受损失的主要原因是"利益诱惑，自身行为不理智"。与非财经类专业大学生相比，更多的财经类专业大学生认为自己遭受财经诈骗损失的主要原因是"利益诱惑，自身行为不理智"（见表5-15）。

（2）大学生认为自己遭受财经诈骗损失的次要原因在于诈骗本身的迷惑性强。38%的大学生则将其遭受财经诈骗损失归因于"诈骗迷惑性强，技巧高超"。

上述描述性统计结果进一步证实了提升大学生诈骗识别自我效能对降低其遭受诈骗损失的必要性。结合上述分析，建议高等学校在其财经素养教育的内容中增加财经防诈骗案例教学，向大学生群体介绍不断更新的诈骗形式，以强化大学生财经诈骗识别自我效能并增强其防骗意识。同时，金融机构和相关部门应强化金融监管，加强与高校之间的合作，进一步加大高等学校反诈骗技能宣传力度，切实提升大学生的财经诈骗识别和损失规避能力。

5.6　稳健性检验

由于可能存在的不可观测的混淆变量会引起估计偏误，为探究因果中介分析结果的稳健性，有必要进行敏感性分析[77~79]。大学生财经行为的因果机制分析结果表明，财经知识、财经行为意愿（预算意愿和基金投资意愿）和财经自我效能（主要是指诈骗识别自我效能）都可能是财经素养教育影响大学生财经行为的重要渠道。然而，这些发现的有效性取决于在控制处理变量与基线特征的条件下，中介变量是否遵循顺序可忽略性假设。事实上，顺序可忽略性假设是相当强的条件假设，因为受访者的财经知识、财经行为意愿与其感知财务能力（财经自我效能）不太可能是随机的。例如，财经知识、财经行为意愿与财经自我效能更高的大学生可能同时具备更高的未观察能力（不可观测能力）。如果未观察到的能力会通过财经知识、财经行为意愿与财经自我效能以外的渠道影响财经行为，则违反了中介变量可忽略性的假设，此时，因果中介分析计算得到的 ACME 将与不可观察特征的影响相混淆。除此以外，使用多重非独立因果中介探索大学生基金投资行为的多重影响机制时，同质性交互式影响的假设可能被违背，因此，对其进行敏感度分析也是十分必要的。

5.6.1　大学生财经行为因果中介效应敏感性分析

在顺序可忽略性假设 SI 下，令式（5.3）与式（5.4）误差项之间的相关性 $\rho \equiv (\varepsilon_{3i}, \varepsilon_{4i})$ 为零。通过指定 ρ 的假设值来放宽 $\rho=0$ 的条件。然后在这些非零相关性下估计 ACME。敏感性分析的结果如图 5-27 至图 5-33 所示。在图 5-27 至图 5-33 中，绘制了财经知识、财经行为意愿与财经自我效能中介下的因果中介分析结果的 ACME 与 ρ。图中，$\rho=0$ 处的 ACME 对应于前文因果中介分析相应表格中的 ACME 估计值。

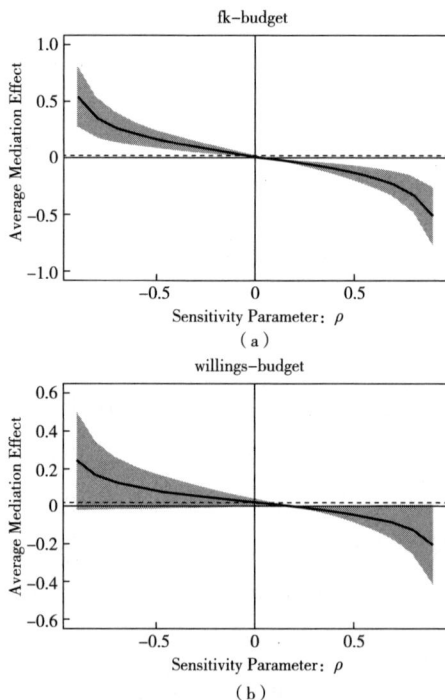

图 5-27　大学生预算能力影响机制的敏感性分析

注：图（a）中介变量为财经知识，图（b）中介变量为（维持）预算意愿。

fk–budgetfre

（a）

willings–budget

（b）

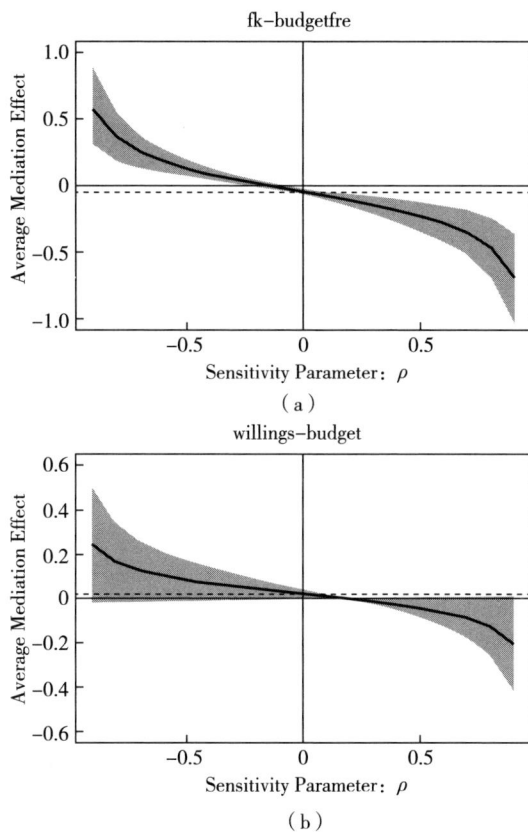

图 5-28　大学生预算习惯（频率）影响机制的敏感性分析

注：图（a）中介变量为财经知识，图（b）中介变量为（维持）预算意愿。

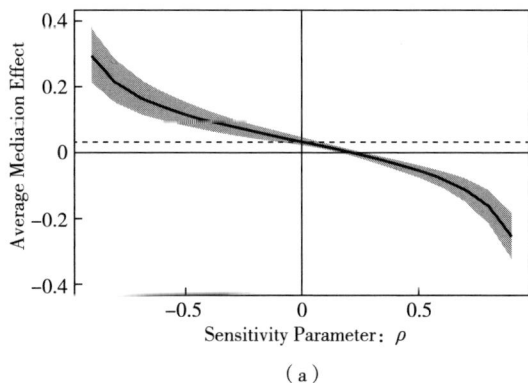

（a）

图 5-29　财经知识对大学生基金投资概率影响的敏感性分析

（b）

图 5-29 财经知识对大学生基金投资概率影响的敏感性分析（续）

注：图（a）代表处理组，图（b）代表对照组。

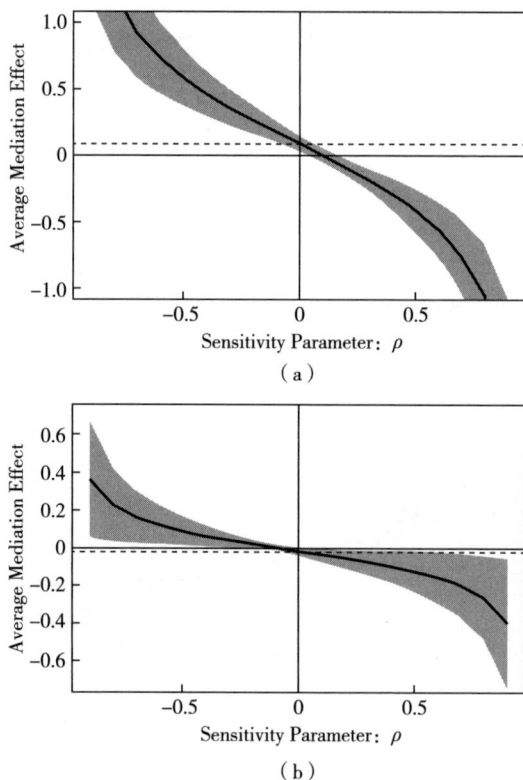

（a）

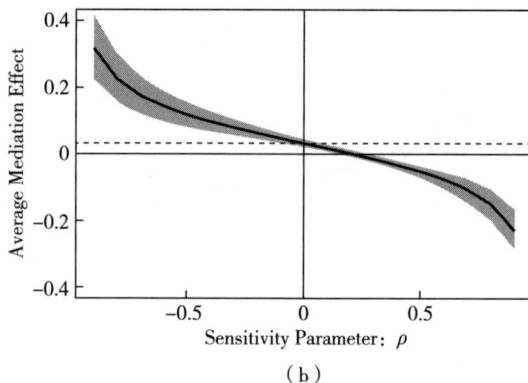

（b）

图 5-30 财经知识对大学生基金投资比重与收益率影响的敏感性分析

注：图（a）代表基金投资比重，图（b）代表基金投资收益率。

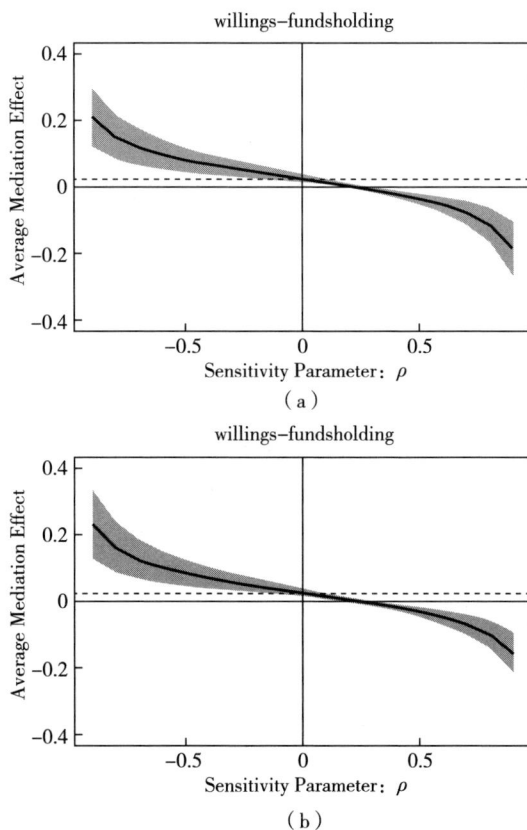

图 5-31　基金投资意愿对大学生基金投资概率影响的敏感性分析

注：图（a）代表处理组；图（b）代表对照组。

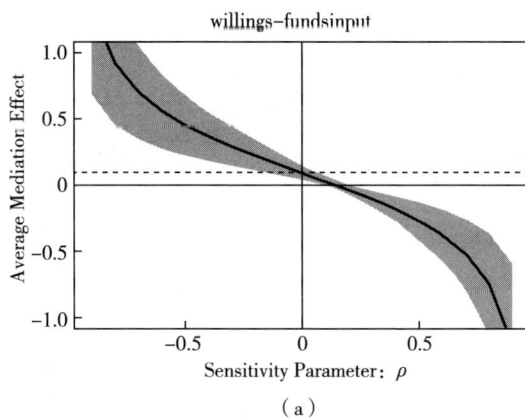

图 5-32　基金投资意愿对基金投资比重与收益率影响的敏感性分析

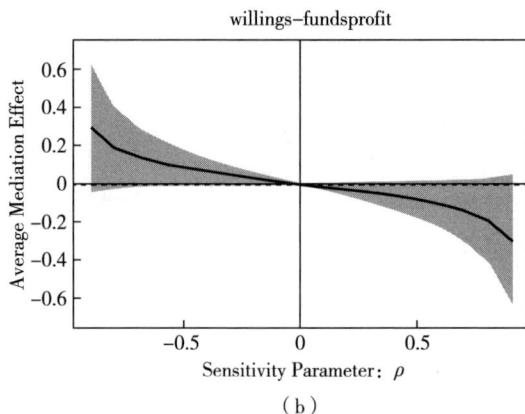

（b）

图 5-32　基金投资意愿对基金投资比重与收益率影响的敏感性分析（续）

注：图（a）代表基金投资比重，图（b）代表基金投资收益率。

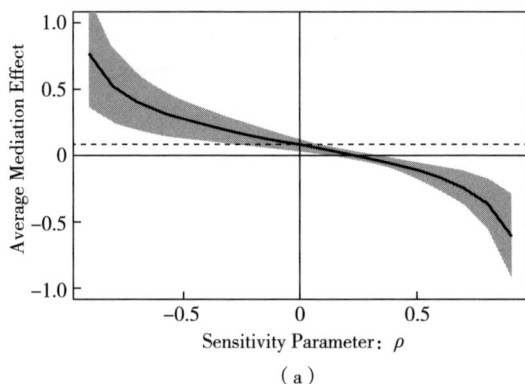

（a）

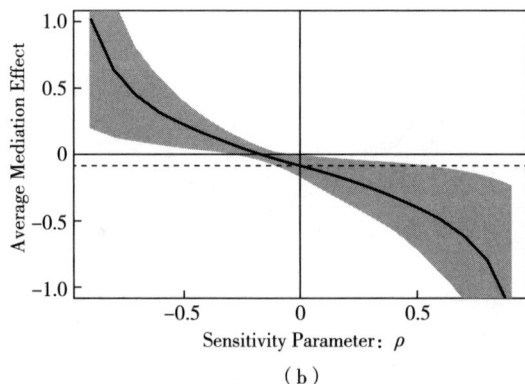

（b）

图 5-33　大学生贷款偿还行为与损失规避能力影响的敏感性分析

注：图（a）代表贷款偿还行为，中介变量为财经知识；图（b）代表损失规避能力，中介变量为诈骗识别自我效能。

敏感性分析的结果显示了 ρ 必须取多大才能使中介效应为零。如果 ρ 的值很小并且 ACME 估计在统计上是显著的，那么即使是很小程度地违反顺序可忽略性假设也会改变上述因果中介分析的结论。相反地，ρ 的值越大，表示结果越稳健。从图 5-27 至图 5-33 中可观测到，上述对 ACME 的估计似乎对 ρ 的变化较为敏感。因为如果当改变 ρ 时，计算结果若对此表现不敏感，那么曲线会相对平坦。因此，在解释 ACME 时需考虑到计算结果的敏感性：

（1）就财经知识中介效应的敏感性分析而言，财经知识对大学生基金投资概率的影响估计结果较财经知识对预算行为、基金投入比重以及贷款偿还行为的影响估计结果要更为稳健，与后面三类行为相比，前者 ACME 为零的 ρ 值为 0.1，而后面三类行为 ACME 为零的 ρ 值均为 0.2。

（2）就财经行为意愿中介效应的敏感性分析而言，维持预算意愿对大学生预算能力、预算习惯的影响估计结果相对稳健；基金投资意愿对大学生基金投资收益率的影响估计结果较其对基金投资概率、基金投资比重的影响估计结果要更为稳健，与后面两种行为相比，前者 ACME 为零的 ρ 值为 0.1，而后面两种行为 ACME 为零的 ρ 值均为 0.2。

（3）当考虑诈骗识别自我效能为中介变量时，其对于损失次数的影响估计结果较损失金额的影响估计结果而言更不敏感，与后者相比，前者 ACME 为零的 ρ 值为-0.1，而后者则为-0.2。

除此以外，图 5-27 至图 5-33 还表明了 ACME 的偏差方向：如果 $\rho<0$，表示 ACME 可能被低估；但如果 $\rho>0$，则表示 ACME 可能被高估。因此，在上述分析中可知：

（1）当考虑诈骗识别自我效能为中介变量时，其对降低大学生个体遭受财务诈骗损失次数与减少遭受损失金额的影响可能被低估。

（2）当考虑财经知识作为中介变量时，财经知识对大学生预算行为与基金类风险金融产品投资行为的影响可能被高估。

（3）当考虑维持预算意愿为中介变量时，其对大学生预算能力、预算习惯的影响可能被高估。

（4）当考虑基金（类风险金融产品）投资意愿为中介变量时，其对大学生基金投资概率、基金投资比重的影响可能被高估。

5.6.2　大学生财经行为多重相关因果中介效应敏感性分析

多重非独立因果中介敏感度分析的目的在于探究同质性交互式影响的假设是否可能被违背。具体而言，通过探究敏感度系数变化引起的 ACME 阈值的变化，来探究假设被违反的程度。多重非独立因果中介分析是基于同质性交互式影响的假设而展开的，即该分析的前提是主要中介变量与处理变量之间的交互式影响对处理组与控制组个体而言是保持一致的，而前文的分析已证实了该假设是满足的。

对大学生预算行为（预算习惯）的二重相关因果机制分析的敏感度检验结果如图 5-34 所示。系数 R^2 为假设处理变量与中介变量相互作用存在异质性时，结果变量中总方差的比例，即：

$$\widetilde{R}^2 = \frac{\mathrm{VAR}(\widetilde{\kappa}_i T_i M_i)}{\mathrm{VAR}(Y_i)}$$

其中，$\widetilde{\kappa}_i = \kappa_i - E(\kappa_i)$。$\widetilde{R}^2$ 的计算结果表明，对于大学生预算行为（预算习惯）的二重机制分析，$\widetilde{R}^2$ 的值介于 $-0.01 \sim -0.07$，且几乎为 0，这说明结合处理变量与中介变量之间的交互异质性以解释结果模型中总方差的变化的重要性不高，即交互式影响的一致性假设得到满足，模型的估计结果十分稳健。

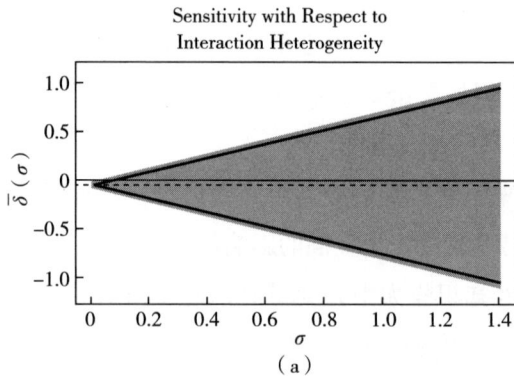

图 5-34　大学生预算行为（预算习惯）的二重非独立影响机制的敏感性分析

Sensitivity with Respect to
Interaction Heterogeneity

（b）

Sensitivity with Respect to
Importance of Interaction

（c）

Sensitivity with Respect to
Importance of Interaction

（d）

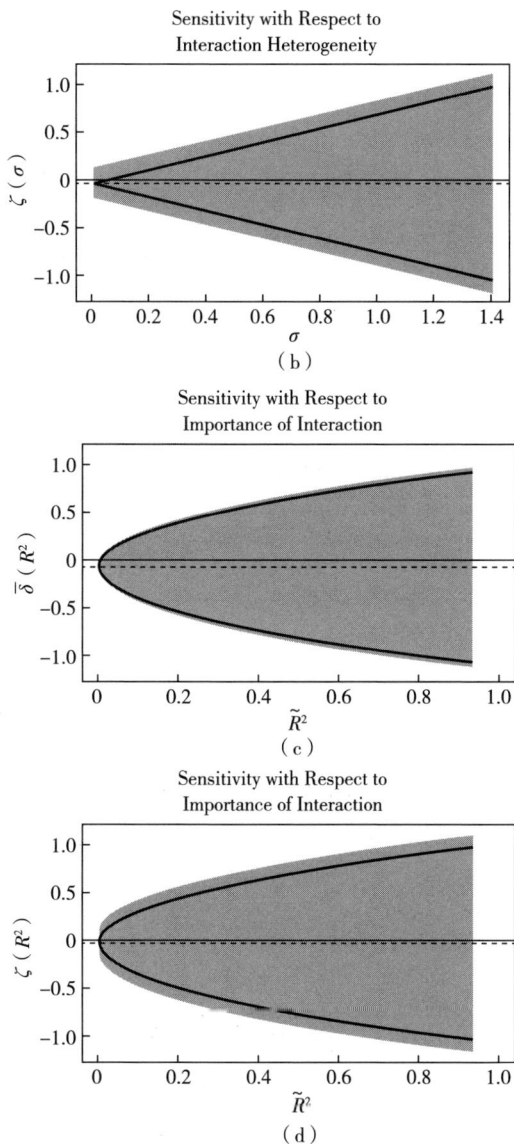

图 5-34　大学生预算行为（预算习惯）的二重非独立影响机制的敏感性分析（续）

注：中介变量为财经知识和维持预算意愿。图中，σ 代表敏感度系数，系数 $\widetilde{R}^2$ 代表假设处理变量与中介变量相互作用存在异质性时结果变量中总方差的比例，下同。

类似地，对大学生预算行为（预算能力）的二重相关因果机制分析的敏感度检验结果显示（见图 5-35），$\widetilde{R}^2$ 的值介于 $0 \sim -0.12$，且几乎为 0，说明大学生预算能力的二重相关因果机制模型的估计结果十分稳健。

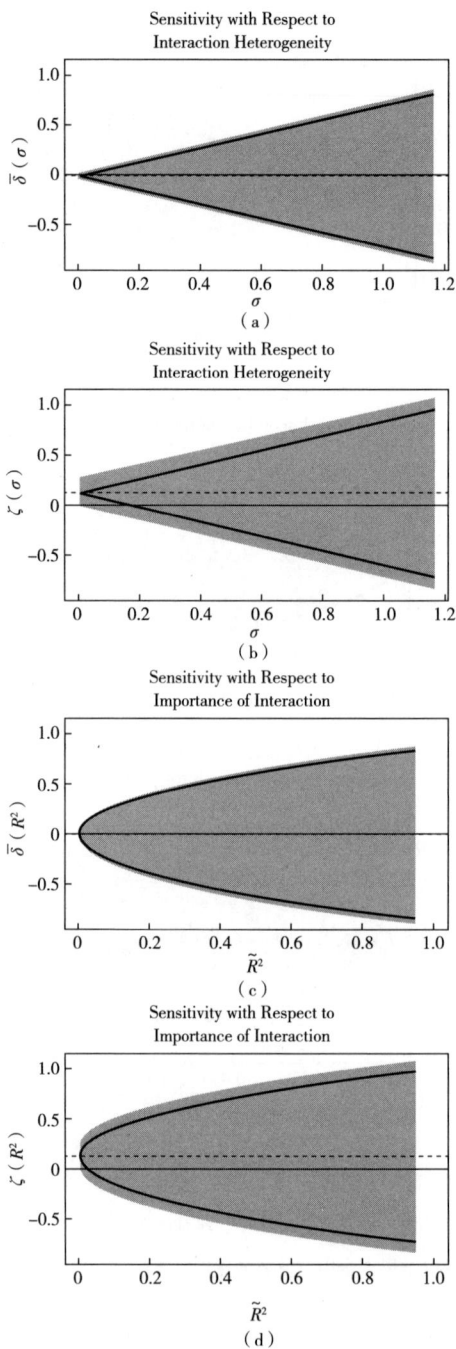

图 5-35　大学生预算行为（预算能力）的二重非独立影响机制的敏感性分析

注：中介变量为维持预算意愿和财经知识。

　　大学生基金投资行为的二重机制与三重相关因果机制的敏感度分析结果较为一致（见图 5-36 和图 5-37）。$\tilde{R}^2$ 的计算结果表明，对于二重机制分析，$\tilde{R}^2$ 的值介于 -0.01~0.01，同时对于三重机制分析，$\tilde{R}^2$ 的值几乎为 0，这说明交互式影响的一致性假设得到满足，大学生基金投资行为的多重相关因果机制模型的估计结果十分稳健。

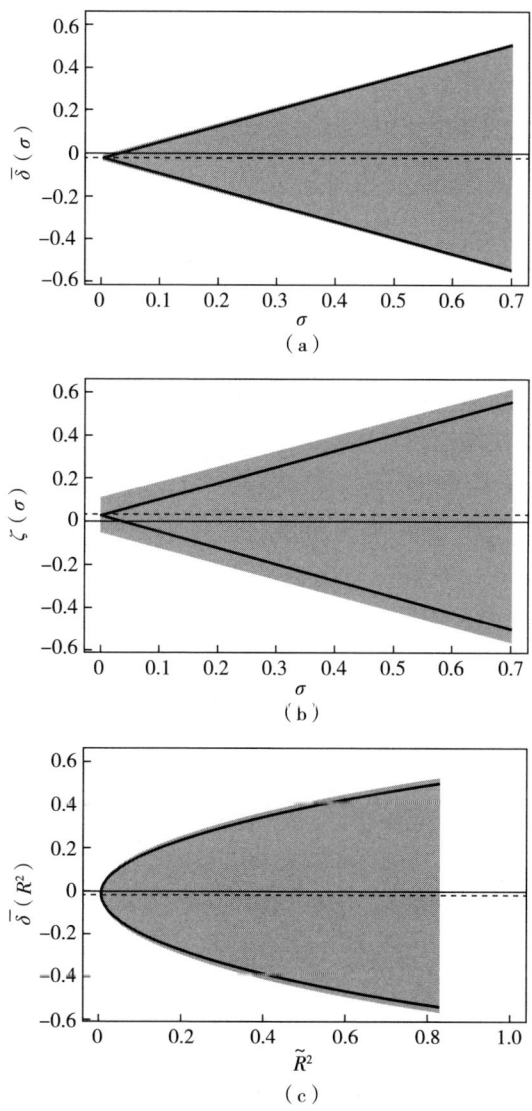

图 5-36　大学生基金投资行为的二重非独立影响机制的敏感性分析

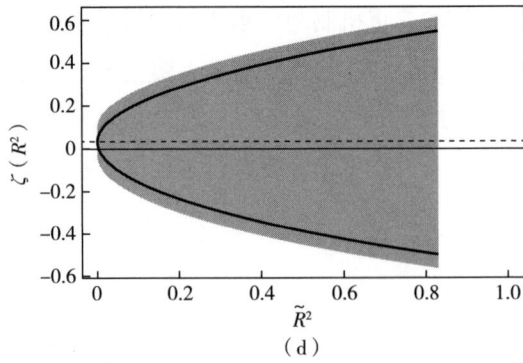

（d）

图 5-36 大学生基金投资行为的二重非独立影响机制的敏感性分析（续）

注：中介变量为基金投资意愿和财经知识。

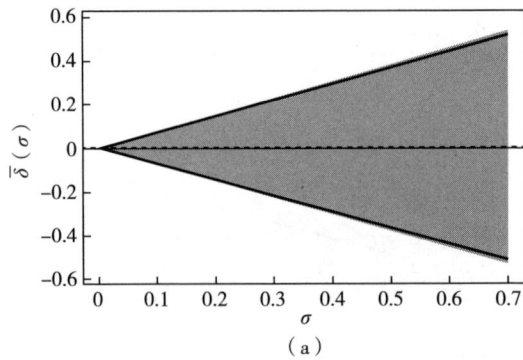

（a）

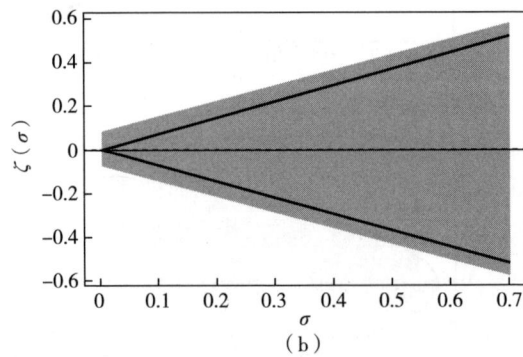

（b）

图 5-37 大学生基金投资行为的三重非独立影响机制的敏感性分析

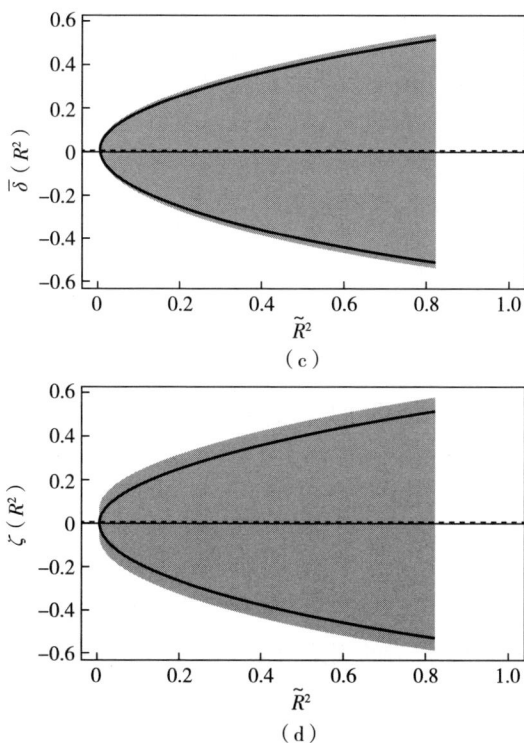

图 5-37 大学生基金投资行为的三重非独立影响机制的敏感性分析 （续）

注：中介变量为基金投资意愿、财经知识与投资自我效能。

5.7 本章小结

为解决不可观测的混淆变量引起的中介效应估计偏误，本章基于 1115 份微观大学生财经素养调查数据，通过构建反事实分析框架，将因果中介分析应用于财经素养教育对大学生预算行为、基金投资行为、信贷使用与偿还行为与诈骗探测与损失规避共四类大学生财经行为的影响机制研究，探索了财经素养、财经自我效能和财经行为意愿影响大学生财经行为的因果路径。结果发现，财经知识、（维持）预算意愿、投资意愿和诈骗识别自我效能能显著改善大学生（相应）的财经行为，同时，财经态度并非财经行为影响的有效中介。具体的研究内容与结果分析如下：

（1）大学生预算行为的因果机制分析。CMA 结果表明，财经素养教育能较大幅度地提升大学生预算能力。财经知识和预算意愿对提升大学生财务预算能力有正向且显著的中介效应。财经态度与预算自我效能并非大学生财务预算能力提升的有效中介。财经素养教育对大学生预算习惯的改变作用并不显著。异质性分析结果表明,财经知识和预算意愿对不同群组大学生的预算行为的中介效应无明显差异。财经知识对大学生预算习惯的中介效应显著为负,这说明财经知识较较高的大学生不一定"经常使用"预算。与财经知识相比,预算意愿对大学生预算能力的正向作用更加显著。CMMA 结果表明,在财经知识和预算意愿的共同作用下,财经素养教育对处理组大学生预算能力的总效应显著,但中介效应并不明显,即财经素养教育对使用预算的处理组(接受财经素养教育)大学生的预算能力有较大幅度的正向提升作用,无论其财经知识和维持意愿如何。与之相反的是,财经知识和预算意愿对大学生预算习惯的中介效应显著为负。结合前文分析,推测可知,财经知识对预算习惯的负向作用较预算意愿的正向作用更大,因此,当二者共同作用时,其对大学生预算习惯表现出负向影响。

(2)大学生基金投资行为的因果机制分析。基线 CMA 模型结果表明,财经素养教育能使大学生基金投资的概率提升约 6.8%,同时,财经素养教育能较大幅度地提升大学生的基金投资收益率。投资意愿和财经知识对大学生基金投资比重有同等程度的正向中介效应。CMMA 结果表明,财经素养教育对基金投资行为的影响对以下特征大学生而言会更加显著:女性、非经管类专业、财经知识搜索信心较低、将短视频类社交媒体作为财经知识主要获取渠道的个体。文字类和短视频类社交媒体分别加强和削弱了财经素养教育对大学生基金投资行为的正向影响。CDMMA 结果表明,当同时考虑财经知识与基金投资意愿的共同作用时,二者对大学生基金投资行为的影响显著为负。这一结果间接说明了投资市场环境与市场行情对大学生基金投资行为的影响不容忽略。同时,大学生投资自我效能可能会冲淡或削弱市场行情对大学生基金投资行为的影响。

(3)大学生借贷行为的因果机制分析。CMA 结果表明,财经素养教育不会影响大学生借贷产品使用,但较高的财经知识会显著改善大学生的四种信贷偿还行为。

(4)大学生诈骗探测和损失规避能力的因果机制分析。CMA 结果显示,诈骗识别自我效能会明显提升大学生遭受财务诈骗时的损失规避能力,即其能使大学生遭遇损失的次数和损失金额分别减少约 3.3% 和 8.8%,稳健性检验的结果证实了这一结论。

第6章 结语

　　财经素养教育是国家战略的重要内容与实现立德树人根本任务的必要路径，研究大学生如何发展（提升）财经素养是提升我国高等教育国际竞争力的迫切需要[1]。自 2016 年以来，我国已将财经知识普及教育纳入国家发展战略规划，并鼓励有条件的高校开设财经基础知识相关公共课[2]。但是，相关调查数据的缺乏使我国目前鲜有文献对高校财经素养教育的有效性进行分析。对大学生财经素养与财经行为进行调查研究、评估财经素养教育的有效与薄弱环节，是提升大学生财经素养并改善其财经行为的一项关键举措。而要提出有效的财经素养教育政策，应当先厘清财经素养教育对大学生财经素养与财经行为的影响程度及作用机制。

　　基于此，本书在大学生个体特征异质性视角下，运用多阶段量表开发过程，结合基于 CTT 与 IRT 模型的量表开发方法，开发了简洁有效的大学生财经素养测量量表。在财经素养提升互补替代理论框架下，运用内生转换模型探索了反事实框架下财经素养教育对大学生财经素养提升的因果效应，运用因果中介分析探索了财经素养教育对大学生财经行为影响的因果机制。

　　本书的量表开发过程可为类似的素养（如科学、健康素养等）测量量表开发提供参考，开发的量表能为后续财经素养相关研究、高校财经素养教育或培训提供标准化的评估工具。研究结论可为高等院校财经素养教育推广的可行性和有效性提供文献支撑与理论依据。

6.1 研究结论

在大学生异质性视角下，运用 CTT 模型、Hybrid IRT 模型和项目功能差异分析（DIF）开发了准确、可靠且高效的大学生财经素养测量工具。在此基础上，探索了大学生财经素养的提升效应与财经行为的影响机制。首先，基于财经素养相关文献分析，提出了大学生财经素养提升互补替代理论框架，并构建了大学生财经素养提升效应与财经行为影响机制研究的概念分析框架。其次，通过构建反事实因果分析框架，综合运用 Heckman 两阶段模型、内生转换模型、广义精确匹配、工具变量法、因果中介分析减少了样本数据的自选择偏差、内生性偏差、不可观测变量偏差和遗漏变量偏差，准确地评估了财经素养教育对大学生财经素养提升的因果效应并探明了其对财经行为影响的因果机制。最后，从教育管理科学角度出发，对大学生财经素养的提升与财经行为的改善提出了相应的管理建议。本书的主要结论有以下几个方面：

（1）CSFL 量表是评估不同特征大学生财经素养的简洁有效的测量工具。考虑到大学生的异质性，围绕测量可靠性、有效性与测量不变性，综合运用 CTT 模型、Hybrid IRT 模型和项目功能差异（DIF）进行信效度分析、项目净化、重测信度分析与测量一致性检验。结果表明，13 个项目的 CSFL 量表能有效测量不同基线能力（包括较低、中等和稍高财经素养）、性别、院校层次大学生的财经素养，是一项高质量的财经素养评估工具。

（2）财经素养教育认知是影响接受大学生财经素养教育并提高其参与程度的重要因素。Heckman 两阶段模型和 Tobit 回归结果显示，大学生对财经素养教育的认知水平越高，其接受倾向和参与程度的可能性也越高。对财经素养课程兴趣相对浓厚、认知需求较高的大学生，会更倾向于选择接受财经素养教育，在选择接受财经素养教育的同时，也会更加积极地投入其中。

（3）自主学习财经知识与财经素养教育作用互补而非替代。ESR 回归结果表明，自主学习财经知识能明显强化财经素养教育效果。但是，仅依靠自主学习财经知识带来的财经素养提升效果有限。替换因变量的稳健性检验结果证实了这一结论，即二者之间存在互补作用，而非相互替代。上述结果证实了财经素养提升互补替代理论框架中的财经素养水平提升互补理论：一方面，大学生可通过财经素养教育提升其财经素养；另一方面，自主学习财经知识能强化财经素养教育的提升效应，二者相辅相成，互相补充而非相互替代。

（4）在反事实假设下，财经素养教育接受者与未接受者财经素养的提升效应存在差异。通过构建反事实分析框架，运用内生转换模型分析了大学生接受财经素养教育的决定因素，并探究了接受财经素养教育对教育接受者与未接受教育者财经素养水平的提升差异。ESR 回归结果表明，大学生财经素养的提升效应明显，且受个体特征和学校特征影响显著。在反事实情况下，未接受财经素养教育的大学生如果接受财经素养教育，其财经素养水平的提升幅度要远大于接受财经素养教育的大学生。这表明存在一些重要的异质性来源使在反事实情况下，未接受财经素养教育的大学生相比接受财经素养教育的大学生成为更好的财经素养教育"获得者"。

（5）财经素养教育不会导致大学生的财经自我认知偏差。ESR 回归分析表明，财经素养教育可能会扩大大学生的财经认知盲区，尽管该结果在统计学上并不显著。但运用 OLS 回归后发现，财经素养教育对大学生财经认知盲区的影响不显著。细分财经认知盲区后进一步发现，财经素养教育不会导致大学生过度自信；相反，财经素养教育会导致大学生财经自我认知的过度保守。但当控制风险态度的影响时，财经素养教育对大学生过度保守的财经认知的影响变得不再显著，这说明风险态度可能调节了财经素养教育对大学生财经认知偏差的影响。综上所述，财经素养教育不会导致大学生产生财经自我认知偏差，这也从侧面反映了大学生对自己财经素养的感知与其实际财经素养水平保持一致，即其不存在邓宁—克鲁格效应。

（6）财经素养教育对不同人群不同类别财经行为的影响程度存在差异。因果中介分析结果显示，财经素养教育对大学生预算和风险金融产品投资行为的直接影响显著。第一，财经素养教育能大幅度提升大学生财务预算能力，但其对大学生预算使用频率的作用并不明显。第二，财经素养教育能小幅度提升大学生投资基金类风险产品的概率，且其对基金投资者回报的正向影响更为明显。第三，财经素养教育不会影响大学生信贷产品使用、财务诈骗探测能力与损失规避能力。

（7）财经素养教育对不同人群不同类别财经行为的影响机制存在差异。因果中介分析结果表明，财经知识、财经行为意愿和财经自我效能而非财经态度是影响大学生财经行为的有效渠道。财经知识对预算行为、基金市场参与有小幅正向的中介效应。（维持）预算意愿和财经知识对提升大学生财务预算能力有正向且显著的中介效应。财经知识对大学生预算习惯的中介效应显著为负，这说明财经知识水平较较高的大学生"不一定经常使用"预算。但同时，预算意愿对处理组大学生预算习惯的中介效应显著为正，这说明预算意愿而非财经知识能显著改善大学生的预算习惯。投资意愿与财经知识对大学生基金产品投资及其投资比重有同等程度的正向中介作用，且二者对基金产品投资比重的影响更大。财经知识不会影响大学生对信贷产品的使用，但其对信贷使用者四种信贷使用与还款行为的间接提升作用显著。诈骗识别自我效能而非财经知识能显著中介财经素养教育对大学生损失规避能力的影响。诈骗识别自我效能在5%的显著性水平上能明显降低大学生遭受财务诈骗的次数以及遭受财务诈骗后的金钱损失。

（8）个体特征和财经信息获取渠道调节了财经素养教育对基金投资行为的影响。因果中介调节分析结果显示，财经素养教育对大学生基金投资行为的影响对以下特征大学生更加显著：女性、非经管类专业、财经知识搜索信心较低、将短视频类社交媒体作为财经知识主要获取渠道的个体。文字类和短视频类社交媒体分别加强和削弱了财经素养教育对大学生基金投资行为的正向影响，二者的调节效应幅度基本相同。长视频类社交媒体对大学生基金投资行为的调节效应并不显著。与此同时，财经知识和投资意愿的中介影响不存在个体特征和信息渠道差异。

（9）资产多元化偏好或外部环境对大学生基金投资行为的影响不容忽略。大学生基金投资行为的因果中介分析结果显示，财经知识对大学生基金持有收益率产生了微弱且负面的中介效应，大小约1.8%，占比约8.4%。说明较高的财经知识水平并不能保证较高的风险资产投资回报，即高水平的财经知识并不等于较高的风险投资回报。多重非独立因果中介分析结果表明，当考虑财经知识与基金类金融产品投资意愿的共同中介作用时，二者对大学生基金投资行为的影响显著为负。说明资产多元化偏好或外部环境（如市场行情和投资市场状况等）对大学生基金类产品投资行为的影响不容忽略。当加入投资自我效能的影响进行三重机制分析时，三者对个体参与基金投资的影响变得不再显著，表明大学生投资自我效能可能会冲淡或削弱市场行情对大学生基金投资行为的影响，敏感度分析的结果证实了该结果的稳健性。

6.2　管理建议

根据上述结论，提出如下建议：

（1）本书开发的 CSFL 量表可为大学生财经素养相关调查研究提供简洁有效的测量工具参考。CSFL 量表开发运用了多阶段量表开发过程，结合了基于 CTT 与 IRT 模型的量表开发方法，确保了测量的可靠性、有效性与不变性。首先，基于大量文献分析生成 CSFL 量表初始项目池，初始量表通过两轮定性评估后确定。其次，使用预调研样本数据（$n = 507$），运用 CTT 模型与 Hybrid IRT 模型筛选初始量表项目，生成净化量表。最后，使用正式调查数据（$n = 1115$），分别运用 Hybrid IRT 和 DIF 分析检验了净化量表的重测信度和测量偏差，确定 CSFL 最终量表。

1）从理论角度来看，第一，本书为数字金融背景下财经素养研究提供了简洁有效的测量工具参考。此外，量表开发过程也可为许多类似的素养领域，如科学或健康等核心素养等，提供参考价值。第二，CSFL 量表可以成为财经行为或财经福祉研究领域其他变量的预测指标。第三，在 IRT 指导下构建量表题项不仅可以大大提高测量精度、缩短量表长度，而且有很强的功能扩展性。

2）从管理角度来看，大学生财经素养大多处于中等水平，其财经素养仍有很大的提升空间。因此，决策者应推进高等院校财经素养教育的开展，除了提升大学生的财经知识外，高校财经素养教育还应着力于转变大学生的财经态度并提升其财经能力，以进一步地全面提升大学生的财经素养。

（2）强化大学生财经素养教育认知，着重鼓励尚未接受财经素养教育的大学生积极参与财经素养教育。

1）随着财经素养教育的推广，充分认知财经素养教育的重要性、选择接受财经素养教育并积极参与其中是大学生财经素养提升的必由路径。大学生财经素养教育认知是提升大学生财经素养教育参与意愿与参与程度的重要因素。高等院校在开展财经素养教育之前，应加大相关课程的宣传力度，丰富课程内容设计，强化大学生对该财经素养课程教育作用的认知，进而能吸引重点人群的注意，激发其兴趣与认知需求，从而能提高大学生财经素养教育的参与意愿与参与程度，切实有效地提升其财经素养，进而改善其财经行为并增加其财经福祉。

2）内生转换回归模型结果表明，在反事实情形下，未接受财经素养教育的大学生如果接受财经素养教育，其财经素养的提升效应会比接受财经素养教育的大学生更加显著。也就是说，在反事实假设下，未接受财经素养教育的大学生比实际接受财经素养教育的大学生成为更好的财经素养教育"获益者"。说明我国高等院校财经素养教育的接受率尚未达到饱和，政府有关部门仍需扩大高等院校财经素养教育的普及范围，着重鼓励尚未接受财经素养教育的大学生积极参与财经素养教育。

3）对财经素养价值的广泛悲观并无必要，相反，将提升财经素养纳入大学课程是必要的。财经素养教育可以有效地提升大学生财经素养，特别是财经知识水平。同时，财经知识、财经自我效能与财经行为意愿均为改善大学生财经行为的关键途径。高校管理者尤其要加强对大学生的财经素养教育，使他们充分了解与预算、风险金融产品投资、借贷、诈骗探测与损失规避等行为密切相关的财经知识以改善其相应的财经行为。高等学校应充分认识对大学生进行财经素养教育和应用技能培训的重要性；对于非财经专业的学生，高校可优化课程结构，增加财经素养教育相关课程的比例。对于财经类专业学生，应在教育导向中培养能力和职业技能，鼓励学生通过实践教学吸收和运用财经知识，提升财经自我效能与财经行为意愿，并改善财经行为。

（3）强化大学生财务能力感知与财富管理意愿，改善其不同类别的财经行为。

1）财经知识能显著改善大学生预算、风险金融市场投资、贷款偿还等不同类别的财经行为。但对于更为复杂的现实情况，如诈骗损失规避，财经自我效能可能会扮演更为重要的中介角色。

2）维持预算意愿和财经知识对提升大学生财务预算能力有正向且显著的中介效应，财经态度的中介效应并不显著。财经知识对大学生预算习惯的中介效应显著为负，这说明财经知识水平较高的大学生不一定"经常使用"预算。但是，预算意愿对接受财经素养教育的大学生预算习惯的中介效应显著为正，这说明预算意愿而非财经知识能显著改善大学生的预算习惯。

3）投资意愿与财经知识对大学生基金市场投资行为的影响程度几乎相同。但是，财经态度并非大学生基金投资行为的有效中介，即影响大学生风险金融市场参与的主要障碍不是态度，而是财经知识和投资意愿。

因此，如果财经素养教育的目标是鼓励相对复杂的预算或投资行为，那么，建议在授课中更多地强调改变大学生的财经行为意愿，如使用或保持财务预算的必要性和对金融产品投资益处的信念，这样教育可能会更富有成效。在强化大学生财经知识与财经行为意愿的同时，增强其诈骗识别自我效能并提升其感知财经素养水平。进一步地，CDMMA 结果表明，投资市场环境对大学生基金投资行为的影响不容忽视，因此，除了普及财经素养教育以外，强化金融监管、改善投资理财环境对于改善大学生风险金融市场参与、提升大学生财经福祉而言也是十分重要的。

（4）高等院校财经素养教育的形式和重点内容应因人而异。由于财经素养教育对不同特征大学生财经素养及其不同种类财经行为存在异质性影响，因此，财经素养教育应因人而异：

1）除了提升大学生财经知识水平以外，对于非经管专业类、女性、财经知识搜索信心较低、将短视频类社交媒体作为获取财经知识主要渠道的大学生而言，应在教学中强化其感知财务能力并增强其财富管理意识，进而提升其财富管理能力。除此以外，应重点鼓励将短视频类或长视频类社交媒体作为财经信息获取渠道的大学生改变或拓展其财经信息渠道，促使其通过文字类社交媒体获取财经知识以优化其财经行为。

2）除了常规的课程教学以外，高校可通过文字类媒体等途径展开多渠道教学，强化通过文字类媒体获取财经信息大学生的财经素养自我提升，进一步优化其风险金融市场投资行为。

3）高等院校应在其财经素养教育内容中适当增加防财经诈骗案例教学比重，向大学生群体（尤其是非财经类专业大学生）介绍不断更新的诈骗形式，以强化大学生财经诈骗识别自我效能并增强其防骗意识。对于财经类专业大学生，还应注意提升其抵御利益诱惑的能力。除此以外，高校还可加强与金融机构及相关部门合作，进一步加大反诈骗技能宣传力度，切实提升大学生财经诈骗识别和损失规避能力。

6.3 研究局限与未来展望

本书开发了大学生财经素养水平的测量工具，探索了财经素养教育对大学生财经素养和财经认知盲区的影响，探明了财经素养教育与自主学习财经知识的互补作用，并明晰了财经素养教育对大学生财经行为的影响机制。尽管本书从理论和实践上都做出了一定的贡献，但仍然存在以下局限性：

（1）对大学生财经素养提升效应与财经行为影响机制研究是一项复杂的研究问题，需要丰富的、大量的研究数据。本书利用微观截面调查数据进行研究，为去除样本选择偏差、解决因果识别问题，运用内生转换模型、因果中介分析等方法构建了反事实的因果分析框架，探索了财经素养教育对大学生财经素养的提升效应与财经行为影响机制，为减少遗漏变量偏差，运用工具变量法和敏感性分析进行了稳健性检验，尽管研究过程中控制了多数的混淆变量，但对于少数混淆变量（如家庭中父母角色的影响）尚未展开详细探究，财经素养教育的有效性仍需大量重复性研究来证实。

（2）本书运用因果中介分析进行财经素养教育对大学生财经行为的影响机制探索，但因果中介效应估计的有效性可能存在不确定性。因果中介分析中的ACME估计依赖于较强的顺序可忽略性假设，然而敏感性分析的结果表明，即使是很小程度地违反这一假设，相应计算结果的变化也会很敏感，即 SI 的有效性可能无法通过经验检验。除此以外，尽管研究过程中控制了多数的混杂因素，仍旧无法确定是否控制了所有的混杂因素，即是否仍存在未观测的协变量有待进一步研究[220]。同时，因果中介效应估计结论仍存在统计功效问题，即结果可能低估了诈骗识别自我效能对大学生损失规避能力的影响，同时高估了财经知识、维持预算意愿和基金投资意愿对大学生预算和基金投资行为的影响。

（3）本书明晰了大学生财经行为的影响机制，探索了财经素养教育对包括大学生预算行为、风险金融市场投资、信贷使用与贷款偿还行为与财务诈骗探测等多种财经行为的影响，并深入分析了其可能的影响渠道。除了考虑传统意义上的非认知因素——财经知识为潜在的中介变量外，本书还考虑了认知因素（财经态度、财经自我效能与财经行为意愿）对财经行为产生的影响。特别地，本书还考虑了不同中介变量之间可能存在的相互作用对财经行为的影响。尽管考虑了多数改善大学生财经行为的有效渠道，但自尊[26] 等其他非认知能力也可能会是改善大学生财经行为的有效途径。

未来将会在以下几个方面进行更深入的研究：

（1）可探索该测量工具对于我国成年人财经素养水平测量的适用性。本书开发了针对大学生财经素养水平的测量工具，初步推测，该测量工具同样适用于成年个体财经素养水平测量，只要其具备较好的汉语书写能力和中文书面理解能力，皆可使用。对此，可进一步探索 CSFL 量表对于我国成年个体财经素养水平测量的适用性。

（2）可通过随机对照实验等重复性研究进一步证实本书结论的稳健性。可针对大一新生进行财经素养教育随机对照实验，以探测财经素养教育的平均处理效应，同时对样本中的个体进行追踪调查，通过纵向数据探测财经素养教育对大学生财经行为的持续性影响。即随着时间的推移，财经素养教育的影响是会随着个体自主学习财经知识能力的提升而加强，还是会随着时间的推移而逐渐衰减。具体是何种情形还有待进一步研究。除此以外，可通过设计不同强度、不同特色的财经素养教育方式，来探究财经素养教育对大学生财经行为的影响。例如，可通过增加财务目标设定、进行一对一的财务咨询或增设模拟炒股课程等确定最富成效的财经素养教育措施。对于诈骗识别能力与损失规避能力，也有待通过纵向数据进行进一步探索。

（3）运用机器学习的方法进行因果关系推断。首先，可采用分层随机抽样的方法，进一步地扩大样本区域与样本数量。其次，在大样本前提下，利用机器学习方法进行财经素养教育对财经素养水平和财经行为影响的因果推断。例如，运用广义随机森林（Generalized Random Forests，GRF）探究财经素养教育对大学生财经素养提升和财经行为影响的异质性平均处理效应。

参考文献

［1］苏淞，黄四林，张红川．论基于核心素养视角的财经素养教育［J］．北京师范大学学报（社会科学版），2019，67（2）：73-78.

［2］国务院．国务院关于印发推进普惠金融发展规划（2016—2020 年）的通知（国发〔2015〕74 号）［EB/OL］．http：//www. gov. cn/zhengce/content/2016-01/15/content_10602. htm.

［3］消费者研究．清华大学：中国青年财商认知与行为调查［EB/OL］．ht-tp：//www. 199it. com/archives/469492. html.

［4］逄索，程毅．大学生网贷成因分析及其风险规避路径——基于上海市大学生消费行为调查的实证研究［J］．思想理论教育，2017，38（2）：107-111.

［5］2022 金普月在行动 你的青春不负债［EB/OL］．凤凰网陕西，https：//i. ifeng. com/c/8Js7czGxOZZ.

［6］中消协提醒警惕"注销校园贷"骗局［EB/OL］.http：//epaper. ynet. com/html/2020-10/27/content_ 364831. htm? div=-1.

［7］张成洪，肖帅勇，陆天，等．基于校园消费数据分析大学生网络借贷行为：借款倾向、消费变化与违约风险［J］．系统工程理论与实践，2021，41（3）：574-586.

［8］贾宪军，王爱萍，胡海峰．金融教育投入与家庭投资行为——基于中国城市居民家庭消费金融调查数据的实证分析［J］．金融论坛，2019，24（12）：27-37.

［9］Richard H. Thaler. Nudge, not sludge［J］. Science, 2018, 361（6401）：431.

［10］Veronica Frisancho. The impact of financial education for youth［J］. Economics of Education Review, 2020 (78): 101918.

[11] Daniel Fernandes, John G. Lynch Jr., Richard G. Netemeyer. Financial literacy, financial education, and downstream financial behaviors [J]. Management Science, 2014, 60 (8): 1861-1883.

[12] Fenella Carpena, Shawn Cole, Jeremy Shapiro, et al. The ABCs of financial education: Experimental evidence on attitudes, behavior, and cognitive biases [J]. Management Science, 2019, 65 (1): 346-369.

[13] Tim Kaiser, Annamaria Lusardi, Lukas Menkhoff, et al. Financial education affects financial knowledge and downstream behaviors [J]. Journal of Financial Economics, 2022, 145 (2): 255-272.

[14] OECD. Financial education for youth: The role of schools [EB/OL]. https://doi.org/10.1787/9789264/74825-en.

[15] Shawn Cole, Thomas Sampson, Bilal Zia. Prices or knowledge? What drives demand for financial services in emerging markets? [J]. The Journal of Finance, 2011, 66 (6): 1933-1967.

[16] Maarten Van Rooij, Annamaria Lusardi, Rob Alessie. Financial literacy and stock market participation [J]. Journal of Financial Economics, 2011, 101 (2): 449-472.

[17] Tullio Jappelli, Mario Padula. Investment in financial literacy and saving decisions [J]. Journal of Banking & Finance, 2013, 37 (8): 2779-2792.

[18] Xuefeng Pan, Weixing Wu, Xuyang Zhang. Is financial advice a cure-all or the icing on the cake for financial literacy? Evidence from financial market participation in China [J]. International Review of Financial Analysis, 2020 (69): 101473.

[19] Emmanuel Hakizimfura, Douglas Randall, Bilal Zia. Decentralized delivery of financial education: Experimental evidence from Rwanda [J]. Journal of Development Economics, 2020 (144): 102439.

[20] Nobuyoshi Yamori, Hitoe Ueyama. Financial literacy and low stock market participation of Japanese households [J]. Finance Research Letters, 2022 (44): 102074.

[21] Xiao Xiao, Xiangyi Li, Yi Zhou. Financial literacy overconfidence and investment fraud victimization [J]. Economics Letters, 2022 (212): 110308.

［22］Andrej Cupák, Pirmin Fessler, Alyssa Schneebaum. Gender differences in risky asset behavior: The importance of self-confidence and financial literacy ［J］. Finance Research Letters, 2021（42）: 101880.

［23］Elisabeth C. Brüggen, Jens Hogreve, Maria Holmlund, et al. Financial well-being: A conceptualization and research agenda ［J］. Journal of Business Research, 2017（79）: 228-237.

［24］Panayiotis C. Andreou, Sofia Anyfantaki. Financial literacy and its influence on internet banking behavior ［J］. European Management Journal, 2021, 39（5）: 658-674.

［25］F. Carpena, B. Zia. The causal mechanism of financial education: Evidence from mediation analysis ［J］. Journal of Economic Behavior & Organization, 2020（177）: 143-184.

［26］Mijeong Noh. Effect of parental financial teaching on college students' financial attitude and behavior: The mediating role of self-esteem ［J］. Journal of Business Research, 2022（143）: 298-304.

［27］Cecilia Hermansson, Sara Jonsson, Lu Liu. The medium is the message: Learning channels, financial literacy, and stock market participation ［J］. International Review of Financial Analysis, 2022（79）: 101996.

［28］Margaret Miller, Julia Reichelstein, Christian Salas, et al. Can you help someone become financially capable? A meta-analysis of the literature ［R］. The World Bank, 2015.

［29］Annamaria Lusardi, Pierre-Carl Michaud, Olivia S. Mitchell. Assessing the impact of financial education programs: A quantitative model ［J］. Economics of Education Review, 2020（78）: 101899.

［30］Tim Kaiser, Lukas Menkhoff. Does financial education impact financial literacy and financial behavior, and if so, when? ［J］. The World Bank Economic Review, 2017, 31（3）: 1-89.

［31］World Bank Group. Global financial inclusion and consumer protection survey, 2017 report ［R］. World Bank, 2017.

［32］金融消费权益保护局. 2021 年消费者金融素养调查分析报告 ［EB/OL］.

http：//www. pbc. gov. cn/jingrxfqy/145720/145735/4359487/index. html.

［33］王春春. 国内外财经素养教育政策概述［J］. 全球教育展望, 2017, 46 (6)：35–43.

［34］辛自强, 张红川, 孙铃, 于泳红, 辛志勇. 财经素养的内涵与三元结构［J］. 心理技术与应用, 2018, 6 (8)：450–458.

［35］A. Lusardi, P. Tufano. Teach workers about the perils of debt［J］. Harvard Business Review, 2009 (3)：1–46.

［36］Tsun–Feng Chiang. Financial capability and investment management of Chinese households：An application of hybrid item response theory［J］. Journal of Consumer Affairs, 2021, 55 (4)：1442–1463.

［37］Paul Gerrans. Undergraduate student financial education interventions：Medium term evidence of retention, decay, and confidence in financial literacy［J］. Pacific–Basin Finance Journal, 2021 (67)：101552.

［38］Bhanu Balasubramnian, Carol Springer Sargent. Impact of inflated perceptions of financial literacy on financial decision making［J］. Journal of Economic Psychology, 2020 (80)：102306.

［39］Gilles E. Gignac. The association between objective and subjective financial literacy：Failure to observe the dunning–kruger effect［J］. Personality and Individual Differences, 2022 (184)：111224.

［40］Satoshi Shimizutani, Hiroyuki Yamada. Financial literacy of middle–aged and older individuals：Comparison of Japan and the United States［J］. The Journal of the Economics of Ageing, 2020 (16)：100214.

［41］尹志超, 宋全云, 吴雨. 金融知识、投资经验与家庭资产选择［J］. 经济研究, 2014, 49 (4)：62–75.

［42］单德朋. 金融素养与城市贫困［J］. 中国工业经济, 2019, 37 (4)：136–154.

［43］魏丽萍, 陈德棉, 谢胜强. 互联网金融投资决策：金融素养、风险容忍和风险感知的共同影响［J］. 管理评论, 2018, 30 (9)：61–71.

［44］罗娟, 王露露. 金融素养、自信偏差与家庭财富［J］. 商业研究, 2018, 61 (5)：103–112.

［45］何学松，孔荣．金融素养、金融行为与农民收入——基于陕西省的农户调查［J］．北京工商大学学报（社会科学版），2019，34（2）：1-11．

［46］伍再华，谢北辰，郭新华．借贷约束、金融素养与中国家庭股票市场"有限参与"之谜［J］．现代财经（天津财经大学学报），2017，37（12）：20-35．

［47］Ana Luiza Paraboni, Fabricio Michell Soares, Ani Caroline Grigion Potrich, et al. Does formal and business education expand the levels of financial education?［J］. International Journal of Social Economics, 2020, 47（6）：769-785.

［48］Liu Liu, Hua Zhang. Financial literacy, self-efficacy and risky credit behavior among college students：Evidence from online consumer credit［J］. Journal of Behavioral and Experimental Finance, 2021（32）：100569.

［49］William Montford, Ronald E. Goldsmith. How gender and financial self-efficacy influence investment risk taking［J］. International Journal of Consumer Studies, 2016, 40（1）：101-106.

［50］Eva O. Arceo-Gómez, F. Alejandro Villagómez. Financial literacy among Mexican high school teenagers［J］. International Review of Economics Education, 2017（24）：1-17.

［51］Thi Anh Nhu Nguyen, Zoltan Rozsa. financial literacy and financial advice seeking for retirement investment choice［J］. Journal of Competitiveness, 2019, 11（1）：70-83.

［52］Jianjun Li, Qize Li, Xu Wei. Financial literacy, household portfolio choice and investment return［J］. Pacific-Basin Finance Journal, 2020（62）：101370.

［53］Ute Rink, Yabibal M. Walle, Stephan Klasen. The financial literacy gender gap and the role of culture［J］. The Quarterly Review of Economics and Finance, 2021（80）：117-134.

［54］Yuan-Lin Hsu, Hung-Ling Chen, Po-Kai Huang, et al. Does financial literacy mitigate gender differences in investment behavioral bias?［J］. Finance Research Letters, 2021（41）：101789.

［55］Beatrice Magistro. Party cues or policy information? The differential influence of financial and economic literacy on economic policy preferences［J］. Journal of Public Policy, 2022, 42（3）：465-488.

［56］Elisabeth M. Struckell, Pankaj C. Patel, Divesh Ojha, et al. Financial literacy and self employment-the moderating effect of gender and race［J］. Journal of Business Research, 2022（139）：639-653.

［57］Li Wei, Ming Peng, Weixing Wu. Financial literacy and fraud detection-evidence from China［J］. International Review of Economics and Finance, 2021（76）：478-494.

［58］Anoosheh Rostamkalaei, Miwako Nitani, Allan Riding. Self-employment, financial knowledge, and retirement planning［J］. Journal of Small Business Management, 2022, 60（1）：63-92.

［59］Hongyang Wang, Dayong Zhang, Alessandra Guariglia, et al. Growing out of the growing pain：Financial literacy and life insurance demand in China［J］. Pacific-Basin Finance Journal, 2021（66）：101459.

［60］OECD. OECD/INFE toolkit for measuring financial literacy and financial inclusion 2022［EB/OL］. https：//www. oecd-ilibrary. org.

［61］Angela Lyons, Josephine Kass-Hanna, Fan Liu. Building financial resilience through financial and digital literacy in South Asia and Sub-Saharan Africa［J］. Emerging Markets Review, 2021（52）：100846.

［62］Anders Anderson, Forest Baker, David T. Robinson. Precautionary savings, retirement planning and misperceptions of Financial literacy［J］. Journal of Financial Economics, 2017, 126（2）：383-398.

［63］Miriam Bruhn, Luciana de Souza Leão, Arianna Legovini, et al. The impact of high school financial education：Evidence from a large-scale evaluation in Brazil［J］. American Economic Journal：Applied Economics, 2016, 8（4）：256-295.

［64］Joshua M. Garcia, Matthew W. Gallagher, Sid E. O'Bryant, et al. Differential item functioning of the beck anxiety inventory in a rural, multi-ethnic cohort［J］. Journal of Affective Disorders, 2021（293）：36-42.

［65］陈锦，曾用强. 验证性分析框架下学科背景偏差研究［J］. 现代外语，2021, 44（6）：815-826.

［66］赵立业，吴卫星. 金融素养有利于代际收入流动吗——基于家庭追踪

调查数据的研究 [J]. 金融经济学研究, 2022, 37 (1): 18-41.

[67] R. J. de Ayala. The theory and practice of item response theory [M]. New York: The Guilford Press, 2013.

[68] Susan E. Embretson, Steven P. Reise. Item Response Theory [M]. Oxfordshire: Psychology Press, 2013.

[69] Robert F DeVellis. Scale development: Theory and applications [M]. California: Sage Publications, 2021.

[70] Brian J. Baldus, Clay Voorhees, Roger Calantone. Online brand community engagement: Scale development and validation [J]. Journal of Business Research, 2015, 68 (5): 978-985.

[71] Ja Young Jacey Choe, Seongseop Sam Kim. Development and validation of a multidimensional tourist's local food consumption value (TLFCV) scale [J]. International Journal of Hospitality Management, 2019 (77): 245-259.

[72] Christina Geng-qing Chi, Oscar Hengxuan Chi, Zhe Ouyang. Wellness hotel: Conceptualization, scale development, and validation [J]. International Journal of Hospitality Management, 2020 (89): 102404.

[73] Tian Yuan, Zhang Honglei, Xiao Xiao, et al. Measuring perceived risk in sharing economy: A classical test theory and item response theory approach [J]. International Journal of Hospitality Management, 2021 (96): 102980.

[74] Robert Clark, Rikiya Matsukura, Naohiro Ogawa. Low fertility, human capital, and economic growth: The importance of financial education and job retraining [J]. Demographic Research, 2013 (29): 865-884.

[75] Martin Brown, Caroline Henchoz, Thomas Spycher. Culture and financial literacy: Evidence from a within-country language border [J]. Journal of Economic Behavior & Organization, 2018 (150): 62-85.

[76] Donald P. Green, Shang E. Ha, John G. Bullock. Enough already about "black box" experiments: Studying mediation is more difficult than most scholars suppose [J]. The Annals of the American Academy of Political and Social Science, 2010, 628 (1): 200-208.

[77] Kosuke Imai, Luke Keele, Dustin Tingley. A general approach to causal

mediation analysis [J]. Psychological Methods, 2010, 15 (4): 309.

［78］Kosuke Imai, Luke Keele, et al. Identification, inference and sensitivity analysis for causal mediation effects [J]. Statistical Science, 2010, 25 (1): 51-71.

［79］Kosuke Imai, Luke Keele, Dustin Tingley, et al. Unpacking the black box of causality: Learning about causal mechanisms from experimental and observational studies [J]. American Political Science Review, 2011, 105 (4): 765-789.

［80］Meta Brown, John Grigsby, Wilbert Van Der Klaauw, et al. Financial education and the debt behavior of the young [J]. The Review of Financial Studies, 2016, 29 (9): 2490-2522.

［81］王修华, 赵亚雄. 数字金融发展与城乡家庭金融可得性差异 [J]. 中国农村经济, 2022, 38 (1): 44-60.

［82］江嘉骏, 刘玉珍, 陈康. 移动互联网是否带来行为偏误——来自网络借贷市场的新证据 [J]. 经济研究, 2020, 55 (6): 39-55.

［83］吴锟, 王沈南, 李鸿波. 金融素养如何影响居民消费? [J]. 财贸研究, 2022, 33 (2): 68-79.

［84］胡振. 金融素养与家庭财富积累——基于中国城镇家庭微观数据 [J]. 中南财经政法大学学报, 2018, 61 (4): 110-117.

［85］Joelle H. Fong, Benedict S. K. Koh, Olivia S. Mitchell, et al. Financial literacy and financial decision-making at older ages [J]. Pacific-Basin Finance Journal, 2021 (65): 101481.

［86］吴卫星, 张旭阳, 吴锟. 金融素养与家庭储蓄率——基于理财规划与借贷约束的解释 [J]. 金融研究, 2021, 39 (8): 119-137.

［87］胡振, 臧日宏. 金融素养对家庭理财规划影响研究——中国城镇家庭的微观证据 [J]. 中央财经大学学报, 2017, 37 (2): 72-83.

［88］胡振, 臧日宏. 金融素养过度自信影响股票市场参与吗? ——基于中国城镇家庭的微观数据 [J]. 北京工商大学学报 (社会科学版), 2016, 31 (6): 101-111.

［89］J. Garcia, Y. Gómez, J. Vila. Financial overconfidence, promotion of financial advice, and aging [J]. Journal of Business Research, 2022 (145): 325-333.

［90］OECD. Measuring financial literacy [EB/OL]. https://www.oecd.org/finance/financial-education/measuring financial literacy. htm.

[91] Franco Modigliani. Life cycle, individual thrift, and the wealth of nations [J]. Science, 1986, 234 (4777): 704-712.

[92] Martin fishbein, Icek Ajzen. Belief, attitude, intention, and behavior: An introduction to theory and research [J]. Philosophy and Rhetoric, 1977, 10 (2): 1-12.

[93] Icek Ajzen, et al. The theory of planned behavior [J]. Organizational Behavior and Human Decision Processes, 1991, 50 (2): 179-211.

[94] Martin Fishbein. A theory of reasoned action: Some applications and implications [J]. Nebraska Symposium on Motivation, 1980 (27): 65-116.

[95] Scott Ward. Consumer socialization [J]. Journal of Consumer Research, 1974, 1 (2): 1-14.

[96] 彭显琪, 朱小梅. 消费者金融素养研究进展 [J]. 经济学动态, 2018, 59 (2): 99-116.

[97] Albert Bandura, Richard H. Walters. Social learning theory [M]. State of New Jersey: Prentice Hall, 1977.

[98] Edward L. Deci, Anja H. Olafsen, Richard M. Ryan. Self-determination theory in work organizations: The state of a science [J]. Annual Review of Organizational Psychology and Organizational Behavior, 2017, 4: 19-43.

[99] Ingrid Robeyns. The capability approach: A theoretical survey [J]. Journal of Human Development, 2005, 6 (1): 93-117.

[100] Marc M. Kramer. Financial literacy, confidence and financial advice seeking [J]. Journal of Economic Behavior & Organization, 2016 (131): 198-217.

[101] 吴锟, 吴卫星. 理财建议可以作为金融素养的替代吗? [J]. 金融研究, 2017, 35 (8): 161-176.

[102] Antonia Grohmann, Roy Kouwenberg, Lukas Menkhoff. Childhood roots of financial literacy [J]. Journal of Economic Psychology, 2015 (51): 114-133.

[103] Oscar A. Stolper, Andreas Walter. Financial literacy, financial advice, and financial behavior [J]. Journal of Business Economics, 2017, 87 (5): 581-643.

[104] Anne-Christine Barthel, Shan Lei. Investment in financial literacy and financial advice-seeking: Substitutes or complements? [J]. The Quarterly Review of

Economics and Finance, 2021（81）：385-396.

［105］Stephan Meier, Charles D. Sprenger. Discounting financial literacy：Time preferences and participation in financial education programs ［J］. Journal of Economic Behavior & Organization, 2013（95）：159-174.

［106］Zhengqing Gui, Yangguang Huang, Xiaojian Zhao. Whom to educate? Financial literacy and investor awareness ［J］. China Economic Review, 2021（67）：101608.

［107］Annamaria Lusardi, Olivia S. Mitchell. The economic importance of financial literacy：Theory and evidence ［J］. Journal of Economic Literature, 2014, 52（1）：5-44.

［108］Annamaria Lusardi, Olivia S. Mitchell. Baby boomer retirement security：The roles of planning, financial literacy, and housing wealth ［J］. Journal of Monetary Economics, 2007, 54（1）：205-224.

［109］Sandra J. Huston. Measuring financial literacy ［J］. Journal of Consumer Affairs, 2010, 44（2）：296-316.

［110］周月书，居雨昂，于涵，等. 数字金融视角下农户金融能力对融资行为的影响研究 ［J］. 农业经济与管理，2022，13（2）：79-91.

［111］刘国强. 我国消费者金融素养现状研究——基于 2017 年消费者金融素养问卷调查 ［J］. 金融研究，2018，61（3）：1-20.

［112］连耀山. 互联网环境下普惠金融发展研究——以中国邮政储蓄银行金融实践为例 ［J］. 中国农业资源与区划，2018，36（3）：86-90+148.

［113］OECD. Measuring financial literacy：Core questionnaire in measuring financial literacy：Questionnaire and guidance notes for conducting an internationally comparable survey of financial literacy ［EB/OL］. https：//dl. icdst. org/pdfs/frles4/e44974f503672dcd51339f5937598cle. pdf.

［114］Jing Zou, Xiaojun Deng. Financial literacy, housing value and household financial market participation：Evidence from urban China ［J］. China Economic Review, 2019（55）：52-66.

［115］郭峰，王靖一，王芳，等. 测度中国数字普惠金融发展：指数编制与空间特征 ［J］. 经济学（季刊），2020，19（4）：1401-1418.

［116］宋佳琪，白子玉，刘俊杰. 数字金融发展背景下农户信贷约束影响因

素实证分析——基于传统信贷和数字信贷的比较 [J]. 世界农业, 2022, 44 (3): 62-73.

[117] Lu Fan, Swarn Chatterjee. Application of situational stimuli for examining the effectiveness of financial education: A behavioral finance perspective [J]. Journal of Behavioral and Experimental Finance, 2018 (17): 68-75.

[118] Irina A. Kunovskaya, Brenda J. Cude, Natalia Alexeev. Evaluation of a financial literacy test using classical test theory and item response theory [J]. Journal of Family and Economic Issues, 2014, 35 (4): 516-531.

[119] Riccardo Calcagno, Chiara Monticone. Financial literacy and the demand for financial advice [J]. Journal of Banking & Finance, 2015 (50): 363-380.

[120] Kenneth De Beckker, Kristof De Witte, Geert Van Campenhout. The role of national culture in financial literacy: Cross-country evidence [J]. Journal of Consumer Affairs, 2020, 54 (3): 912-930.

[121] Shirley Tan, Kuppusamy Singaravelloo. Financial literacy and retirement planning among government officers in Malaysia [J]. International Journal of Public Administration, 2020, 43 (6): 486-498.

[122] Aslihan Gizem Korkmaz, Zhichao Yin, Pengpeng Yue, et al. Does financial literacy alleviate risk attitude and risk behavior inconsistency? [J]. International Review of Economics & Finance, 2021 (74): 293-310.

[123] Christian Engels, Kamlesh Kumar, Dennis Philip. Financial literacy and fraud detection [J]. The European Journal of Finance, 2020, 26 (4-5): 420-442.

[124] Natalie Gallery, Gerry Gallery, Kerry Brown, et al. Financial literacy and pension investment decisions [J]. Financial Accountability & Management, 2011, 27 (3): 286-307.

[125] Li Liao, Jing Jian Xiao, Weiqiang Zhang, et al. Financial literacy and risky asset holdings: Evidence from China [J]. Accounting & Finance, 2017, 57 (5): 1383-1415.

[126] Margarida Abreu, Victor Mendes. Financial literacy and portfolio diversification [J]. Quantitative Finance, 2010, 10 (5): 515-528.

[127] Annamaria Lusardi. Financial literacy: An essential tool for informed con-

sumer choice? [EB/OL]. http：//www. core. ac. uk/outputs/6645629/.

[128] Adele Atkinson, Flore － Anne Messy. Assessing financial literacy in 12 countries：An OECD/INFE international pilot exercise [J]. Journal of Pension Economics & Finance, 2011, 10 (4)：657–665.

[129] Azwadi Ali, Mohd S. A. Rahman, Alif Bakar. Financial literacy and satisfaction in malaysia：A pilot study [J]. International Journal of Trade, Economics and Finance, 2013, 4 (5)：319.

[130] Julie R. Agnew, Lisa R. Szykman. Asset allocation and information overload：The influence of information display, asset choice, and investor experience [J]. The Journal of Behavioral Finance, 2005, 6 (2)：57–70.

[131] Angela A. Hung, Andrew M. Parker, Joanne K. Yoong. Defining and measuring financial literacy [EB/OL]. http：//www. rand. org/pubs/working_papers/ WR708. htm.

[132] Annamaria Lusardi, Olivia S. Mitchell, Vilsa Curto. Financial literacy among the young [J]. Journal of Consumer Affairs, 2010, 44 (2)：358–380.

[133] Annamaria Lusardi, Olivia S. Mitchell. Financial literacy around the world：An overview [J]. Journal of Pension Economics and Finance, 2011, 10 (4)：497–508.

[134] Rui Xue, Adrian Gepp, Terry J. O'Neill, et al. Financial literacy amongst elderly Australians [J]. Accounting & Finance, 2019 (59)：887–918.

[135] Melissa A. Z. Knoll, Carrie R. Houts. The financial knowledge scale：An application of item response theory to the assessment of financial literacy [J]. Journal of Consumer Affairs, 2012, 46 (3)：381–410.

[136] Sobhesh Kumar Agarwalla, Samir K. Barua, Joshy Jacob, et al. Financial literacy among working young in urban India [J]. World Development, 2015 (67)：101–109.

[137] Ani Caroline Grigion Potrich, Kelmara Mendes Vieira, Guilherme Kirch. How well do women do when it comes to financial literacy? Proposition of an indicator and analysis of gender differences [J]. Journal of Behavioral and Experimental Finance, 2018 (17)：28–41.

[138] 廖理, 初众, 张伟强. 中国居民金融素养差异性的测度实证 [J]. 数

量经济技术经济研究, 2019, 36 (1): 96-112.

[139] Kutlu Ergün. Financial literacy among university students: A study in eight European countries [J]. International Journal of Consumer Studies, 2018, 42 (1): 2-15.

[140] Aisa Amagir, Wim Groot, Henriëtte Maassen van den Brink, et al. Financial literacy of high school students in the Netherlands: Knowledge, atti-tudes, self-efficacy, and behavior [J]. International Review of Economics Education, 2020 (34): 100185.

[141] 吴锟, 王沈南. 认知能力对居民金融素养的影响研究 [J]. 财经问题研究, 2022, 44 (3): 63-71.

[142] Alycia Chin, Alanna K. Williams. Take-up of financial education: Demographic characteristics and prior knowledge [J]. Journal of Public Policy & Marketing, 2020, 39 (3): 319-333.

[143] 吴卫星, 吴锟, 沈涛. 自我效能会影响居民家庭资产组合的多样性吗 [J]. 财经科学, 2016, 59 (2): 14-23.

[144] Camelia M. Kuhnen, Brian T. Melzer. Noncognitive abilities and financial delinquency: The role of self-efficacy in avoiding financial distress [J]. The Journal of Finance, 2018, 73 (6): 2837-2869.

[145] 秦海林, 李超伟, 万佳乐. 金融素养、金融资产配置与投资组合有效性 [J]. 南京审计大学学报, 2018, 15 (6): 99-110.

[146] Annamaria Lusardi, Pierre-Carl Michaud, Olivia S. Mitchell. Optimal financial knowledge and wealth inequality [J]. Journal of Political Economy, 2017, 125 (2): 431-477.

[147] 张欢欢, 熊学萍. 农村居民金融素养测评与影响因素研究——基于湖北、河南两省的调查数据 [J]. 中国农村观察, 2017, 38 (3): 131-144.

[148] Xu Cui, Jing Jian Xiao, Jingtao Yi. Employment type, residential status and consumer financial capability: Evidence from China household finance survey [J]. The Singapore Economic Review, 2019, 64 (1): 57-81.

[149] Laura Bottazzi, Annamaria Lusardi. Stereotypes in financial literacy: Evidence from pisa [J]. Journal of Corporate Finance, 2021 (71): 101831.

[150] OECD. PISA 2015 results (volume iv). Students' financial literacy [EB/OL].

https：//doi. org/10. 1787/9789264270282-en.

［151］ Maxwell Chun Sing Ho, Daphnee Hui Lin Lee. School banding effects on student financial literacy acquisition in a standardised financial literacy curriculum ［J］. The Asia-Pacific Education Researcher, 2020 (29)：377-391.

［152］ Jane S. Lopus, Dwi Sulistyorini Amidjono, Paul W. Grimes. Improving financial literacy of the poor and vulnerable in Indonesia：An empirical analysis ［J］. International Review of Economics Education, 2019 (32)：100168.

［153］ 杨玉龙, 孙淑伟, 孔祥. 媒体报道能否弥合资本市场上的信息鸿沟? ——基于社会关系网络视角的实证考察 ［J］. 管理世界, 2017, 33 (7)：99-119.

［154］ OECD. PISA ［EB/OL］. oecd_ilibrary. org/education/pisa_19963777.

［155］ Daniel Gray, Alberto Montagnoli, Mirko Moro. Does education improve financial behaviors? Quasi-experimental evidence from Britain ［J］. Journal of Economic Behavior & Organization, 2021 (183)：481-507.

［156］ Rashmi Barua, Gauri Kartini Shastry, Dean Yang. Financial education for female foreign domestic workers in Singapore ［J］. Economics of Education Review, 2020 (78)：101920.

［157］ 彭倩, 李建勇, 宋明莎. 金融教育、金融素养与投资组合的分散化行为——基于一项投资者金融教育调查的实证分析 ［J］. 财经科学, 2019, 62 (6)：14-27.

［158］ Rashmi Barua, Benedict Koh, Olivia S. Mitchell. Does financial education enhance financial preparedness? Evidence from a natural experiment in Singapore ［J］. Journal of Pension Economics & Finance, 2018, 17 (3)：254-277.

［159］ Paul Gerrans, Richard Heaney. The impact of undergraduate personal finance education on individual financial literacy, attitudes and intentions ［J］. Accounting & Finance, 2019, 59 (1)：177-217.

［160］ Ana Luiza Paraboni, Newton da Costa Jr. Improving the level of financial literacy and the influence of the cognitive ability in this process ［J］. Journal of Behavioral and Experimental Economics, 2021 (90)：101656.

［161］ Lorenzo Corsini, Gianna Claudia Giannelli. Economics education and financial literacy acquisition: Evidence from a field experiment [J]. Journal of Behavioral and Experimental Finance, 2021 (32): 100556.

[162] Agar Brugiavini, Danilo Cavapozzi, Mario Padula, et al. On the effect of financial education on financial literacy: Evidence from a sample of college students [J]. Journal of Pension Economics & Finance, 2020, 19 (3): 344-352.

[163] Carla Anderson, Karen Card. Effective practices of financial education for college students: Students' perceptions of credit card use and financial responsibility [J]. College Student Journal, 2015, 49 (2): 271-279.

[164] Jacob J. Popovich, Cäzilia Loibl, Christopher Zirkle, et al. Community college students' response to a financial literacy intervention: An exploratory study [J]. International Review of Economics Education, 2020 (26): 100182.

[165] Kyoung Tae Kim, Jonghee Lee, Sherman D. Hanna. The effects of financial literacy overconfidence on the mortgage delinquency of US households [J]. Journal of Consumer Affairs, 2020, 54 (2): 517-540.

[166] Melanie L. hrmann, Marta Serra-Garcia, Joachim Winter. Teaching teenagers in finance: Does it work? [J]. Journal of Banking & Finance, 2015 (54): 160-174.

[167] 董晓林, 戴月, 朱晨露. 金融素养对家庭借贷决策的影响——基于 CHFS 2013 的实证分析 [J]. 东南大学学报 (哲学社会科学版), 2019, 21 (3): 44-52+146-147.

[168] 吴雨, 宋全云, 尹志超. 农户正规信贷获得和信贷渠道偏好分析——基于金融知识水平和受教育水平视角的解释 [J]. 中国农村经济, 2016, 32 (5): 43-55.

[169] 吴卫星, 吴锟, 王琳. 金融素养与家庭负债——基于中国居民家庭微观调查数据的分析 [J]. 经济研究, 2018, 53 (1): 97-109.

[170] 吴锟, 吴卫星. 金融素养对居民信用卡使用的影响 [J]. 北京工商大学学报 (社会科学版), 2018, 33 (4): 84-95.

[171] 吴卫星, 张旭阳, 吴锟. 金融素养对家庭负债行为的影响——基于家庭贷款异质性的分析 [J]. 财经问题研究, 2019, 41 (5): 57-65.

[172] 胡振, 王亚平, 石宝峰. 金融素养会影响家庭金融资产组合多样性吗? [J]. 投资研究, 2018, 37 (3): 78-91.

［173］Sam Allgood, William B. Walstad. The effects of perceived and actual financial literacy on financial behaviors ［J］. Economic Inquiry, 2016, 54 （1）: 675-697.

［174］Jamie Wagner, William B. Walstad. The effects of financial education on short-term and long-term financial behaviors ［J］. Journal of Consumer Affairs, 2019, 53 （1）: 234-259.

［175］Travis P. Mountain, Namhoon Kim, Joyce Serido, et al. Does type of financial learning matter for young adults' objective financial knowledge and financial behaviors? A longitudinal and mediation analysis ［J］. Journal of Family and Economic Issues, 2021, 42 （1）: 113-132.

［176］Charles H. Lawshe. A quantitative approach to content validity ［J］. Personnel Psychology, 1975, 28 （4）: 563-575.

［177］Steven P. Reise, Dennis A. Revicki. Handbook of item response theory modeling ［M］. New York: Taylor & Francis, 2014.

［178］Mark J. Gierl, Okan Bulut, Qi Guo, et al. Developing, analyzing, and using distractors for multiple-choice tests in education: A comprehensive review ［J］. Review of Educational Research, 2017, 87 （6）: 1082-1116.

［179］Jing Jian Xiao, Barbara O'Neill. Consumer financial education and financial capability ［J］. International Journal of Consumer Studies, 2016, 40 （6）: 712-721.

［180］Tomasz Potocki, Marek Cierpiał-Wolan. Factors shaping the financial capability of low-income consumers from rural regions of Poland ［J］. International Journal of Consumer Studies, 2019, 43 （2）: 187-198.

［181］Adele Atkinson, Stephen McKay, Sharon Collard, et al. Levels of financial capability in the UK ［J］. Public Money and Management, 2007, 27 （1）: 29-36.

［182］Mark Taylor. Measuring financial capability and its determinants using survey data ［J］. Social Indicators Research, 2011, 102 （2）: 297-314.

［183］R. Philip Chalmers, et al. Mirt: A multidimensional item response theory package for the R environment ［J］. Journal of Statistical Software, 2012, 48 （6）: 1-29.

［184］Christopher D. Desjardins, Okan Bulut. Handbook of educational measurement and psychometrics using R [M]. Boca Raton: CRC Press, 2018.

[185] Chi Zhang, Hao Zhang, Minghao Zhao, Deping Liu, Yali Zhao, Yao Yao. Assessment of geriatric depression scale's applicability in longevous persons based on classical test and item response theory [J]. Journal of Affective Disorders, 2020 (274): 610-616.

[186] Seung W. Choi, Laura E. Gibbons, Paul K. Crane. Lordif: An R package for detecting differential item functioning using iterative hybrid ordinal logistic regression/item response theory and Monte Carlo simulations [J]. Journal of Statistical Software, 2011, 39 (8): 1-30.

[187] Marjorie Kleinman, Jeanne A. Teresi. Differential item functioning magnitude and impact measures from item response theory models [J]. Psychological Test and Assessment Modeling, 2016, 58 (1): 79.

[188] Alliance for Financial Inclusion. Digital financial literacy toolkit [EB/OL]. https: //https: //www. afi global. org/publications/digital-financial-literacy-toolkit/.

[189] Annamaria Lusardi, Peter Tufano. Debt literacy, financial experiences, and overindebtedness [J]. Journal of Pension Economics and Finance, 2015, 14 (4): 332-368.

[190] Ronald Jay Cohen. Brand personification: Introduction and overview [J]. Psychology & Marketing, 2014, 31 (1): 1-30.

[191] Lee J. Cronbach. Coefficient alpha and the internal structure of tests [J]. Psychometrika, 1951, 16 (3): 297-334.

[192] Bradley Efron, Robert J. Tibshirani. An introduction to the bootstrap [M]. Boca Raton: CRC Press, 1994.

[193] Nadine Kiratli, Frank Rozemeijer, Tim Hilken, et al. Climate setting in sourcing teams: Developing a measurement scale for team creativity climate [J]. Journal of Purchasing and Supply Management, 2016, 22 (3): 196-204.

[194] Jacob Cohen. Statistical power analysis for the behavioral sciences [M]. Lodon: Routledge, 2013.

[195] Natalia O. Dmitrieva, Denise Fyffe, Shubhabrata Mukherjee, et al. Demographic characteristics do not decrease the utility of depressive symptoms assessments: Ex-

amining the practical impact of item bias in four heterogeneous samples of older adults [J]. International Journal of Geriatric Psychiatry, 2015, 30 (1): 88-96.

［196］Jesús Maria Garcia, José Vila. Financial literacy is not enough: The role of nudging toward adequate long－term saving behavior [J]. Journal of Business Research, 2020 (112): 472-477.

［197］Scott R. Sweetland. Human capital theory: Foundations of a field of inquiry [J]. Review of Educational Research, 1996, 66 (3): 341-359.

［198］Melisa Muñoz－Murillo, Pilar B. Álvarez－Franco, Diego A. Restrepo－Tobón. The role of cognitive abilities on financial literacy: New experimental evidence [J]. Journal of Behavioral and Experimental Economics, 2020 (84): 101482.

［199］陈文婕, 吴小刚, 肖竹. 中国四大经济区域道路交通碳排放预测与减排潜力评估——基于私家车轨迹数据的情景模拟 [J]. 经济地理, 2021, 42 (7): 44-52.

［200］Seymour Epstein, Rosemary Pacini, Veronika Denes-Raj, et al. Individual differences in intuitive-experiential and analytical-rational thinking styles [J]. Journal of Personality and Social Psychology, 1996, 71 (2): 390.

［201］Judea Pearl. Causality [M]. Cambridge: Cambridge University Press, 2009.

［202］Joseph Berkson. Limitations of the application of fourfold table analysis to hospital data [J]. Biometrics Bulletin, 1946, 2 (3): 47-53.

［203］Edward H. Simpson. The interpretation of interaction in contingency tables [J]. Journal of the Royal Statistical Society: Series B (Methodological), 1951, 13 (2): 238-241.

［204］Bekele Shiferaw, Menale Kassie, Moti Jaleta, et al. Adoption of improved wheat varieties and impacts on household food security in Ethiopia [J]. Food Policy, 2014 (44): 272-284.

［205］Makaiko Khonje, Julius Manda, Arega D. Alene, et al. Analysis of adoption and impacts of improved maize varieties in Eastern Zambia [J]. World Development, 2015 (66): 695-706.

［206］吕维霞, 王超杰. 动员方式、环境意识与居民垃圾分类行为研究——

基于因果中介分析的实证研究 [J]. 中国地质大学学报 (社会科学版), 2020, 20 (2): 103-113.

[207] Paul R. Rosenbaum. The consequences of adjustment for a concomitant variable that has been affected by the treatment [J]. Journal of the Royal Statistical Society: Series A (General), 1984, 147 (5): 656-666.

[208] 吴卫星, 沈涛, 任小璨. 自我效能与股票市场投资者参与 [J]. 财经理论与实践, 2014, 35 (1): 45-51.

[209] Jing Jian Xiao, Cheng Chen, Fuzhong Chen. Consumer financial capability and financial satisfaction [J]. Social Indicators Research, 2014, 118 (1): 415-432.

[210] David W. Rothwell, Mohammad N. Khan, Katrina Cherney. Building financial knowledge is not enough: Financial self-efficacy as a mediator in the financial capability of low-income families [J]. Journal of Community Practice, 2016, 24 (4): 368-388.

[211] Hoa Thi Nguyen. Financial self-efficacy scale: Development and validation of a measurement tool [D]. Minneiota: University of Minnesota, 2016.

[212] Blair Kidwell, Robert Turrisi. An examination of college student money management tendencies [J]. Journal of Economic Psychology, 2004, 25 (5): 601-616.

[213] Dustin Tingley, Teppei Yamamoto, Kentaro Hirose, et al. Mediation: R package for causal mediation analysis [J]. Journal of Statistical Software, 2014, 59 (5): 1-38.

[214] Kosuke Imai, Luke Keele, Dustin Tingley, et al. Causal mediation analysis using R [J]. Lecture Notes Statistics, 2019 (196): 129-154.

[215] Gary King, Michael Tomz, Jason Wittenberg. Making the most of statistical analyses: Improving interpretation and presentation [J]. American Journal of Political Science, 2000 (44): 341-355.

[216] M. Mostak Ahamed, Sushanta K. Mallick. Is financial inclusion good for bank stability? International evidence [J]. Journal of Economic Behavior & Organization, 2019 (157): 403-427.

[217] Kosuke Imai, Luke Keele, Dustin Tingley. A general approach to causal

mediation analysis［J］. Psychological Methods，2010，15（4）：309-334.

［218］周弘. 风险态度、消费者金融教育与家庭金融市场参与［J］. 经济科学，2015，37（1）：79-88.

［219］董晓林，石晓磊. 信息渠道、金融素养与城乡家庭互联网金融产品的接受意愿［J］. 南京农业大学学报（社会科学版），2018，18（4）：109-118+159.

［220］Luke Keele. Causal mediation analysis：Warning！Assumptions ahead［J］. American Journal of Evaluation，2015，36（4）：500-513.

附录1 大学生财经素养调查问卷

在校大学生财经素养调查问卷

尊敬的同学：

你好！

我们是"中国大学生财经素养教育"课题组，目前正在进行一项中国大学生财经素养及财经素养教育的调查研究。你的信息和意见将对高校的财经素养教育研究及国家相关策略的制定提供非常好的帮助。请根据你的实际情况如实填写问卷，我们将对有关信息严格保密并仅作大样本数量统计研究使用（不针对您个人）。填写本问卷大约需要15分钟，非常感谢你的支持和帮助！

此致

敬礼！

"中国大学生财经素养教育"课题组

一、基本信息

1. 你的性别是：

（1）男；（2）女

2. 你的籍贯为：

（1）安徽省；（2）北京市；（3）重庆市；（4）福建省；（5）甘肃省；（6）我国港澳台地区；（7）广东省；（8）广西壮族自治区；（9）贵州省；（10）海南省；（11）河北省；（12）河南省；（13）黑龙江；（14）湖北省；（15）湖南省；（16）吉林省；（17）江苏省；（18）江西省；（19）辽宁省；（20）内蒙古自治区；

（21）宁夏回族自治区；（22）青海省；（23）山东省；（24）山西省；（25）陕西省；（26）上海市；（27）四川省；（28）天津市；（29）西藏自治区；（30）新疆维吾尔自治区；（31）云南省；（32）浙江省

3. 目前就读高校是（请填写具体学校名字/英文简写）：

4. 你现在所在年级：

（1）大一；（2）大二；（3）大三；（4）大四

5. 你现在的情感状况为：

（1）单身；（2）恋爱；（3）已婚

6.（非单身作答）你的男友/女友是否已经学习过经济类或金融类的专业知识？

（1）是；（2）否

7. 你的家庭所在地？

（1）城市；（2）城镇；（3）农村

8. 你的专业属于哪一个学科门类？

（1）哲学；（2）经济学；（3）法学；（4）教育学；（5）文学；（6）历史学；（7）理学；（8）工学；（9）农学；（10）医学；（11）军事学；（12）管理学；（13）艺术学

9. 你父母最高教育程度：

（1）初中及以下；（2）高中/中专/技校；（3）大学本科/大专；（4）硕士及以上

10. 你家家庭成员的健康状况：

（1）非常好；（2）较好；（3）一般；（4）较差；（5）非常差

11. 你是否是独生子女：

（1）是；（2）否

12. 你的家庭月收入大约是：

（1）≤5000 元；（2）5000 元<x≤10000 元；（3）10000 元<x≤20000 元；（4）20000 元以上；（5）不知道

13.（消费金融网络调查 2011）你的家人/亲友有从事投资行业的人吗？（股票、债券、基金、保险等）

（1）家人；（2）亲友；（3）以上均有；（4）以上均无；（5）不知道

14. 你每月生活费用（包括可支配零用钱）为：

（1）≤1000 元；（2）1000 元<x≤2000 元；（3）2000 元<x≤3000 元；（4）3000 元<x≤4000 元；（5）4000 元<x≤5000 元；（6）5000 元以上；（7）不清楚/没算过

15. 你的生活费来源（可多选）？

（1）父母按月供给；（2）父母一次性给予数目较大的金钱；（3）兼职或勤工俭学；（4）奖学金；（5）助学贷款；（6）其他

16. 除伙食费外，你每月消费的主要项目是什么？

（1）交通或通信（电话，上网）；（2）购物（服装，饰品，化妆品）；（3）学习费用（报刊，书籍）；（4）交际或情感投资（与朋友聚餐，娱乐等）；（5）其他（请注明）

17. 你购买商品时顾虑最多的是什么？（最多选 2 个）

（1）价格便宜，优惠；（2）有需要，不管多少钱；（3）有需要，而且价格适中；（4）是否是名牌；（5）一旦看上就立刻买

二、主体调查

是否关注财经知识

［A1］你平时对经济或金融方面的信息关注程度如何？

（1）非常关注；（2）很关注；（3）一般；（4）很少关注；（5）从不关注

［A2］若关注，你关注经济、金融方面的信息/知识多久了？

（1）半年及以下；（2）半年到一年；（3）一年到三年；（4）三年到七年；（5）七年及以上

财经知识/信息获取渠道

［A3］日常生活中，你平时主要通过以下哪些途径关注财经素养相关信息/知识（多选）？

（1）电视、报纸等传统媒介；（2）财经素养相关 App［包括盘面工具类（如同花顺）、消息资讯类（如财联社）、数据查询类（如理杏仁）、社区类（如尺度）］；（3）（文字类）互联网/社交媒体（如门户网站、微信公众号、微博、知乎）；（4）（长视频类）互联网/社交媒体（如"B 站"）；（5）（短视频类）互联网/社交媒体（如抖音）；（6）同学或亲戚朋友的经验；（7）相关书籍（除教材外）；（8）家庭成员的经验；（9）金融机构的讲座宣传；（10）理财/投资顾

问；（11）其他（请注明）

［A4］其中，最主要的渠道是？（单选）

（1）电视、报纸等传统媒介；（2）财经素养相关 App［包括盘面工具类（如同花顺）、消息资讯类（如财联社）、数据查询类（如理杏仁）、社区类（如尺度）］；（3）（文字类）互联网/社交媒体（如门户网站、微信公众号、微博、知乎）；（4）（长视频类）互联网/社交媒体（如"B 站"）；（5）（短视频类）互联网/社交媒体（如抖音）；（6）同学或亲戚朋友的经验；（7）相关书籍（除教材外）；（8）家庭成员的经验；（9）金融机构的讲座宣传；（10）理财/投资顾问；（11）其他（请注明）

财经素养提升（自主学习财经知识/学校财经素养相关课程教育）

［A5］同时，你每周在财经知识方面的自主学习所花时间大约为：

（1）不花费任何时间；（2）不超过 1 小时；（3）1 小时<t≤2 小时；（4）2 小时以上

［A6］你是否对财经素养课程感兴趣？

（1~5　完全没兴趣~非常感兴趣）

［A7］在你接受大学教育期间，你是否参加过财经素养相关的课程教育？

（1）是；（2）否

［A8］该（类）课程所运用的教学模式体现的主要思想是什么？

（1）学生自主探索；（2）师生合作交流；（3）其他

［A9］你是在大学几年级接受的财经素养相关课程教育（可多选）：

（1）大一；（2）大二；（3）大三；（4）大四

［A10］距离你最后一次财经素养相关课程结束到现在大概多久了？

（1）半年及以下；（2）半年到一年；（3）一年到三年；（4）3 年及以上

［A11］当你参加财经素养相关课程教育的时候，每周接受课程教育的时间约为：

（1）1~2 学时（1 学时 = 45~50 分钟）；（2）2~4 学时；（3）4~6 学时；（4）6~8 学时；（5）10 学时；（6）>10 学时

［A12］你上过的财经素养相关课程累计持续：

（1）1 个学期；（2）2 个学期；（3）3 个学期；（4）4 个学期；（5）5 个学期；（6）6 个学期；（7）6 个学期以上

学生动机量表

[A13] 说明：请在下列成对词中，确定一个位置，以准确地表达你对财经素养相关课程的感受：

有动力	1	2	3	4	5	无动力
感兴趣	1	2	3	4	5	不感兴趣
参与	1	2	3	4	5	不参与
重要	1	2	3	4	5	不重要
有用	1	2	3	4	5	没用

风险态度

[B1] 在进行投资时，你愿意承担的风险如何？

（1）为得到高回报而承担高风险；（2）为得到较高回报而承担较高风险；（3）只能承担平均风险而选择接受平均回报；（4）只能承担较低风险而选择接受较低回报；（5）不愿意承担任何投资风险

投资意愿

[B2] 假定你有一笔初始资金 5 万元，你是否有意愿将这笔资金用来购买下列金融产品（多选）？

（1）股票或股份；（2）基金（包括货币/混合/股票/债券/指数/FOF/QDII 基金）；（3）债券；（4）保险；（5）期权或期货；（6）外汇；（7）其他；（8）没有投资意愿

认知需求

[B3]（1~5 完全不同意~完全同意）

（1）我不想做很多思考（反向编码）

（2）我尽量避免需要深入思考某些内容（反向编码）的情况

（3）我宁愿做一些挑战我思考的事情，也不愿做些需要思考的事情

（4）我更喜欢复杂而不是简单的问题

（5）苦苦思索很长时间，使我几乎没有满足感（反向编码）

消费者对金融信息搜索的信心

[B4]（1~5 完全不同意~完全同意）

（1）我有能力识别良好的金融投资

（2）我知道要寻找什么投资才能获得最大的收益

（3）我知道制定金融投资决策时应该问的正确问题

（4）我具备进行健全的金融投资所需的技能

（5）我知道正确的资源可以进行咨询以做出明智的财务决策

财经自我效能［FSES］

［FSES1］我会货比三家以获得最好的金融产品（如基金费率）

［FSES2］我能识别并避免金融欺诈

［FSES3］我善于处理日常的财务问题以及追踪支出

财务诈骗

［C1］上大学以来，你遇到过下列哪些形式的诈骗？（可多选）

（1）电话诈骗；（2）短信诈骗；（3）网络诈骗（网游、QQ、网购、微信等）；（4）钓鱼网站诈骗；（5）熟人/当面诈骗（传销、不正当商品交易）；（6）其他（请注明）；（7）都没有

［C2］你一共遇到过几次诈骗？

（1）1次；（2）2次；（3）3次及以上；（4）没遇到过

［C3］你是否因此遭受损失？

（1）没受到损失；（2）受过1次损失；（3）受过2次损失；（4）受过3次及以上损失

［C4］损失金额（合计）大概在下列哪个范围？

（1）≤10元；（2）10~100元；（3）100~500元；（4）500~1000元；（5）1000~2000元；（6）2000~5000元；（7）5000元及以上

［C5］你在遭受损失后采取的措施是：（可多选）

（1）通知银行等金融机构；（2）通知公安机关等治安管理机构；（3）向他人揭露这种诈骗行为；（4）其他（请注明）；（5）自认倒霉，未告知其他人

［C6］事后你是否追回损失？

（1）全部追回；（2）大部分追回；（3）小部分追回；（4）没有追回

［C7］你认为自己遭受损失的主要原因是：（可多选）

（1）利益诱惑，自身行为不理智；（2）轻信他人，防骗意识薄弱；（3）诈骗迷惑性强，技巧高超；（4）银行等金融机构不尽责；（5）电信、网络运营商不尽责；（6）公安机关等治安管理部门不尽责；（7）政府相关部门不尽责；（8）其他（请注明）

财经行为（1~5 完全不同意~完全同意）

［FB1］在我买东西之前，我仔细考虑一下我是否能负担得起

［FB2］我按时支付账单

［FB3］我会密切关注自己的财务事宜

［FB4］我制定了长期财务目标并努力实现这些目标数字财经行为

［DFB1］我与我的亲密朋友分享我的银行账户的密码和 PIN 码

［DFB2］在网上购买金融产品之前，我会检查该供应商是否在我的国家受到监管

［DFB3］我在网上（如社交媒体）公开分享我的个人财务信息

［DFB4］我定期更换我用于网上购物和个人财务的网站的密码

［FB5］在过去的 12 个月中，你是否主动地/下意识地存过钱？

（1）是；（2）否；（3）不知道

［FB6］如果你今天面临一大笔开支（相当于你的每月收入/花销），你是否能够在不借钱或请求家人或朋友帮助的情况下支付这笔费用？

（1）能；（2）不能；（3）不知道

［FB7］在过去的 12 个月中，你是否会有入不敷出的时候？

（1）有；（2）没有；（3）不知道

［FB8］你是否为自己或你的家人做了下述事情（多选）？

（1）制订收支管理计划；（2）记录自己的支出；（3）将账单资金与日常支出分开；（4）记下即将到来的账单，以确保不会忘记还款；（5）使用银行应用程序或资金管理工具来跟踪你的支出；（6）安排定期支出的自动付款；（7）以上均有；（8）以上均无；（9）不知道

［FB9］当家里给你的生活费不足以支付下个月的消费时，你会怎么做（单选）？

（1）减少支出；（2）出售我拥有的东西；（3）打些零工赚钱；（4）向父母要；（5）向同学/朋友借款；（6）网络/手机 App 借贷；（7）其他（请注明）；（8）不知道

［FB10］如果你和父母吵架，他们决定拿走你的零花钱。在不向任何人借钱的情况下，你能在多长时间内维持相同的生活水平？

（1）不到一周；（2）至少一周，但不是一个月；（3）至少一个月，但不是三个月；（4）至少三个月，但不是六个月；（5）六个月或更长时间；（6）不知道

［FB11］近一年来，你持有过或目前持有如下哪些投资/理财产品？（多选）

（1）基金（如余额宝或理财通等）；（2）股票和股份；（3）保险（包括财产保险和人身保险）；（4）外汇（如自由外汇、记账外汇）；（5）期货，包括商品期货［农产品期货、金属期货（基础金属期货、贵金属期货）、能源期货］和金融期货；（6）债券（政府债券、金融债券、公司债券）；（7）其他（请注明）；（8）以上均无

［FB12］你持有过或目前持有下列哪些借贷产品？

（1）银行贷款（如助学贷款）；（2）信用卡（或花呗、京东白条等）；（3）以上均有；（4）以上均无

［FB13］（若使用信用卡）完全不同意~完全同意（1~5）

［FB13-1］我会选择信用卡（或花呗/京东白条）分期还款

［FB13-2］我试图维持信用卡（或花呗/京东白条）之间的平衡（拆东墙补西墙）

［FB13-3］我会逾期还款

［FB13-4］我使用信用卡（或花呗/京东白条）会超过限额

［FB14］去年你在基金类产品（如余额宝或理财通等）投资支出约占个人总支出的百分比是多少？

（1）无；（2）<10%；（3）10%~20%；（4）20%~30%；（5）50%~60%；（6）60%~70%；（7）70%~80%；（8）80%~90%；（9）>90%

［FB15］最近一年，你使用基金类产品的收益率大概为：

（1）5%以下；（2）5%及以上10%以下；（3）10%及以上20%以下；（4）20%及以上；（5）负收益

［FB16］你周围有哪些人现在或过去半年内购买过金融产品（多选题）？

（1）老师；（2）同学；（3）家人或亲戚；（4）朋友；（5）不知道

［FB17］过去六个月，你做财务预算的频率如何？

（1）从不使用；（2）偶尔使用；（3）一般使用；（4）经常使用；（5）总是使用

［FB18］你做预算的方式是什么？

（1）纸上做预算；（2）电脑或手机上做预算；（3）在心里预算

［FBA1］进行财务预算给我的感觉是：

（1）正面情感；（2）负面情感

［FBA2］我对维持财务预算的态度是：

（1）积极的；（2）消极的

维持财务预算意愿［FBW1］~［FBW6］（1~5　完全不同意~完全同意）

［FBW1］我打算保持财务预算

［FBW2］对我重要的大多数人都认为我需要做预算

［FBW3］我相信我有能力维持预算

［FBW4］维持财务预算让我能思考应该如何花钱

［FBW5］进行财务预算这件事要投入太多的努力

［FBW6］财务预算会阻止我购买自己想要的东西

财经态度［FA1］~［FA5］（1~5　完全不同意~完全同意）

［FA1］我倾向于"今朝有酒今朝醉"而不去考虑明天

［FA2］我发现花钱比长期保存更令人满意

［FA3］钱是用来花的

［FA4］我有记账的习惯

［FA5］我精打细算

感知财经素养

［SFL］你将如何评估自己的财经素养？（1~5　非常低~非常高）

［SFLP］你将如何评估你父母（指负责主要财务决策的一方）的财经素养？
（1~5　非常低~非常高）

财务状况良好［FWB］

［FWB1］我对自己目前的财务状况感到满意

［FWB2］我会担心我的正常生活支出

［FWB3］月底时我还有剩余的钱

数字财经素养（态度）［DFLA］

［DFLA1］我认为使用公共 Wi-Fi 网络进行网上购物是安全的（例如，在咖
啡馆、机场、商场）

［DFLA2］在网上交易前，注意网站的安全性是很重要的（例如，https 站、
安全标志或证书）

［DFLA3］我认为在网上购买东西时，阅读条款和条件并不重要

财经知识

数字财经素养（知识维度）［DFLK］

［DFLK1］数字金融合同需要签署纸质合同才算有效

［DFLK2］我在网上公开分享的个人数据可能会被用来针对我提供个性化的商业或金融优惠

［DFLK3］加密货币是与纸币和硬币相同的法定货币

财经知识多项选择题（［FK1］～［FK4］）

［FK1］假设银行的年利率是 5%，通货膨胀率每年是 3%，把 100 元钱存银行一年之后能够买到的东西将？

（1）比一年前少；（2）跟一年前一样多；（3）比一年前多；（4）这取决于我想要购买的东西的种类；（5）算不出来

［FK2］假设您将 1000 元存入储蓄账户，每年保证利率为 2%。第一年结束时账户中会有多少钱？

（1）1200 元；（2）1020 元；（3）不知道

［FK3］您现在借给同学 500 元，三个月后同学还给您 500 元，假定银行的年贷款利率为 4.35%，您的同学为此支付了多少利息？

（1）5.4375；（2）21.75；（3）0；（4）不知道

［FK4］假设您在银行里存 1000 元，年利率为 2%，五年末您的账户的余额是多少钱？

（1）少于 1100 元；（2）正好 1100 元；（3）多于 1100 元；（4）从既定的信息无法判断；（5）不知道

财经知识——是非选择题（［FK5］～［FK13］，答案包括错误、正确和不知道）

［FK5］高回报的投资可能是高风险的

［FK6］债券通常比股票更具有风险

［FK7］高通货膨胀意味着生活成本迅速增加

［FK8］购买单一公司的股票通常比股票共同基金提供更安全的回报

［FK9］通常，可以通过购买各种股票/股份来降低投资股票市场的风险

［FK10］共同基金（Mutual Funds）支付保证的回报率

［FK11］选择 15 年而不是 30 年的抵押贷款可以节省利息成本

［FK12］股票共同基金结合了许多投资者的钱来购买各种股票

［FK13］终身保险有储蓄功能，而定期保险则没有

财经知识——多项选择题（［FK14］～［FK23］）

［FK14］下列哪个银行对金融体系负有管理职能？

（1）中国银行；（2）中国工商银行；（3）中国人民银行；（4）中国建设银行；（5）不知道

［FK15］如果降低商业银行的存款准备金率，你认为整个经济中的货币量会

（1）减少；（2）增加；（3）不知道

［FK16］如果利率下降了，您认为债券的价格将会

（1）上升；（2）下降；（3）不知道

［FK17］假设你的信用卡欠了2000元，你每个月支付20元的最低付款。在年利率为12%的情况下，需要多少年才能还清你的信用卡债务？

（1）少于5年；（2）5~10年；（3）10~15年；（4）永远不会；（5）不知道

［FK18］假设你今天继承了10万元，而你的朋友将在3年之后才继承10万元。谁会因为这笔遗产而变得更加有钱？

（1）我；（2）我的朋友；（3）不知道

［FK19］考虑到很长一段时间（如10或20年），哪种资产通常会获得最高的回报？

［FK20］通常情况下，哪种资产显示出最大的收益波动？

（1）储蓄账户；（2）股票；（3）债券；（4）不知道

［FK21］如果你持有了某公司股票，那么：

（1）无论短期持有，还是长期持有，你实际上都是把钱借给了公司；（2）无论短期持有，还是长期持有，你实际上都是公司的股东；（3）长期持有的时候，是公司的股东，短期持有，实际上是把钱借给了公司；（4）不知道

［FK22］以下哪个陈述是正确的？如果你购买了B公司的债券：

（1）你拥有B公司的一部分；（2）你把钱借给了B公司；（3）你对B公司的债务负责；（4）以上都不是；（5）不知道

［FK23］银行的营业网点人民币兑美元的外汇报价显示为6.3215-6.3220元/美元。您认为哪个数字指的是美元的买入价？

（1）6.3215；（2）6.3220；（3）不知道

附录 2　大学生财经素养测量工具

附录 2 即为本书开发的大学生财经素养水平测量工具（CSFL 量表）。使用说明如下：本测验适合于不同性别、不同院校层次的大学生。本测量共 13 个题项，为保证测量结果的准确性，建议完整使用所有题项，可用总分来代表被试者的财经素养水平。它涵盖了财经素养的三个维度，且每个维度的题项数量较少（其中，题项 1~8 测量的是财经知识，题项 9~10 测量的是财经态度，题项 11~13 测量的是财经态度），单一使用某一维度的测量结果不如使用测量总分更稳健、更全面。完成整个测试需要 5~10 分钟，可以采用网络施测、集体施测或一对一面访式施测。从题目回答的正确率来看，不同的方式并没有影响测试结果，一对一面访式施测对测量过程的管理更为周全，能更好地控制干扰变量的影响。

1. 假设您将 1000 元存入储蓄账户，每年保证利率为 2%。第一年结束时您的账户中会有多少钱？

（1）1200 元；（2）1020 元；（3）不知道

2. 高回报的投资可能是高风险的

（1）正确；（2）错误；（3）不知道

3. 债券通常比股票更具有风险

（1）正确；（2）错误；（3）不知道

4. 购买单一公司的股票通常比股票共同基金提供更安全的回报

（1）正确；（2）错误；（3）不知道

5. 假设您的信用卡欠了 2000 元，您每个月支付 20 元的最低付款。在年利率为 12% 的情况下，需要多少年才能还清您的信用卡债务？

（1）少于 5 年；（2）5~10 年；（3）10~15 年；（4）永远不会；（5）不知道

6. 通常情况下, 下列哪种资产显示出最大的收益波动?

（1）储蓄账户；（2）股票；（3）债券；（4）不知道

7. 以下哪个陈述是正确的? 如果您购买了 B 公司的债券

（1）您拥有 B 公司的一部分；（2）您把钱借给了 B 公司；（3）您对 B 公司的债务负责；（4）以上都不是；（5）不知道

8. 我在网上公开分享的个人数据可能会被用来向我提供个性化的商业或金融优惠

9. 我倾向于"今朝有酒今朝醉"而不去考虑明天

完全不同意　　　1　　2　　3　　4　　5　　　完全同意

10. 我发现花钱比长期保存更令人满意

完全不同意　　　1　　2　　3　　4　　5　　　完全同意

11. 在我买东西之前, 我仔细考虑一下我是否能负担得起

完全不同意　　　1　　2　　3　　4　　5　　　完全同意

12. 我按时支付账单

完全不同意　　　1　　2　　3　　4　　5　　　完全同意

13. 我会密切关注自己的财务事宜

完全不同意　　　1　　2　　3　　4　　5　　　完全同意